新发展格局下全球价值链嵌入与制造业高质量发展

任婉婉 著

浙江工商大学出版社
ZHEJIANG GONGSHANG UNIVERSITY PRESS
·杭州·

图书在版编目(CIP)数据

新发展格局下全球价值链嵌入与制造业高质量发展 / 任婉婉著. —杭州：浙江工商大学出版社，2021.12

ISBN 978-7-5178-4727-4

Ⅰ.①新… Ⅱ.①任… Ⅲ.①制造工业—产业发展—研究—中国 Ⅳ.①F426.4

中国版本图书馆 CIP 数据核字(2021)第 230404 号

新发展格局下全球价值链嵌入与制造业高质量发展

XIN FAZHAN GEJU XIA QUANQIU JIAZHILIAN QIANRU YU ZHIZAOYE GAOZHILIANG FAZHAN

任婉婉 著

责任编辑 黄拉拉
责任校对 谭娟娟
封面设计 浙信文化
责任印制 包建辉
出版发行 浙江工商大学出版社
(杭州市教工路 198 号 邮政编码 310012)
(e-mail:zjgsupress@163.com)
(网址:http://www.zjgsupress.com)
电话:0571-88904980,88831806(传真)
排 版 杭州朝曦图文设计有限公司
印 刷 浙江全能工艺美术印刷有限公司
开 本 710mm×1000mm 1/16
印 张 19.25
字 数 286 千
版 印 次 2021 年 12 月第 1 版 2021 年 12 月第 1 次印刷
书 号 ISBN 978-7-5178-4727-4
定 价 55.00 元

前　言

党的十九大报告提出，中国经济已由高速增长阶段转向高质量发展阶段。改革开放以来，我国依托廉价的劳动力优势参与国际分工，大力发展重化工业，成为名副其实的世界工厂和世界制造业第一大国。同时，我国制造业大而不强，发展质量不高，产出效率与产品附加值较低，自主创新能力较弱、品牌建设滞后、低端产能过剩、高端产能不足等问题十分突出，在全球制造业四级梯队格局中仍处于主打中低端制造业的第三梯队。在传统要素比较优势日益减弱，能源短缺和环境污染等问题愈加严重，世界经济不稳定和不确定因素显著增多的大背景下，制造业高质量发展势在必行。制造业高质量发展是推动中国从制造大国向制造强国转变的战略抉择，是增强经济内生动力的必然要求，是培育中国参与国际竞争与合作新优势的有效路径，是建设现代化经济体系的必由之路。

在高质量发展的总体要求下，党中央审时度势，提出加快构建以国内大循环为主体、国内国际双循环相互促进的新发展格局。发挥对外贸易大国的优势，推进高水平对外开放，以开放促改革、促创新、促合作是构建新发展格局的题中之义，是促进国内大循环高水平发展的重要路径，也是国内国际双循环良性互动的必然选择。首先，高水平开放有助于深化商事制度、贸易监管、投资准入、金融创新等重点领域和关键环节改革，改善营商环境，促进公平竞争，充分释放市场活力和社会创造力，增强经济发展内生动力；其次，高水平开放有助于整合全球创新资源，推进自由贸易区建设，推动投资管理、贸易便利化、事中事后监管等制度创新，促进产业提升，打造经济发展新引擎；最后，高水平开放有助于深化双边、多边、区域合作，构建高标准自贸区网络，推进共建“一带一路”高质量发展，推动国内和国际双循环在更高层面和更广空间实现良性互动。基于此，在全球价值链主导的国际分工格局下，如何深入融合及重构全球价值链，充分发挥高水平对外开放在产业转型升级中的积极作用，推动制造业高质量发展成为立足新发展阶段、贯彻新发展理念、构建新发展格局的重大命题。

本书旨在构建一个完整的理论框架来分析全球价值链嵌入对中国制造业高质量发展的作用机制及现实影响，并据此提出通过战略性嵌入全球价值链推动中国制造业高质量发展的可能路径。与其他相似主题研究成果相比，本书有以下显著特点：

首先，考虑到价值链非对称势力，将全球价值链嵌入特征分解为嵌入程度和位置两个维度，全面揭示了参与主体对全球价值链的依赖程度和环节特性。微笑曲线表明，全球价值链不同环节的利润分配存在巨大差异（Mudami，2008；Shin et al.，2012），参与其中的经济体发展也会有所不同。如果一个国家嵌入的是全球价值链中利润丰厚的研发设计或者营销等环节，它将快速带来经济的繁荣；反之，如果一国参与的是加工、装配等低附加值环节，其经济发展就会处于被动、跟随的地位（文婷和张生丛，2009）。基于现实贸易数据，本书不仅考察全球价值链嵌入程度及其影响，还尝试刻画一国在全球价值链增值活动中扮演的角色，以更全面地分析一个国家或地区、行业以及企业全球价值链嵌入特征。

其次，分别采用行业和企业数据，并科学地评估全球价值链嵌入对要素配置、技术水平等产业结构不同维度的影响，以丰富产业高质量发展的内在含义。高质量发展是当前及今后一个时期我国社会发展的总体要求，其本质特征是具有多维性和丰富性（金碚，2018）。从产业层面来看，高质量发展表现为产业布局优化、结构合理，不断实现转型升级，并显著提升产业发展的效益。基于此，本书重新阐释全球价值链分工体系下转型升级的深层含义，并基于产业维度和微观企业维度检验全球价值链嵌入对制造业高质量发展的影响。

最后，立足价值链低端的现实，从贸易关系网络等角度提出通过战略性嵌入全球价值链促进制造业高质量发展的潜在路径。为优化提升嵌入全球价值链对产业高质量发展的现实作用，本书不再把视角拘囿于劳动、技术等要素比较优势的层面，而是另辟蹊径，从我国与其他国家的贸易关系网络构建和政府政策支持两个层面来考察其对我国价值链地位攀升的影响。一方面，参与全球生产网络能够实现技术和知识溢出等外部性战略目标，与其他国家建立关系网络是一种兼具效率和成本优势的价值链战略性嵌入路径；另一方面，政府政策支持有助于企业培育竞争优势，应对来自发达国家跨国公司的纵向压榨。

综上所述，本书是一部具有理论与现实意义的研究成果，希望对关注全球价值链、中国制造业高质量发展等相关领域的人们有所裨益。

本书为浙江省新型重点专业智库浙江工商大学浙商研究院资助成果。本书系国家自科基金青年项目（批准号为 71903175）、浙江省自然科学基金项目（批准号为 LQ19G030005）、教育部人文社科重点研究基地浙江工商大学现代商贸研究中心项目（批准号为 2019SMYJ4ZC）的阶段性研究成果。时值此书付梓之际，衷心感谢浙江大学马述忠教授对于研究框架和研究思路等的精心指导。感谢浙江工商大学重要窗口研究院、浙江工商大学经济学院对本书顺利出版的支持。

任婉婉

2021 年 6 月

目录

Contents

第四章 全球价值链影响制造业高质量发展的理论机制

第五章 全球价值链嵌入与制造业高质量发展：行业维度的检验

第六章 全球价值链嵌入与制造业高质量发展：微观企业的证据

第七章 全球价值链嵌入与制造业高质量发展：企业生存视角

第八章 新发展格局下推动制造业高质量发展的路径

第九章 结论与政策含义

附 录

第一章 绪 论

第一节 研究背景与意义

一、研究背景

(一)产业结构优化升级是制造业高质量发展的主线任务

党的十九大报告提出，我国经济已由高速增长阶段转向高质量发展阶段，正处在转变发展方式、优化产业结构、转换增长动力的攻关期，必须坚持质量第一、效益优先。制造业是国民经济主体，是立国之本、兴国之器、强国之基。推动制造业高质量发展是实现经济高质量发展的根本支撑。

改革开放以来，我国依托廉价的劳动力优势发展劳动密集型产业，成为名副其实的世界工厂和世界制造业第一大国，是全世界唯一一个拥有联合国产业分类中全部工业门类的国家。然而，我国制造业大而不强，发展质量不高，制造业产出效率与产品附加值较低，自主创新能力较弱、品牌建设滞后、低端产能过剩、高端产能不足等问题十分突出，在全球制造业四级梯队格局中仍处于主打中低端制造业的第三梯队。在传统要素的比较优势日益减弱，能源短缺和环境污染等问题愈加严重，世界经济不稳定和不确定因素显著增多的大背景下，制造业高质量发展势在必行。党的十九大报告明确指出，制造业高质量发展以供给侧结构性改革为主线，以提升供给体系质量为主攻方向，以产业体系协同发展为基础，以增强制造业创新能力为核心驱动，以工业强基、智能制造、绿色制造为抓手，推动制造业质量变革、效率变革、动力变革。

制造业的高质量发展是其产业体系整体的结构变革过程。结构优化转型是制造业高质量发展的主要命题、关键因素和发展主线（刘志彪，2018；王洪涛和陆铭，2020）。首先，供需错配导致的结构失衡是制约制造业高质量发展的重要瓶颈。一方面，部分传统产业存在产品同质化、盈利水平较低、产能过剩等问题，位于全球价值链的中低端环节。另一方面，我国制造业基础能力薄弱，高端产业供给不足。核心基础零部件（元器件）、关键基础材料、基础工艺和产业技术基础等存在明显短板，对外依存度高达80%，“卡脖子”问题依然突出。与制造业强国相比，高端制造业发展不足，在研发能力、制造能力以及品牌管理等方面仍然存在较大差距。在协调发展理念的指导下，高质量发展客观要求持续推动结构优化升级，使制造业从中低端迈向中高端。其次，结构优化升级是推动制造业高质量发展的重要源泉（Halik，2015）。产业结构是否合理决定了产业的行为与绩效（史丹和张成，2017）。产业结构的优化升级有助于降低社会协调成本，促进产业间融合互动，使资源在产业内由低效率企业向高效率企业加速移动以实现有效配置，加速知识和技术密集型产业发展，提高供给质量和效率，持续推进经济高质量发展（刘志彪和凌永辉，2020；佟冬梅和刘鹏，2020；刘志彪，2018）。

结构优化调整是制造业高质量发展的基本要求，也是制造业高质量发展的有效路径。只有顺应全球产业发展趋势，推进产业结构优化调整，形成新的产业格局，才能有效应对美国等发达国家“再工业化”战略在“高端回流”和发展中国家崛起在“中低端分流”的双重挤压，从而促进我国制造业迈向全球价值链中高端。《十八大以来习近平同志关于经济工作的重要论述》强调了“大力推进产业结构调整，推动产业转型升级”的重要性和紧迫性。借助产业结构优化调整促进制造业高质量发展已经成为党和国家的重要议程，是国家“十四五”时期经济发展的重点工作方向。基于此，本书将基于产业结构转型升级这一主线研究制造业高质量发展问题。

(二)开放中的高质量发展是构建新发展格局的题中之义

在高质量发展的总体要求下，党中央审时度势，提出加快构建以国内大循环为主体、国内国际双循环相互促进的新发展格局。国家“十四五”规划和 2035 年远景目标纲要提出，国内国际双循环旨在立足国内大循环，协同推进强大国内市场和贸易强国建设，形成全球资源要素强大引力场，促进内需和外需、进口和出口、引进外资和对外投资协调发展，加快培育参与国际合作和竞争新优势。习近平总书记强调，新发展格局绝不是封闭的国内循环，而是开放的国内国际双循环。以国内大循环为主体，绝不是关起门来封闭运行，而是通过发挥中国超大规模的市场优势，进一步提升开放水平，充分利用国际国内两种市场、两种资源，使中国经济受惠于外而不受制于外。

对外开放是我国取得历史性发展成就的重要法宝。改革开放以来，中国采取以点带线、以线带面的逐步开放策略，依托“两头在外，大进大出”的国际循环模式，使工业化水平和经济得到较好的发展，创造了“中国奇迹”，成为全球第一大货物贸易国、第一大外汇储备国、第二大对外投资国、第二大商品消费国和世界第一大工业国。与此同时，参与国际循环通过技术引进、知识溢出等途径显著地提高了中国创新水平，研发支出持续攀升，专利申请量位居全球第一位。面向未来，中国要站在历史正确的一边，全面提高对外开放水平，在更加开放的环境中推动经济高质量发展。

发挥对外贸易大国优势，推进高水平对外开放是国内国际双循环良性互动的必然选择。当前及今后一个时期，中国发展处于重要战略机遇期，面临巨大挑战。从国际看，当今世界正在经历百年未有之大变局，国际力量对比深度调整，国际环境日趋复杂，不稳定、不确定因素明显增加。从国内看，发展不平衡、不充分问题依然突出，重点领域和关键环节的改革任务艰巨。在此背景下，发挥开放促改革、促创新、促合作的倒逼作用，将外部压力转化为改革的内部动力，成为经济发展的有效路径。首先，高水平开放有助于深化商事制度、贸易监管、投资准入、金融创新等重点领域和关键环节的改革，改善营商环境，促进公平竞争，充分释放市场活力和社会创造力，增强经济发展内生动力。随着高水平国际经贸规则从“边境上措施”向“边境内措施”转变，70％以上的改革任务可以通过高水平开放来促进（杨正位，2018）。其次，高水平开放有助于整合全球创新资源，推进自由贸易区建设，改革投资管理、贸易便利化、事中事后监管等制度创新，促进产业提升，打造经济发展新引擎。最后，高水平开放有助于深化双边、多边、区域合作，构建高标准自贸区网络，推进共建“一带一路”高质量发展，在商品服务、投资、技术开发、跨国合作与交流等过程中，实现产业链、供应链、创新链、价值链的深度融合，推动国内和国际双循环在更高层面和更广空间实现良性互动。

（三）价值链战略性嵌入驱动制造业高质量发展亟待研究

信息通信技术的迅速发展和国际贸易壁垒的逐渐削弱推进了经济全球化的进程，催生了以产品内贸易为主的全球价值链分工。联合国贸易和发展会议（United Nations Conference on Trade and Development，UNCTAD）在2013年的报告中指出，世界各国平均全球价值链参与率已经超过50％。具体而言，在世界各国的出口总额中，28％为进口的国外附加值，29％为被他国作为中间投入使用的部分。同样，G20各成员国的出口中有30％—60％为来自国外的附加值或被他国用作中间投入的部分。这印证了：在技术创新和贸易投资自由化的推动下，全球价值链已经成为国际分工最重要的模式。

中国依赖廉价劳动力和资源禀赋优势嵌入全球价值链分工体系。以工序国际转移和生产制造外包为主要特征的全球价值链分工体系的发展为中国制造业发展提供了难得的机遇。受益于国际分工所带来的国际需求与国际投资，中国经济实现了持续而快速的增长，成为全球价值链分工现阶段的最大受益者之一。其主要原因在于，发展中国家可以从发达国家进口的技术水平较高的中间产品中获得研发成果和技术溢出效应（Feenstra 和 Hanson，2001；Amighini，2005），进而帮助发展中国家进入高附加值环节（Fonseca，2002）。

然而，对于像中国这样的全球价值链后发地区而言，全球价值链分工还可能存在结构封锁效应。大多数学者的研究发现，发展中国家在参与全球价值链的过程中很容易实现工艺升级和产品升级，却很难实现更高层次的功能升级和价值链升级（Gereffi，1999；Kaplinsky 和 Morris，2002；Humphrey 和 Chmitz，2002）。其根本原因在于，全球价值链中存在不对等势力。发达国家的跨国公司利用其自身的品牌、资金以及管理经验等优势在全球布局，充分且合理地利用全球范围内的生产要素和资源（Globerman et al.，2011）。作为主导者的发达国家一方面会拒绝和像中国这样的发展中国家分享高技术和高附加值环节的知识、技术和管理经验，另一方面会阻碍或者控制发展中国家实现更高层次的升级（Schmitz，2004）。其最终结果就是，我国主要借助加工贸易参与价值链分工。这种缺乏核心技术和品牌的生产方式最终导致我国技术创新水平不足，使得大多数制造业企业被锁定在全球价值链条中“附加值最低、最消耗资源、最破坏环境、不得不剥削劳动的制造环节”（王柏玲和江蓉，2010）。

综上所述，全球价值链分工对制造业高质量发展具有双面效应，我国在获取价值链分工收益的同时也面临着低端锁定的风险。那么，嵌入全球价值链到底对制造业高质量发展是起推动作用还是抑制作用？不同嵌入环节以及价值链参与特征对制造业高质量发展的影响效应是否一致？解决这些问题对探索我国制造业高质量发展的实现路径具有重要意义。

二、研究意义

结构优化调整是制造业高质量发展的基本要求和有效路径。本书围绕产业结构转型升级这一主线研究全球价值链嵌入对制造业高质量发展的现实影响。在相关理论分析的基础上，本书从不同维度检验全球价值链嵌入特征对制造业结构调整的影响，并据此提出通过价值链战略性嵌入推动制造业高质量发展的相关政策建议。本书的研究意义体现在两个层面。

（一）理论意义

首先，丰富了全球价值链分工体系下产业结构升级的内在含义。在全球价值链分工体系下，产品的生产工序被分布在多个国家，传统的用各产业产值占比来衡量产业结构的方式已经不再准确。同样是从事高技术水平的计算机行业，各国从事的工序性质存在较大差异。美国、德国等发达国家以 CPU 等核心零部件的生产为主，而中国只生产一般零部件或只进行简单的组装工作。任务性质的不同进一步造成了其收益的差异。在苹果公司主导的 iPod 产品的全球价值链中，中国负责组装和测试活动，获取的价值仅占销售价格的 2%（Dedrick，Kraemer 和 Linden，2009），获利十分有限。因此，在全球价值链分工体系下，产业结构更多地表现为一个国家经济结构中的各种生产工序的构成（Grossman 和 Rossi-Hansberg，2008）。结构的转型升级表现为从技术水平较低的低附加值环节转移到技术水平较高的高附加值环节。基于此，本书尝试从产业和微观企业维度对产业结构进行测度，为准确刻画全球价值链分工体系下的制造业产业结构提供方法借鉴。

其次，厘清了开放经济的逻辑分析框架下产业结构的形成机制。配第-克拉克定理、霍夫曼定理和库兹涅兹法则等产业结构理论均是对现实经济规律的总结，缺乏对产业结构形成机理的阐释。本书将 Melitz（2003）的异质性企业理论融入传统比较优势理论当中，借鉴 Huang et al.（2015）以及 Bernard et al.（2007）的做法，将企业、产业和国家同时纳入分析框架，考察企业是否出口、怎样生产等内生决策如何作用于其生产工序或者任务构成变化，进而决定一国产业结构。本书构建了开放经济逻辑下的产业结构内生决定模型，为理解全球价值链分工体系下的产业结构形成提供了一个可能的视角。

最后，深化了全球价值链分工作用于产业结构升级的理论研究。全球价值链各环节利润分配具有非均衡性。发达国家凭借其资金、技术和研发优势占据了设计研发、营销等高附加值环节，攫取了大部分的经济利润。以我国为代表的发展中国家则凭借自身廉价的劳动力和丰富的资源从事附加值较低的制造加工环节。全球价值链嵌入环节不仅会影响企业面临的市场结构（Kaplinsky 和 Morris，2000；Humphrey，2003），还会影响企业生产效率、资本密集度和最优生产决策（Chor et al.，2014；Antràs 和 Chor，2013）。因此，与以往只强调全球价值链参与程度对产业结构的影响的研究不同，本书同时分析了价值链嵌入位置的作用，丰富了全球价值链分工作用于产业结构的内在机制，具有十分重要的理论意义。

（二）政策意义

首先，有利于客观地审视参与全球价值链的产业结构效应。全球价值链分工为世界经济体系中的每一个国家提供了平等的参与机会。无论是发达国家还是发展中国家，都可以基于其自身的比较优势融入全球价值链的某个环节。由于价值链中利益分配不对称机制的存在，参与全球价值链分工对发展中国家的影响是不确定的。一方面，通过参与全球价值链，发展中国家不仅可以获得贸易收益，还可以获得技术和知识溢出效应，进而提高本国的技术水平，促进产业结构升级；另一方面，基于比较优势的分工模式可能导致发展中国家被锁定在低附加值环节，沦为发达国家跨国公司的加工车间或能源供应站。因此，准确地评估参与全球价值链对中国经济结构的作用是一个迫切需要解决的现实问题。本书全面、系统地研究了全球价值链嵌入对我国产业结构的影响，为制造业高质量发展的政策制定提供理论依据和实证支撑。

其次，有利于科学地引导中国战略性地嵌入全球价值链中。开放中的高质量发展是构建新发展格局的题中之义。在经济全球化背景下，借助全球生产分工体系实现我国产业结构优化升级是国内国际循环相互促进，推动制造业高质量发展的高效发展之路。在系统地评估全球价值链嵌入对制造业产业结构的现实影响之后，如何依托自身要素禀赋，识别全球价值链中的战略性环节，以合适的方式融入全球价值链就成了亟待解决的现实问题。本书分别从行业和企业层面考察影响全球价值链分工的主要因素，有助于我国企业或者特定行业采取现实可行的发展战略以突破价值链升级瓶颈，也为政府制定合理的产业政策和企业发展政策提供理论支撑。

第二节　研究思路与内容

一、研究思路

产业结构转型升级是制造业高质量发展的主线任务。本书将系统地研究全球价值链嵌入对中国产业结构的影响程度及机制。第一，基于世界投入产出数据库（World Input-Output Database，WIOD）非竞争性投入产出表，本书采用贸易增加值法测算2000—2014年42个国家56个部门的全球价值链分工状况，客观地考察中国在全球分工体系中的现实特征及历史演进脉络。第二，在现实测算的基础上，本书将异质性企业理论和比较优势的理论相结合，构建理论模型以深入剖析全球价值链嵌入影响产业结构转型升级的内在机制。第三，基于理论机制，本书分别从行业和企业层面实证检验全球价值链分工对中国产业结构的现实影响，并通过考察全球价值链分工对企业进入和退出市场的影响，实证检验价值链分工影响产业结构的动态调整机制。第四，聚焦于行业层面的贸易网络关系和企业层面的政府补贴这两个要素对价值链分工地位的影响，本书进一步提出通过战略性嵌入全球价值链促进我国产业结构优化升级的潜在路径及政策建议。全书沿着“发展现状—理论机制—现实效应—政策建议”的思路展开，以期探讨通过战略性嵌入全球价值链来推动制造业高质量发展的有效路径。

二、研究内容

本书的章节结构安排如下。

第一章是绪论。该部分重点阐述本书的研究背景和意义、研究思路、框架与内容以及研究的创新之处。

第二章是文献综述。该部分围绕研究主题，梳理全球价值链、产业结构以及全球价值链分工的产业结构效应的相关研究，并基于对现有文献的总结评述，凝练了本书的研究视角。

第三章是全球价值链的发展现状。基于 WIOD，采用 Koopman et al.（2014）的贸易增加值核算方法，详细测算 2000—2014 年 42 个国家 56 个部门的全球价值链嵌入程度和位置，全面分析全球价值链发展的全球布局、历史演进及中国特征，为全书研究提供可靠的现实依据。

第四章是全球价值链分工影响制造业产业结构的理论机制。比较优势理论是分析国际分工影响产业结构最基础的理论。借鉴 Huang et al.（2015）以及 Bernard et al.（2007）的研究，将异质性企业理论纳入传统比较优势的分析框架，构建了同时纳入企业、产业和国家的产业结构内生决定模型。基于此，该部分深入探讨了全球价值链分工通过技术效应和成本效应影响产业结构的内在机制，为本书后续研究提供充分可靠的理论支撑。

第五章是基于行业数据检验全球价值链嵌入对制造业产业结构的现实影响。与以往用产值结构衡量产业结构的做法不同，参照干春晖等（2011）的研究，该部分将产业结构细分为合理化和高度化两个维度，并从产值结构、资本结构、技术结构和就业结构 4 个方面刻画产业结构高度化。在准确、系统、全面地刻画产业结构的基础上，基于 2000—2014 年行业面板数据实证检验全球价值链嵌入程度和位置对中国制造业产业结构的影响，并从行业维度提出促进结构优化升级的针对性政策建议。

第六章是基于微观企业数据检验全球价值链嵌入对制造业产业结构的现实影响。基于 2000—2006 年中国工业企业和海关合并数据，从全球价值链分工参与位置和程度两个方面测算微观企业全球价值链嵌入状况。

立足全球价值链分工的本质，从企业层面提炼产业结构的衡量指标。在此基础上，该部分实证检验全球价值链嵌入对产业结构的作用方向与中间机制，并从微观企业维度提出促进结构优化升级的相关建议。

第七章是研究全球价值链嵌入对制造业企业生存的影响。企业进入与退出市场本质上是其所拥有的要素资源在不同市场、地区和行业间的转移，是资源配置的微观机理。产业结构的动态演进也是无数企业进入或退出市场的结果（Holmes et al.，2010）。该部分借助企业生存分析，检验全球价值链分工作用于产业结构的动态调节机制。基于 2000—2006 年中国工业企业和海关合并数据，在估计企业生存函数的基础上，本章从企业是否参与全球价值链，企业全球价值链嵌入程度以及嵌入位置 3 个角度探讨参与全球价值链分工对企业持续经营的现实影响，进而验证企业生存这一动态调节机制。

第八章是研究全球价值链分工背景下中国制造业产业结构优化路径选择。对发展中国家而言，整合全球要素、攀升全球价值链高端环节是其产业结构升级目标。该部分从产业层面和企业层面探讨了中国攀升全球价值链高端的可能路径。在行业层面，本研究通过分析贸易关系网络对全球价值链分工地位的影响，凝练了依托全球价值链分工实现结构升级的产业路径。在微观层面，本研究关注政府补贴在帮助企业应对跨国公司市场势力纵向压榨时的作用，为充分发挥政府补贴的全球价值链提升效应提供现实依据。

第九章为结论与政策含义。

第三节　研究方法

一、文献研究法

当前，世界各国的全球价值链参与率不断提升，全球价值链已经成为国际生产最重要的组织形式之一。产品价值链的各个工序以产品内分工的形式由全球范围的企业协调实现。因此，如果继续将产品提供视为不可分整体，许多经济现象将被曲解。全球价值链嵌入对中国产业结构的影响就是其中的典型。为了对此问题进行深入研究，我们需要从现有的文献中寻找一定的理论支撑和方法借鉴。事实上，文献梳理研究工作贯穿于论文写作整个过程，尤其是研究方案优化与确立的阶段。本书对全球价值链以及产业结构优化相关的理论与实证分析文献进行了全面的总结归纳。

二、理论研究法

首先，通过将异质性企业纳入传统比较优势理论当中，建立一个将企业、产业和国家纳入统一分析框架中的理论模型来考察一国产业结构的决定机制。该理论模型深入分析了企业如何依据其生产效率组织生产以及决定是否出口等对一国产业结构的影响。其次，拓展传统的异质性企业模型。立足全球价值链分工的本质特征，扩展传统的生产函数，使之能够模拟企业价值链以包含多个工序，并使用其他企业的产出作为中间投入。在理论框架构建的基础上，采用归纳提炼、数理建模和推导演算等方法，借助 Mathmetica、MATLAB 等数理软件对比较优势理论和异质性企业理论进行扩展。

三、实证分析法

首先，采用传统的数据收集、统计分析、指标测算等方法对经济现象进行准确刻画。其次，在理论分析的基础上，采用计量模型实证评估全球价值链嵌入对中国产业结构的作用程度。基于理论机制，在科学测度的基础上，本研究选取普通最小二乘估计、面板估计、GMM 估计等计量方法评估全球价值链对产业结构的现实影响。采用双重差分倾向得分匹配（Propensity Score Matching Difference in Difference，PSM-DID）的方法检验政府补贴对企业价值链地位的作用程度。最后，本研究还采用了一些比较先进的实证分析方法。例如，采用社会网络分析方法，从“关系”

角度研究一国在全球国际贸易网络中的相对地位和网络特征；采用生存分析方法估计工业企业生存状况；等等。

第四节　研究的创新之处

与现有文献相比，本研究的创新之处可能体现在以下几个方面：

（1）考虑到价值链非对称势力，将特定行业或者企业参与全球价值链的特征分解为嵌入程度和嵌入位置两个层面。与以往侧重研究全球价值链分工参与程度或者地位的文献不同，本研究同时考虑了一个国家或地区、行业以及企业参与全球价值链的位置。其主要原因在于：一方面，发达国家在全球价值链中占据附加值最高的关键环节。整个产品链条是由发达国家主导的，这些国家为了自身利益会借助其在价值链中的市场势力对像中国这样的发展中国家进行压榨；另一方面，微笑曲线理论表明，在形成最终消费品的整个链条当中，各个环节的利润和市场结构都不同（Kaplinsky 和 Morris，2001；Humphrey，2003a，2003b），最终会影响企业生产效率、资本密集度和最优生产决策。本书的测算方法不仅可以刻画一个国家、行业或者企业对全球价值链的依赖程度，还能揭示其在价值链中所处的环节，能够更全面地衡量特定国家/地区、行业或者企业参与全球价值链分工的特征。具体来讲，在国家和细分行业层面，基于 WIOD 数据库，借鉴 Koopman et al.（2014）的方法，在采用国际的非竞争性投入产出模型对出口进行分解的基础上，本书进一步计算了国家或者行业参与全球价值链分工的程度和位置；在企业层面，基于 2000—2006 年工业企业和海关数据库，分别借鉴吕越等（2015）和 Antràs et al.（2012）的方法，依次测算企业嵌入全球价值链分工的程度和位置。

（2）深挖产业结构的内在含义，尝试建立全球价值链分工影响产业结构的理论框架。在全球价值链分工体系下，产品的各个生产工序被分布在不同的国家，各个国家依据自身的资源、劳动和资本等禀赋条件专业化地完成某个或多个特定的生产工序。这意味着，无论是发达国家还是发展中国家，都可以参与到高技术水平、高附加值以及高资本密集度的行业中。其区别在于，发达国家凭借自身的技术和资本优势处于行业中资本密集度较高的环节，发展中国家依托其廉价劳动力等优势聚焦于劳动密集度较高的环节。因此，传统的产业占比已经不能准确地衡量产业结构。除传统的产值结构占比外，本书更加关注产业资本密集度、研发强度以及人员结构等的变化。立足产品内分工的本质特征，假定经济中存在一系列具有不同要素密集度的工序，本书构建了一个基于企业内生决策的产业结构决定模型，并深入分析了参与全球价值链分工对产业结构的潜在影响及作用机制。

（3）拓展产业结构分析维度，从微观企业层面检验参与全球价值链分工对中国产业结构的现实影响。现有关于产业结构的研究大多集中在国家或者行业层面。但正如上文所说的，产业结构不再表现为产业占比，而更多地体现为生产工序构成。基于企业使用中间投入的事实，从企业层面凝练了企业要素密集度、要素扭曲度等指标作为工序构成属性。通过实证检验全球价值链分工程度和位置对企业工序构成属性的影响，研判参与全球价值链分工对产业结构的现实作用。更进一步地，本书从企业生存角度揭示了全球价值链影响我国产业结构的动态调整机制。一个国家产业结构的调整是无数企业不断进入和退出市场的结果。企业的进入与退出市场，本质上是企业所拥有的资本、技术以及劳动等要素在不同产业间转移的过程，是社会资源配置和产业结构调整的微观机理。参与国际分工会通过技术溢出、加剧市场竞争等多种途径对企业的生存状况产生影响，进而促进产业结构动态调整。因此，基于全球价值链分工日益深化的现实背景，本书系统地评估了全球价值链分工对企业持续经营的微观效应，更全面、精准地检验了全球价值链分工影响产业结构的动态调节机制。

（4）立足价值链低端的现实，准确地捕捉价值链分工下实现产业结构优化升级的核心课题。借助全球价值链实现产业结构升级的前提在于厘清价值链分工地位的影响因素。在探究全球价值链分工地位影响因素时，本书重点关注两个策略。一是贸易关系网络的构建。全球生产网络是由若干个区域网络组成的统一体，是依托个体关联的区域间的块状关联（张会清，2009）。一国参与分工的企业会因为其他国家企业的加入获得经济外部性。构建高标准贸易网络，借助与其他国家企业建立贸易关联实现技术和知识溢出，成为一种兼具效率和成本优势的升级路径。二是政府政策支持。发展中国家在参与由跨国公司主导的全球价值链的过程中，会受到来自发达国家的纵向压榨。政府政策扶持能在一定程度上帮助企业对抗这种低端锁定，成为实现价值链升级的有力支撑。因此，本研究不再把视角拘囿于劳动、技术等要素比较优势的层面，而是另辟蹊径，从贸易关系网络构建和政府补贴两个维度考察其对提升我国全球价值链分工地位的可能影响。

第二章 文献综述

第一节　产业结构优化升级相关研究

一、产业结构优化升级的概念界定

产业结构是生产要素在各产业部门之间的资源配置。产业结构的调整和优化可以提升资源配置效率，推动一国经济快速健康发展，是经济学研究的热点话题。对产业结构升级的内涵界定，学者们各有侧重。

从产业经济学的角度来看，产业结构优化升级是产业结构合理化和高度化的统一。Porter（1990）在要素禀赋优势的基础上，将产业结构定义为传统劳动密集型产业向资本和技术密集型产业转化的过程。刘志彪和安同良（2002）从两个维度界定了产业结构：在量的方面表现为国民经济中各产业之间和各产业内部的比例关系，在质的方面表现为国民经济中各产业的质量分布状态，即技术水平和经济效益的分布状态。基于此，经济增长过程中伴随的产业结构高端演进表现为 3 个方面：一是第一产业的产值比重和就业比重持续下降，第二、三产业逐渐发展成为主导产业；二是出现高速增长的新兴产业，带动经济快速增长；三是高资本和技术密集型、高附加值行业在国民经济中的占比持续上升（江小涓，2005）。

随着全球价值链分工的不断深化与快速发展，众多学者开始尝试从产品内分工的角度解读产业结构优化升级。在全球价值链分工体系下，产业结构升级更强调资本利用效率和产品资本技术密集度的提升（Gereffi，2001）。对发展中国家而言，产业结构升级意味着产业链的升级与国内产业布局的完善，是不同价值链以及价值链不同环节相互影响、相互作用的结果，是经济活动从较低价值向较高价值变动的过程（Gereffi，2005；冯艳丽，2009），是一国在国际分工体系中向价值链高端环节攀升，由低层级供应商逐渐上升为高层级供应商或领导厂商的过程（李国学和张宇燕，2010；Gereffi，Humphrey 和 Sturgeon，2005）。延续 Porter 的思路，刘志彪（2000）将产业结构升级定义为产业结构水平由低技术水平、低附加值转向高技术水平、高附加值的增长方式的过程。其中，技术创新是其实现价值链攀升的主要驱动力（张耀辉，2005）。原小能和石奇（2008）认为，产业升级并非产业整体和价值链整体的升级，而是特定功能、生产阶段和流程的升级。因此，产业结构优化的过程就是产品价值链某一环节不断提升附加值的过程。Humphrey 和 Schmitz（2002b）则从企业维度将产业结构优化升级定义为企业提升产品科技含量和市场能力，从事高附加值环节的过程。对本土企业而言，参与全球价值链分工使其面临的竞争更加激烈：不仅要与国外企业竞争国外市场，还要在本国市场面临国外进口产品的竞争（刘林青和谭力文，2006）。在这样的背景下，提高生产技术水平和市场进入能力（Kaplinsky 和 Morris，2003；Humphrey，2004）、避免恶性竞争、积极寻找突破口攀升价值链高端环节也是企业价值链升级的一种表现（Humphrey 和 Schmitz，2002b）。

综上所述，产业结构升级一般包括两个层面：一是制造业和服务业比值的上升；二是工业部门内部产业由低级向高级、由低附加值向高附加值、由劳动密集型向技术和资本密集型转变的过程（国务院发展研究中心，2010）。

二、产业结构优化升级的动力来源

国内外学者主要从内生推动型产业结构升级和外生拉动型产业结构升级两个层面研究了产业结构演进的动力源。

内生推动型产业结构升级研究主要集中在一国国民收入变动、需求结构转换和技术进步等经济体内在因素引发的产业结构优化。首先，大量研究分析了经济增长对产业结构的推动作用。基于 59 个国家统计数据分析，Clark（1940）、Kuznets 和 Murphy（1966）以及 Chenery 和 Syrquin（1986）认为，随着人均国民收入水平的增长，第二、三产业将依次主导产业结构的变动。其次，有少部分文献从市场需求的角度研究产业结构升级。市场需求对产业结构具有决定性的作用（Caves，1972；张中华，2000）。最终需求结构是产业结构变动的直接因素（沈利生，2011），扩大消费在最终总需求中的比重将有利于产业结构转型升级（Kongsamut et al.，2001；Foellmi 和 Zweimüller，2008）。其原因在于：一方面居民消费引起最终品生产的变动，直接导致产业结构变化；另一方面最终品产出变动通过投资需求变动影响中间品产出，间接引起产业结构变化（姜涛，2009）。为了防止微观主体的低端陷阱，应当完善工资制度，提升居民消费，促进产业结构升级（王佳菲，2010）。最后，还有大量研究探讨了劳动资源禀赋、社会政治制度、资源配置方式、技术水平等供给端因素对产业结构升级的影响。Ngai 和 Pissarides（2008）建立多部门模型分析了劳动要素对产业结构升级的可能影响。曹卫和郝亚林（2003）、吴福象和王德鑫（2009）认为，产业融合会通过技术创新、服务创新和体制创新（武晓强，2009；蔡艺和张春霞，2010）对产业结构高级化产生显著的促进作用。其可能的机制在于，单个企业的技术融合不仅会改变自身技术结构，还会因为其他企业的模仿创新推动整个产业结构升级（喻学东和苗建军，2010）。技术创新也是引起产业结构变动的重要因素，它不仅可以改变单个产业及产业间的发展趋势，而且在一定程度上决定着产业结构的变迁方向。技术创新能帮助企业降低生产成本，提高产品质量和生产效率（Arthur，1989），是企业竞争优势的主要来源。孙晓华和周玲玲

（2010）重点探讨了成本差异和产品多样性条件下异质性驱动产业进化的过程，认为技术创新在降低生产成本和提升产品质量中发挥着重要的作用。此外，技术进步会打破原有的均衡状态，通过促进企业的优胜劣汰推动产业结构的变化（Montobbio，2002），引起产业部门之间要素供给变动（Baumol，1967），这种要素变动会导致部门之间要素比例差异和资本变化，引致产业动态调整（Antonelli，2006），推动产业结构变迁（Acemoglu和Guerrieri，2008）。特别地，当外部风险较大、不稳定因素增强时，技术创新能帮助企业生存和发展，推动产业结构升级。

外生拉动型产业结构优化升级动力机制主要关注开放经济条件下国际贸易和国际投资对产业结构的影响及机制。现有研究普遍认为，国际贸易是引起产业结构变动最主要的外部因素（黄庆波和范厚明，2010；王菲，2011）。进出口会通过资本累积、技术溢出和知识学习等途径促进产业结构升级（Grossman和Helpman，1991；Levin和Raut，1997；Acemoglu，2003）。特别地，技术密集型产品的进出口有利于国内产业结构的优化升级和经济的长期稳定增长（Wörz，2005）。贸易结构与产业结构存在良性互动效应（吴颖，2005；胡秋阳，2005）。贸易结构改变了各产业的要素供给弹性和产品需求弹性，使原本封闭条件下受制于国内要素禀赋的产业获得长足发展（朱燕，2010），最终通过供给结构、要素禀赋和技术创新等作用于产业结构。贸易结构引致产业结构变动的作用建立在比较优势和产品生命周期的基础上（刘秉镰和刘勇，2006；吴进红，2006）。Colantone和Sleuwaegen（2010）从动态比较优势的角度考察了贸易与产业结构优化升级之间的关联，认为参与国际分工能够影响企业进入与退出市场机制，从而推动产业结构演变。值得注意的是，基于比较优势参与国际分工的国家可能会被锁定在全球价值链的低端环节（Van Long et al.，2007）。发展中国家的比较优势使得资源配置向传统的低端产业倾斜，与产业结构不断高级化的国内产业需求产生矛盾，不利于产业结构优化（蒋昭侠，2004；黄晓玲，2002）。李斌和丁艺（2008）认为，出口并没有对中国产业结构优化产生促进作用，进口对产业结构优化的作用在一段时间之后也开始下降。还有一部分学者从外商直接投资（Foreign

Direct Investment，FDI）的角度考察了产业结构的变化。Blomstrom et al.（2000）认为，FDI 主要通过技术溢出、技术模仿和知识学习等途径促进东道国产业结构优化，尤其能够促进产业结构的高度化（高峰，2002）。通过分析 FDI 在产业之间的分布，郭克莎（2000）的研究认为，外商投资所表现出来的在不同产业之间的倾斜性会加剧产业结构偏差，从而促进我国第三产业的发展。冯春晓（2009）基于 2003—2007 年中国制造业对外直接投资数据的研究发现，制造业对外直接投资与其产业结构存在单向因果关系。在中间品贸易快速发展的背景下，FDI 会增加东道国对中间品的需求，提高产品质量和企业生产效率（Branstetter，2001）。在利益驱动下，跨国公司为了增强自身竞争力会不断强化配套企业的技术水平，通过技术外溢促进行业内企业创新能力提升，带动价值链上下游企业升级，推动整个区域发展（易先桥，2009）。借助灰色关联度方法，王英和刘思峰（2008）的研究发现，中国对外直接投资（Outward Foreign Direct Investment，OFDI）显著地促进了产业结构的优化升级，其中采矿业和制造业的 OFDI 产业结构效应尤为显著。宋大勇（2008）指出，OFDI 通过资本缺口弥补效应、产业环境优化效应、产业关联效应、市场示范效应、技术外溢效应等机制对产业结构升级产生影响。但这种影响表现出一定的地区差异，即 OFDI 显著地推进了东部地区的产业结构升级，对中西部地区以及东北地区的正向作用却十分有限。

三、产业结构优化升级的模式选择

部分学者从动态演进角度总结了产业结构优化升级的模式。方向东（1994）将产业结构优化升级模式分为平稳渐进模式和倾斜突进模式。平稳渐进模式强调，产业结构由以一次产业为主导逐步向以三次产业为主导推进，代表性的国家有英国、法国、德国和美国。倾斜突进模式强调，各个国家根据自身发展特征重点发展一个或多个主导产业，代表性的国家有日本和韩国。一般而言，比较优势决定了其产业结构优化升级的路径和模式，且基于比较优势的演化路径不一定是连续的，可能出现分岔和断档（张其仔等，2009）。通过总结国际经验，国务院发展研究中心课题组

（2010）将产业结构升级分为美国“创新型”、日本“追赶型”、韩国“压缩型”和拉美“交替型”4 种模式，并具体分析了 4 种模式的适用情况与特点。从空间的角度出发，张亚斌等（2006）认为，产业结构的升级应先在特定区域内完成，再通过产业融合等途径实现不同区域产业结构的协同升级，最终达到优化一国产业结构的目的。随着研究深化，众多学者开始关注发展中国家产业结构优化转型问题。发展中国家产业结构升级模式分为传统渐进式、一般追赶式和创新跨越式。从“一般追赶式”向“创新跨越式”发展战略的转变是发展中国家产业结构升级的优化路径（郭志仪和郑钢，2007）。原因在于，一方面，自主创新可以提高劳动生产率，改变产业相对成本，促进要素在产业间的流动，推动产业结构优化升级；另一方面，自主创新会改变经济体中的需求结构，促使产业结构向高端化发展（王元地等，2007；姚德文，2008；Peneder，2003）。朱卫平和陈林（2011）总结广东发展情况，将其升级模式细分为产业结构高端化、加工程度高端化和价值链高端化。其中，产业结构高端化更强调随着生产力的发展和要素禀赋的变化，主导产业依次更替造成的产业结构升级；加工程度高端化是指在价格因素的指导下，企业不断提高产品的单位附加值，从产业内部实现产品附加值的升级和加工程度的深化；价值链高端化是指以创新作为核心驱动，调整战略性资源，促使企业在价值链中向高附加值环节攀升。

第二节 全球价值链分工相关研究

全球价值链是为实现商品或服务价值而连接生产、销售、回收处理等过程的全球性跨企业网络组织，涉及从原料采购和运输，半成品和成品的生产和分销，直至最终消费和回收处理的整个过程（OECD，2013）。关于全球价值链分工的研究非常丰富。本书将主要围绕全球价值链的理论基础、治理方式、利益分配、核算方法以及高端攀升影响因素这 5 个层面展开。

一、全球价值链的理论基础

众多学者依据研究内容侧重点的不同，对全球价值链分工形式有不同的表述。代表性的论述有“全球价值链”（Gereffi，1994；Krugman，1995）、“片段化”（Globerman，2011）、“生产分割”（Vanables，1999；Athukorala，2003；Baldwin 和 Venables，2013）、“产品内分工”（Arndt，1997；卢峰，2004）、“全球生产网络”（Obashi，2009）、“工序分工”（张二震，2005）以及“任务贸易”（Grossman 和 Rossi-Hansberg，2008；Fally，2012）等。这些研究均强调跨国公司通过中间品贸易在全球范围内配置资源的行为（Antràs 和 Rossi-Hansberg，2009）。全球价值链分工相关研究的代表性理论有：

一是中间品贸易理论。中间品贸易理论认为，产品价值链由多个任务或工序构成，事先给定每个工序或者任务属性，企业被高度抽象为实现单一任务的黑匣子（吕越等，2015）。Arndt（1997）对中间产品的贸易理论进行了开拓性的研究，认为中间品贸易能够带来经济资源的节约与效率的提高。Jones 和 Kierzkowski（1990）通过拓展比较优势和 H-O 理论发现，如果一个国家不是在特定商品生产的所有环节具有比较优势或更有效率，那么将非比较优势环节或低效率环节转移到国外生产就是有益的。进一步地，Jones 和 Kierzkowski（2001）认为中间品贸易的增加主要来自 3 个层面：一是生产技术的发展使得企业将价值链分割成不同的中间品成为可能；二是通信技术的发展使得不同生产环节的转移和联系成为可能；三是贸易壁垒的降低为生产分割提供政策支持。Deardroff（2001）则是从贸易自由化，尤其是服务贸易自由化的角度剖析了全球价值链分工形成的理论动因。其研究认为，除地理距离和比较优势外，贸易自由化带来的贸易成本下降促进了中间产品贸易以及全球价值链分工的发展。Bergstrand 和 Egger（2013）则建立了一个 3×3×3 的模型，将跨国公司的直接投资行为引入对全球价值链分工的理论研究。马风涛和李俊（2011）则认为，要素价格差异是全球价值链分工的基础，规模经济会进一步促进中间产品贸易。在中间品贸易理论迅速发展的同时，也有众多学者从实证角度分析了全球价值链分工下的中间品贸易。在众多中间品贸易的影响因素中，成本仍然是最重要的因素。贸易成本，尤其是运输成本的下降会促进全球价值链分工的深化和中间品贸易的增加，使得资源在全球范围内实现最优配置（Venables，1999；Harris，2001；Fujita 和 Thisse，2006；Hayakawa，2007；Bridgman，2010）。Yamashita（2011）利用 1988—2005 年日本和美国的面板数据研究了全球价值链分工中零部件贸易量的影响因素，认为劳动成本的降低、生产设施的完善都会促进全球价值链分工程度的深化。

二是不完全契约理论。该理论从契约不完全理论或者委托代理等角度出发，考虑价值链不同环节参与主体之间的边界问题。代表性的研究有 Antràs（2003）、Antràs 和 Helpman（2004，2006）、Grossman 和 Helpman（2005）。跨国公司组织结构的选择是研究焦点。基于契约理论，Grossman 和 Helpman（2002）研究了企业关于外包、一体化生产的选择问题。他们认为，企业生产模式的选择需要在一个不完全合约的环境中将零部件生产商和最终产品生产商进行匹配，匹配成本的大小会直接影响企业外包的选择。Antràs 和 Helpman（2004）重点关注企业生产率在全球价值链各环节资源配置方式中的作用。当企业效率超过某一特定值时，企业才会将任务或者工序转移到国外，即高效率企业倾向于将本国的非比较优势或非效率环节外包到国外进行生产，而低效率企业倾向于采取契约交易的方式。Antras 和 Chor（2013）深入分析了价值链上最终产品生产商和中间产品供应商之间的契约关系，并深入比较了不同契约机制下价值链上的控制权分布以及社会总福利。

三是异质性企业理论。企业是全球价值链的重要参与者，不仅可以完成多个任务，还可以动态调整其价值链参与情况，沿着价值链条延伸或者收缩所从事的任务或工序。异质性企业理论对此进行了深入的研究。随着全球价值链分工程度的不断加深，一大批发展中国家的企业借助进口国外高技术、高复杂度、资本密集型的中间投入品实现了技术升级、经济增长等目标（Bas 和 Berthou，2011）。Manova 和 Yu（2012）则重点探讨了企业融资约束对全球价值链分工的影响。由于资本和技术的限制，融资约束较大的企业往往只是对进口的中间品进行简单的组装加工，获取的利润和竞争力的提升十分有限，往往处于全球价值链的低端环节。还有一部分学者从企业出口国内增加值的角度衡量了企业参与全球价值链分工的现实状况，并考察了企业规模、贸易模式、企业类型、企业人力资本、企业效率以及资本密集度等要素对其价值链分工地位的影响（Upward et al.，2013；张杰等，2013；Chor et al.，2014）。

二、全球价值链的治理方式

全球价值链治理主要是指全球价值链领导者如何协调和组织分布在世界各地的价值创造主体及其活动，其实质就是通过参与方之间的关系安排以及互动机制来实现价值链上同生产活动、同环节之间的非市场化协调（Humphrey 和 Schmitz，2001）。在这过程中，权力分配起了关键作用。全球价值链领导者拥有主要权力，通过制定一系列规则和参数，迫使其他行为主体接受和服从，以获取最大利益（Gereffi，1999，2002）。根据治理主体的不同，全球价值链可以划分为生产者驱动型（producer driven）和采购者驱动型（buyer driven）（Gereffi，2001；Gereffi 和 Korzeniewicz，1994）。张辉（2004）从驱动力来源、进入壁垒、产业分类等方面分析了这两种类型价值链的异同。根据主导企业对全球价值链控制程度的不同，全球价值链治理模式分为网络型、准层级型、层级型和市场型（Humphrey 和 Schmitz，2001；Humphrey 和 Schmitz，2002）；根据全球价值链中各行为主体之间协调能力的高低，全球价值链治理模式可分为市场型、模块型、关系型、领导型和等级型（Gereffi et al.，2003）。其中，交易的复杂性、交易的可标准性和供应商的竞争能力是影响治理模式选择的 3 个重要因素（Gereffi et al.，2005）。

新近研究重点关注全球价值链领导者如何在全球价值链各个参与主体（生产者、供应商）之间分配控制权，以激励各参与主体达到最优努力水平。研究命题集中在全球价值链各环节离岸外包的条件和方向，以及最终产品生产商和众多供应商之间如何达成合约关系上。任务序列属性是企业组织方式选择的重要影响因素。全球价值链中只有基础任务才会外包出去，复杂任务则不会（Dei，2010）。当生产最终产品的各个任务在全球价值链上是互补品时，各环节任务不会离岸外包至发展中国家，而当各环节是替代品时，选择离岸外包至发展中国家是最优的（Fernandes 和 Tang，2012）。其原因在于，基于互补关系的全球价值链存在自匹配问题（self-matching）。如，几乎没有发展中国家参与波音 747 的生产。Antràs 和 Chor（2013）构建理论模型并分析了所有权在全球价值链上的最优分配。全球价值链的最优治理模式取决于领导企业面临的最终品需求价格弹性以及生产阶段在次序上是互补的还是替代的。当最终产品生产商面临完全需求弹性即序列互补品（sequential complements）时，领导企业会放弃对上游供应商的控制权，即将上游环节外包，并对下游供应商的投资决策产生正向溢出效应，即将下游环节一体化；当面临需求完全无弹性即序列替代品（sequential substitutes）时，将上游环节一体化、将下游环节外包是最优的。企业微观层面的研究表明，全球价值链治理决策不仅取决于生产阶段的合约摩擦（contractual frictions）以及企业生产率（Alfaro et al.，2016），还取决于领导企业面临的市场需求弹性与任务技术弹性之间的关系以及其所处的全球价值链的位置（Del Prete 和 Rungi，2017）。

三、全球价值链的利益分配

不同于传统的贸易，在全球价值链的背景下，贸易利益更多地来自全球化的生产（McGrattan 和 Prescott，2009；Burstein 和 Monge-Naranjo，2009；Ramondo 和 Rodr í guez-Clare，2013）。Arkolakis et al.（2012）和 Fally（2012）通过把生产阶段性的属性加入贸易利益决定因素模型中，更加全面地揭示了贸易利益的变化。其研究表明，产品生产的阶段化属性越明显，国内支出比重就会越低，贸易收益也就会越大。

国际分工中参与国贸易利益分配一直是贸易领域研究的重大课题。在全球价值链分工背景下，要素、服务以及中间品等在不同国家之间流动，这使得贸易利益在参与国之间的分配更加错综复杂。Krugman（1994）最早分析了嵌入全球价值链对不同类型参与国的影响。全球价值链上的大部分环节在拥有知名品牌和买方市场势力的旗舰企业的控制下垂直整合（Young 和 Hobbs，2002；Humphrey，2006），逐渐形成了由旗舰企业主导的全球价值分配格局。Samuelson（2004）则着重分析了全球价值链分工中发达国家的贸易利益，认为外包会降低发达国家劳动密集型环节的生产，进而对其就业和贸易利益产生不利影响。与此不同，Bhagwati、Panagariya 和 Srinivasan（2004）认为，虽然外包会对一国的低技能劳动力就业产生不利影响，但此类转移是企业在全球范围内优化配置资源的结果，最终会提升发达国家的贸易利益。Grossman 和 Rossi-Hansberg（2006，2008，2010，2012）认为，全球价值链分工会提升各国的生产率及低技术工人的工资，最终可能带来劳动力实际福利的改善。

Charkraborty（2003）则强调了贸易利益在全球价值链分工参与国家之间分配的不对称性。在全球价值链中，发达国家将具有比较劣势的劳动密集型环节外包给发展中国家，这种外包会对发展中国家的技术水平产生一定的外溢效应（Bhagwati 和 Davis，1994；Feenstra 和 Hanson，1995）。发展中国家凭借自身在劳动密集型环节的优势参与垂直专业化分工获取贸易利益（唐海燕和张会清，2009；戴翔和金碚，2014；胡昭玲，2007）。顾磊和刘思琦（2007）基于要素层面分析了发展中国家接受外包的经济效应，认为外包对发展中国家经济福利的影响取决于其收入再分配效应的大小。张路路、曾铮和唐宇（2008）构建两国模型对全球价值链中南北国家贸易利益分配问题进行分析，认为随着发展中国家逐步向价值链高端攀升，发达国家既得利益将会受损。因此，现有研究普遍认为，发展中国家由于技术落后、资本匮乏，在全球价值链中处于低端环节（Kaplinsky 和 Readman，2000；Kaplinsky，2001；Giuliani et al.，2005）。Timmer et al.（2014）在 Dedrick et al.（2010）的基础上考察了 iPad 在全球价值链中的价值分布情况，结果发现 iPad 的价值增值更多来自美国、日本和中国台湾等国家和地区，只有 4 美元的价值增值来自中国大陆。因此，对发展中国家而言，改变在全球价值链中的从属地位，迈向全球价值链中的高端环节成为一个亟待解决的关键问题。

四、全球价值链的核算方法

虽然关于全球价值链的研究已经浩如烟海，然而目前并没有准确刻画和度量全球价值链地位的统一指标。学者大多采用出口产品价格（Schott，2008；施炳展，2010）、出口产品技术含量（Hausmann et al.，2007；樊纲等，2006；姚洋和张晔，2008；邱斌，2012；戴翔和张二震，2011；戴翔和金碚，2014）、出口结构相似度（唐海燕和张会清，2009）等指标以间接测量全球价值链地位，反映全球价值链的高端攀升。其原因在于，全球价值链是一个系统概念，包含的内容过于丰富，难以在理论和实证模型中进行精确刻画。Hummels et al.（2001）首次提出垂直专业化的概念，运用国家间投入产出表测算了出口中所含有的进口中间品的比重以及出口中含有的中间投入品比重，以此来测度一国参与全球生产分工的程度，为衡量全球生产分工参与程度以及全球价值链地位指明了方向。近年来，随着经济一体化程度的加深和中间品贸易的增加，学者开始基于增加值贸易衡量全球价值链地位。代表性研究分为以下两类：

一是基于非竞争性投入产出表的宏观估算方法。在 Hummels et al.（2001）的基础上，基于 1997、2001 以及 2004 年的全球贸易分析（Global Trade Analysis Project，GTAP）数据库，Daudin et al.（2011）依据附加值来源分别测算了各国出口中所包含的进口中间投入、加工后再出口到第三国的份额、加工后再返还到本国的部分，阐述了生产者“为谁生产什么”的问题。Johnson 和 Noguera（2012）首次提出出口附加值的概念，并运用双边贸易、生产和投入品数据测算了 1970—2009 年 42 个国家出口附加值占比。罗长远和张军（2014）对 Johnson 和 Noguera（2012）的理论框架进行直接应用并置入中国场景，发现中国出口附加值在 1995—2009 年出现先降后增的趋势。遗憾的是，在 Johnson 和 Noguera（2012）的测算方法下，国家层面出口国内增加值结果与部门层面加总得到的结果并不一致，而且无法测算一国通过第三国向其他国家出口的国内增加值。Koopman et al.（2012）按贸易方式对非竞争性投入产出表进行分解，提出了计算出口国内增加值的相应思路（KWW[①] 方法）。基于这一方法，他们结合中国投入产出表对行业层面的出口国内增加值进行测算。Koopman et al.（2014）通过将总出口分解为国外增加值（Foreign Value-added，FVA）、国内增加值（Domestic Value-added，DVA）、返回的 DVA 以及重复计算的部分，构建了统一的总出口分解框架。实际上，既有文献的衡量指标，比如垂直专业化（Vertical Specialization，VS）指数与 Johnson 和 Noguera（2012）生产共担程度都可以表示为 Koopman et al.（2014）框架下的特例或线性组合。苏庆义（2016）将 Koopman et al.（2014）框架拓展至省份层面，对省级层面出口的增加值进行分解。Wang et al.（2013）以及王直等（2015）将 Koopman et al.（2014）的方法拓展到双边、部门以及双边—部门层面，将总出口详细分解为 4 个大部分、16 个小部分。借助这一完整的分解框架，追踪双边—部门层面总出口、最终品出口以及中间品出口的详细来源和最终去向成为可能。Dietzenbacher et al.（2005）提出增加值增值长度（value-added propagation length）的思想，使用所处生产阶段的位置定义全球价值链地位（Ye et al.，2015；Wang et al.，2017）。Antràs et al.（2012）、Antràs 和 Chor（2013）基于距离最终使用（final use）的平均距离测算了美国产业在全球生产链的上游程度（upstreamness of production）。综上，基于非竞争性投入产出表能够对国家行业层面的出口国内增加值进行测算，但无法满足更细化的企业层面对增加值贸易的研究。

二是基于企业数据的微观测算方法。考虑到 Hummels et al.（2001）的测算方法未区分加工贸易和一般贸易的问题，Upward et al.（2013）在通过海关贸易方式信息识别加工贸易进口和一般贸易进口的基础上，利用中国工业企业和海关进出口匹配数据，对 2003—2006 年间中国企业出口的国内增加值进行测算。张杰等（2013）在 Upward et al.（2013）研究的基础上，进一步考虑了贸易代理商、中间投入品间接进口，以及进口资

① KWW 为论文作者的首字母，研究学者将其称为 KWW。3 位作者分别是 KOOPMAN R，WANG Z，WEI S。

本品折旧等的影响。利用中国和世界的投入产出表，李昕和徐滇庆（2013）不仅计算了中国行业出口的本地附加值，还重新核算了中国的贸易规模和贸易差额。Kee 和 Tang（2016）提出一个核算加工贸易企业出口增加值的简易框架，研究了中国企业层面的国内增加值率及其变化原因。马述忠等（2017）运用该方法研究了融资约束对我国加工贸易企业全球价值链地位提升的影响。海关数据只能反映企业通过海关直接进口的中间品贸易额占企业总出口的比重，而实际贸易中企业存在使用间接进口增加值（本国投入包含的国外成分）和返回增加值（进口投入包含的本国成分）的情况（Koopman et al.，2014）。考虑到该问题，在 Kee 和 Tang（2016）及盛斌和陈帅（2017）方法的基础上，吕越等（2018）将世界投入产出数据库与工企—海关数据库合并，分解了出口额中的间接增加值和返回增加值，并据此计算了加工贸易、一般贸易和混合贸易企业的全球价值链嵌入程度。

五、全球价值链升级的影响因素

鉴于发展中国家在全球价值链中的从属地位，学者们开始关注发展中国家全球价值链升级的问题。最具代表性的当数 Humphrey 和 Schmitz（2002）以及 Humphrey（2004）。他们提出以企业为中心的流程、产品、功能和部门四层次升级路径，为发展中国家的全球价值链升级提供崭新思路，能够较好地解释“亚洲四小龙”（中国香港、中国台湾、韩国和新加坡）从原始设备生产商（Original Equipment Manufacture，OEM）到原始设计制造商（Original Design Manufacture，ODM）再到原始品牌制造商（Original Brand Manufacture，OBM）的成功案例。融入产品内国际分工有助于促进发展中国家全球价值链高端攀升（唐海燕和张会清，2009；戴翔和金碚，2014）。制度质量的完善对出口技术复杂度具有显著的正向作用，而且二者交互作用会显著提升一国国际分工地位（戴翔和金碚，2014）。还有部分学者关注外资的技术溢出在推动全球价值链高端攀升过程中的作用（Kandogan，2003），认为跨国公司进入（葛顺奇和罗伟，2015）以及中国对外直接投资（杨连星和罗玉辉，2017）均会促进中国全球价值链高端攀升。但杨高举和黄先海（2013）研究发现，发展中国家获取的外资溢出效应是有限的，国内的技术创新、物质资本和人力资本等要素的协同性提升，是提高中国高技术产业国际分工地位的关键内部动力。换句话说，创新是一国长期经济增长的动力来源。基于此，洪银兴（2017）提出了中国产业结构依靠创新驱动攀升全球价值链中高端的 3 个路径：低端环节依靠创新进入全球价值链中高端环节，建立以我国拥有的高端技术为主的全球价值链，以及全球价值链低端环节通过机器换人等手段提升增加值转向中高端环节。由于生产地和消费市场的分离产生特定额外成本，发展中国家本土市场规模的扩大也会通过促进价值链高端环节梯度转移实现全球价值链攀升（戴翔等，2017）。

值得注意的是，发展中国家由于缺乏资金和技术，基本上都是基于劳动和资源比较优势嵌入全球价值链，包括以加工贸易方式嵌入生产者驱动的全球价值链和以代工贴牌方式嵌入采购者驱动的全球价值链（洪银兴，2017）。因此，推动加工贸易转型升级是实现全球价值链高端攀升更为可行的路径（马述忠等，2017）。裴长洪和彭磊（2006）认为，加工贸易升级的核心在于通过中间产品的进口替代战略、税收政策等手段促进加工贸易“落地生根”。张燕生（2004）建议从引进先进技术、培育自创品牌等维度推进加工贸易转型升级。随着加工贸易的不断发展和壮大，加工贸易政策调整逐渐引起学者的关注。唐东波（2012）认为，应该强化加工贸易在国内相关产业的纵向关联，并设计更灵活的贸易政策，以促进一般出口产品的技术结构升级。刘晴和徐蕾（2013）则从改革户籍制度和调整收入分配的角度，提出了促进加工贸易的转型升级的相关政策。还有学者考察了金融发展对经济的驱动作用（吕越等，2016；马述忠等，2017），认为提高企业生产率和提供融资支持均有助于企业迈向全球价值链高端环节。

第三节　全球价值链分工对产业结构的影响研究

全球价值链分工的逐渐深化，已经成为影响特定经济体产业结构的重要力量。一般而言，全球价值链分工是全球价值链主导者（全球公司、发达国家产业）在全球范围内扩展布局、配置资源的过程，因此全球价值链分工对发达国家产业以及产业结构的影响是积极的（张兴瑞，2011）。但对发展中国家而言，参与全球价值链分工对其经济结构的影响存在双面性。

以 Bernard et al.（2006）、Miroudot et al.（2009）以及 Goldberg（2008）等为代表的研究认为，全球价值链分工能够在全球范围内配置资源，调整中间产品的生产，促使参与国采用更专业化的分工以获取高额利润，提升自身全球竞争力。全球价值链上游国家对中下游国家具有逆向溢出效应，发展中国家制造业可以从价值链中获取产业发展所需的知识技能，从而提高创新能力（Pietrobelli 和 Rabellotti，2011）。全球价值链分工不仅能通过知识学习、技术溢出、良性竞争等帮助企业提升技术水平和科研能力，还能通过产业关联效应促使企业标准化生产（徐毅和张二震，2008；张豪等，2015），有助于发展中国家实现产业结构高端化（Schmitz，2004b）。现实经济的发展也表明，通过参与全球价值链分工，中国已经从玩具、服装等轻纺产品的提供者迅速成长为“世界制造基地”（杨丹辉，2005）。

全球价值链的利益分配具有很大的非对称性。全球价值链的主导企业凭借其技术和品牌等竞争优势，通过不断并购核心环节和转移外包非战略环节，逐渐渗透到价值链的高附加值、高利润环节（Nolan et al.，2008）。随着全球价值链分工的不断成熟，链条中非对称的利润分配机制导致资本和知识缺乏的发展中国家的回报不断降低（Burstein 和 Vogel，2010），这不仅对其劳动密集型产业的生产率及就业等产生不良冲击（Whittaker et al.，2010；Davis，2010），还会导致企业只能停留在低附加值的加工制造环节（Kaplinsky，2001；Messner，2004）。刘志彪（2007）的研究也进一步发现，中国对外贸易量的持续增长并没有促进中国本土产业的升级。单个企业、产业集群和国家经济以不适当方式加入全球市场，可能会带来“贫困增长”的现象。对企业而言，如果单纯依靠廉价劳动力和产品价格获取竞争优势，而不提升技术水平以实现企业升级，则很容易出现低端发展的现象（Kaplinsky，2000，2009，2010）。

综上所述，随着经济全球化的不断深入，发展中国家在借助全球价值链分工获得经济增长效应的同时也可能面临低端结构锁定的困境。对于像中国这样的发展中国家而言，扩大全球价值链参与程度的同时升级自身价值链是最佳的发展路径（UNCTAD，2013）。中国产业链能否高效嵌入全球分工体系成为其产业结构能否升级的重要因素（宗文，2011）。现有的研究（Upward et al.，2013；Kee 和 Tang，2013；张杰等，2013）大多聚焦于全球价值链地位或全球价值链参与程度对产业结构的影响，忽略了全球价值链嵌入位置的作用。全球价值链中非对称的利润分配机制导致嵌入其中的经济体的发展路径存在差异（Kaplinsky 和 Morris，2000；Humphrey，2003；Gereffi et al.，2005）。如果一个国家的企业嵌入的是全球价值链中利润丰厚的研发设计或者营销等环节，那么它将快速带来经济的繁荣。反之，如果一国企业嵌入的是加工、装配等低附加值环节，其经济发展就会处于被动、跟随的地位（文婷和张生丛，2009）。具体到企业层面，价值链嵌入位置不仅会影响企业的固定投资、生产效率和资本密集度（Chor，2014），还会影响企业的最优生产决策（Antràs 和 Chor，2013）。可见，嵌入程度和位置作为价值链嵌入的两个重要维度，对于经济体参与价值链的准确刻画来说缺一不可。本书将从以上两个维度对全球价值链嵌入特征进行更准确的刻画，以期更加全面地评估全球价值链嵌入对中国产业结构的现实影响。

第四节　简要评述

在开放环境下，发展中国家实现产业结构升级的一般路径就是寻求机会促使地方或产业参与全球价值链，在此基础上通过知识学习和市场营销等方式提升自身竞争力，寻求基于价值链的产业结构升级机会，逐步获得对全球价值链的控制能力（UNCTAD，2013）。

当前，学术界关于全球价值链嵌入方式的研究主要集中在以下几个方面。首先，从宏观层面来看，一国参与全球价值链主要是通过国际产业转移来实现的。基于产品内分工的微观机制，全球价值链模式下产业转移正在以更大的规模和更深的层次展开。中国和印度通过承接全球价值链产业转移成为“世界加工厂”和“全球办公室”（吕智和王习农，2007；吴洁，2007；魏后凯，2003；张为付，2006；张少军和刘志彪，2009）。其次，从产业组织关系出发，Humphrey 和 Schmitz（2000）认为，一个地区或者产业主要通过科层分工、市场分工、网络分工和准科层分工 4 种途径参与全球价值链。在这 4 种路径中，参与主体之间的交易方式和市场势力各不相同。最后，根据嵌入全球价值链之后发展路径的异同，学者将一国参与全球价值链分工的方式分为低端嵌入和高端嵌入。低端嵌入是指以廉价劳动力、低价格或者以环境污染、资源浪费为代价参与国际分工。由于较少考虑劳动和环境标准，不注重福利的提高，该路径不可持续。委托业务外包就是一种典型的低端嵌入路径。OEM 是发展中国家企业参与国际分工最重要的形式（刘景江，2003；胡军等，2005）。与此相反，高端嵌入借助技术创新不断调整并改进产品生产过程，依靠产品附加值的提升来增强国际竞争力。

受限于现有的要素禀赋，以中国为代表的发展中国家一般通过低附加值、低技术和低资本密集度的加工环节参与全球价值链，获取的利益相当有限。促进本国产业结构升级是一国嵌入全球价值链后的关键命题。全球价值链的驱动机制不同，一国产业结构升级的重心也会发生变化。例如，对生产者驱动的价值链而言，产业升级的重点应该放在生产领域，而购买者驱动型价值链的重点则应该放在商品的流通和消费领域（Gereffi，1999）。在 4 种分工方式的基础上，Humphrey 和 Schmitz（2000）将全球价值链升级的路径分为工艺流程升级、产品升级、功能升级和链条升级。其中，工艺流程升级强调通过降低生产成本，引进新的工艺流程来提升生产效率；产品升级的重点是通过设计新产品与新品牌来提升市场份额；功能升级意味着改变企业在全球价值链中所处的环节，使其专注于附加值较高的资本密集型和知识密集型环节；链条升级是指企业为了获取更高收益，移向新的、附加值更高的产业价值链（Kaplinsky 和 Morris，2003）。张向阳和朱有为（2005）认为，发展中国家制造业升级战略的关键是如何突破发达国家购买者的锁定，实现功能升级。这取决于发展中国家企业的个体努力、集体努力以及公共政策的支持。发展中国家的升级模式主要有以下几种：一是代工企业沿着“委托组装—OEM—ODM—OBM”的逻辑进行；二是提升专有性资产，强化企业价值链条的转换能力，即位于价值链低端的本土企业，通过强化专有性的生产能力，阻止其他企业模仿，实现跨产业的生产转化和链条升级（俞荣建，2010；Bazan 和 Navas-AlemÃ，2002）；三是依托国内市场需求和完善成为一流企业，进入区域或者全球价值链的分工体系，从本土企业直接跃升为全球企业（刘志彪和张杰，2009）；四是从产业融合的视角出发，借助生产性服务提高产品和服务生产过程中的运营效率和生产效率，提升制造业在全球价值链中的地位（芮明杰和张洁，2010）。

在当前发展中国家低端嵌入全球价值链的背景下，其寻求基于价值链的产业结构升级并不那么顺利。对于发展中国家而言，嵌入全球价值链只是参与国际分工提升竞争力的第一步，但并不意味着登上了产业结构升级的“自动扶梯”（聂鸣和刘锦英，2006；Bair 和 Peters，2006）。即便实现了产品和工艺的升级，一旦本地企业进入功能升级或链条升级的阶段，试图建立自己的核心技术研发能力，逐步延伸到品牌和销售终端等高附加值环节时，就会对主导全球价值链的跨国公司的既得利益构成挑战，从而引发后者利用各种手段来阻碍和控制本地企业以将其“锁定”于低端环节的行为（Humphrey 和 Schmitz，2002a，2002b；张少军和刘志彪，2009）。发达国家的全球企业会依托其市场优势阻碍发展中国家及其企业获得功能和链条等更高层次升级所需的技能（Schxmitz，2004a，2002b），如拒绝在产品设计、营销以及品牌等高附加值环节与配套企业分享知识技能（Bazan 和 Navas-AlemÃ，2004），进而限制发展中国家的产业升级。张杰和刘志彪（2007）对中国代工企业的研究也说明了这一点。当代工企业意图向全球价值链高端环节转移时，就会受到来自发达国家的大型跨国公司的阻碍和限制，影响其研发和自主创新能力的提升，最终导致发展中国家的代工企业丧失自主创新能力（刘志彪和江静，2009）。因此，企业需要进行持续的技术学习，在充分利用全球价值链内局部知识外部性的基础上，整合企业内部与外部知识，从而推动本土产业的持续升级（张国胜，2009）。

综合国内外研究，本书得出以下结论。

首先，国内外关于全球价值链经济效应的研究已经逐渐成熟。全球价值链分工促使资源在全球范围内合理配置，促进发展中国家的经济增长，但发展中国家也可能由于价值链主导企业的阻碍等诸多因素被锁定在价值链的低端环节。发展中国家借助全球价值链分工实现产业结构升级自然成为诸多学者关注的焦点。大部分学者从价值链地位的影响因素对这一现象进行阐释并提出相关的对策建议，但现有文献更多关注价值链的嵌入程度及其影响，缺乏对嵌入位置的分析。不同于此，本书将价值链嵌入程度和位置同时纳入分析框架，从行业和企业发展的双重维度阐述全球价值链分工对产业结构的影响程度、影响方向和影响机制，从而拓展了全球价值链相关研究。

其次，已有关于产业结构升级的研究重点关注不同全球价值链驱动机制下产业升级的路径和模式。但此类研究大多停留在理论分析层面，通过特定案例和产业分析升级路径。此类研究（任家华和王成璋，2005；周晓艳和黄永明，2008）认为，通过加工贸易等全球价值链的低端嵌入方式不能促进中国产业结构的持续升级，战略收购和联盟、建立网络合作关系等才是促进产业升级的较优路径。本书不再把视角拘囿于劳动、技术等要素比较优势的层面，而是另辟蹊径，从我国与其他国家的贸易关联和政府扶持两个层面来考察其对我国全球价值链分工地位攀升的影响，以促进产业结构优化升级。

第三章 全球价值链分工的现实特征

基于 Koopman et al.（2014）的分解框架，本章采用非竞争性的世界投入产出表测算了 2000—2014 年 42 个国家 56 个部门的全球价值链嵌入程度和嵌入位置，深入剖析了全球价值链分工的全球布局、历史演进及中国特征。

第一节　全球价值链分工的核算框架

信息通信技术的发展、国际贸易和投资环境的不断改善促进了生产工序的细化，同一产品的生产工序分布在多个国家，中间品贸易飞速发展。鉴于中间品贸易的普遍性，以贸易总值为基础的官方贸易统计已经很难反映一国参与全球价值链分工的真实情况。Koopman et al.（2014）提出贸易增加值统计框架。该框架将一国出口分解为国外附加值、国内增加值以及重复计算的部分，能够更准确地反映真实贸易状况。基于此方法，本章采用 WIOD 的国家间投入产出数据表，详细地测算了各国参与全球价值链分工的情况。

表 3-1 为国家间投入产出数据表的基本结构。假定有 G 个国家，每个

国家有 N 个行业。Z^{ij} 和 Y^{ij} 分别表示 i 国产品被用作 j 国中间投入品和最终使用品的部分，$\boldsymbol{VA}^i$ 和 $\boldsymbol{X}^i$ 分别表示 i 国的增加值矩阵和产出矩阵。 $\boldsymbol{Z}$ 为 $N\times N$ 的矩阵，$\boldsymbol{X}$ 和 $\boldsymbol{Y}$ 为 $N\times 1$ 的列向量，$\boldsymbol{VA}$ 为 $1\times N$ 的行向量。

表 3-1　国家间投入产出数据

投入＼产出		中间使用				最终使用				总产出
		1 国	2 国	…	G 国	1 国	2 国	…	G 国	
中间投入	1 国	Z^{11}	Z^{12}	…	Z^{1G}	Y^{11}	Y^{12}	…	Y^{1G}	X^1
	2 国	Z^{21}	Z^{22}	…	Z^{2G}	Y^{21}	Y^{22}	…	Y^{2G}	X^2
	⋮	⋮	⋮	⋮	⋮	⋮	⋮	⋮	⋮	⋮
	G 国	Z^{G1}	Z^{G2}	…	Z^{GG}	Y^{G1}	Y^{G2}	…	Y^{GG}	X^G
增加值		VA^1	VA^2	…	VA^G	—	—	—	—	—
总投入		$(X^1)'$	$(X^2)'$	…	$(X^G)'$	—	—	—	—	—

从使用情况来看，一国的产出可以被分解为用于中间投入的部分和用于最终消费的部分。 因此，中间投入 $\boldsymbol{Z}$、最终消费 $\boldsymbol{Y}$ 和总产出 $\boldsymbol{X}$ 之间存在如下关系：

$$\begin{bmatrix} Z^{11}+Z^{12}+Z^{13}+\cdots+Z^{1G} \\ Z^{21}+Z^{22}+Z^{23}+\cdots+Z^{2G} \\ \vdots \\ Z^{G1}+Z^{G2}+Z^{G3}+\cdots+Z^{GG} \end{bmatrix} + \begin{bmatrix} Y^{11}+Y^{12}+Y^{13}+\cdots+Y^{1G} \\ Y^{21}+Y^{22}+Y^{23}+\cdots+Y^{2G} \\ \vdots \\ Y^{G1}+Y^{G2}+Y^{G3}+\cdots+Y^{GG} \end{bmatrix} = \begin{bmatrix} X^1 \\ X^2 \\ \vdots \\ X^G \end{bmatrix} \tag{3-1}$$

进一步定义投入产出系数矩阵 $\boldsymbol{A}$，使得 $\boldsymbol{Z}=\boldsymbol{AX}$，则有：

$$\begin{bmatrix} A^{11} & A^{12} & \cdots & A^{1G} \\ A^{21} & A^{22} & \cdots & A^{2G} \\ \vdots & \vdots & \ddots & \vdots \\ A^{G1} & A^{G2} & \cdots & A^{GG} \end{bmatrix} \begin{bmatrix} X^1 \\ X^2 \\ \vdots \\ X^G \end{bmatrix} + \begin{bmatrix} Y^{11}+Y^{12}+Y^{13}+\cdots+Y^{1G} \\ Y^{21}+Y^{22}+Y^{23}+\cdots+Y^{2G} \\ \vdots \\ Y^{G1}+Y^{G2}+Y^{G3}+\cdots+Y^{GG} \end{bmatrix} = \begin{bmatrix} X^1 \\ X^2 \\ \vdots \\ X^G \end{bmatrix} \tag{3-2}$$

基于此，求解总产出矩阵，得到经典的里昂惕夫公式：

$$\begin{bmatrix} X^1 \\ X^2 \\ \vdots \\ X^G \end{bmatrix} = \begin{bmatrix} B^{11} & B^{12} & \cdots & B^{1G} \\ B^{21} & B^{22} & \cdots & B^{2G} \\ \vdots & \vdots & \ddots & \vdots \\ B^{G1} & B^{G2} & \cdots & B^{GG} \end{bmatrix} \begin{bmatrix} Y^{11}+Y^{12}+Y^{13}+\cdots+Y^{1G} \\ Y^{21}+Y^{22}+Y^{23}+\cdots+Y^{2G} \\ \vdots \\ Y^{G1}+Y^{G2}+Y^{G3}+\cdots+Y^{GG} \end{bmatrix} \tag{3-3}$$

将上述公式进一步分解，可以得到：

$$\begin{bmatrix} X^{11} & X^{12} & \cdots & X^{1G} \\ X^{21} & X^{22} & \cdots & X^{2G} \\ \vdots & \vdots & \ddots & \vdots \\ X^{G1} & X^{G2} & \cdots & X^{GG} \end{bmatrix} = \begin{bmatrix} B^{11} & B^{12} & \cdots & B^{1G} \\ B^{21} & B^{22} & \cdots & B^{2G} \\ \vdots & \vdots & \ddots & \vdots \\ B^{G1} & B^{G2} & \cdots & B^{GG} \end{bmatrix} \begin{bmatrix} Y^{11} & Y^{12} & \cdots & Y^{1G} \\ Y^{21} & Y^{22} & \cdots & Y^{2G} \\ \vdots & \vdots & \ddots & \vdots \\ Y^{G1} & Y^{G2} & \cdots & Y^{GG} \end{bmatrix} \quad (3\text{-}4)$$

其中，$\begin{bmatrix} B^{11} & B^{12} & \cdots & B^{1G} \\ B^{21} & B^{22} & \cdots & B^{2G} \\ \vdots & \vdots & \ddots & \vdots \\ B^{G1} & B^{G2} & \cdots & B^{GG} \end{bmatrix} = \begin{bmatrix} I-A^{11} & -A^{12} & \cdots & -A^{1G} \\ -A^{21} & I-A^{22} & \cdots & -A^{2G} \\ \vdots & \vdots & \ddots & \vdots \\ -A^{G1} & -A^{G2} & \cdots & I-A^{GG} \end{bmatrix}^{-1}$ 为经典的里昂惕夫逆矩阵。

在增加值矩阵 $\boldsymbol{VA}^i$ 的基础上，定义增加值系数矩阵 $\boldsymbol{V}^i$，其元素为 i 国各行业增加值与总产出的比值，即 $\boldsymbol{V}^i = \boldsymbol{VA}^i/(\boldsymbol{X}^i)^T$。 进一步地，定义 $\hat{\boldsymbol{V}}^i$ 为 $N \times N$ 的矩阵，其对角线元素为 i 国各行业的增加值系数。 最终得到 $GN \times GN$ 的对角增加值系数矩阵：

$$\hat{\boldsymbol{V}} = \begin{bmatrix} \hat{V}^1 & 0 & \cdots & 0 \\ 0 & \hat{V}^2 & \cdots & 0 \\ \vdots & \vdots & \ddots & \vdots \\ 0 & 0 & \cdots & \hat{V}^G \end{bmatrix} \quad (3\text{-}5)$$

基于上述条件，可求得一个代表性国家 s 对世界的总出口：

$$E^{s*} = \sum_{r \neq s}^{G} E^{sr} = \sum_{r \neq s}^{G} (A^{sr}X^r + Y^{sr}) \quad (3\text{-}6)$$

参照 Koopman et al.（2012）的逻辑，一国总出口可以分解为：

$$\begin{aligned} \mu E^{s*} = & \left\{ \boldsymbol{V}^s \sum_{r \neq s}^{G} B^{ss} Y^{sr} + \boldsymbol{V}^s \sum_{r \neq s}^{G} B^{sr} Y^{rr} + \boldsymbol{V}^s \sum_{r \neq s}^{G} \sum_{t \neq s,r}^{G} B^{sr} Y^{rt} \right\} + \left\{ V^s \sum_{r \neq s}^{G} B^{sr} Y^{rs} \right. \\ & \left. + V^s \sum_{r \neq s}^{G} B^{sr} A^{rs} (\boldsymbol{I} - A^{ss})^{-1} Y^{ss} \right\} + V^s \sum_{r \neq s}^{G} B^{sr} A^{rs} (\boldsymbol{I} - A^{ss})^{-1} E^{s*} + \left\{ \sum_{t \neq s}^{G} \sum_{r \neq s}^{G} V^t B^{ts} Y^{sr} \right. \\ & \left. + \sum_{t \neq s}^{G} \sum_{r \neq s}^{G} V^t B^{ts} A^{sr} (\boldsymbol{I} - A^{rr})^{-1} Y^{rr} \right\} + \sum_{t \neq s}^{G} V^t B^{ts} A^{sr} \sum_{r \neq s}^{G} (\boldsymbol{I} - A^{rr})^{-1} E^{r*} \end{aligned} \quad (3\text{-}7)$$

基于上述公式，一国对世界的总出口可以分解为 9 个部分。 其中，第一部分为最终产品出口中的国内增加值，第二部分为被进口国直接吸收的中间品出口的国内增加值，第三部分为在被用于进口国出口产品中被第三国吸收的国内增加值，第四部分为通过最终产品进口返回本国的国内增加值，第五部分为通过中间品进口返回本国的国内增加值，第六部分为重复计算的国内增加值。第一至第六部分的总和为国内增加值。第七部分为最终产品出口中的国外增加值，第八部分为中间品出口中的国外增加值，第九部分为重复计算的国外附加值。第七至第九部分的总和为一国出口中的国外增加值成分。综上所述，一国总出口的详细分解如图 3-1 所示。

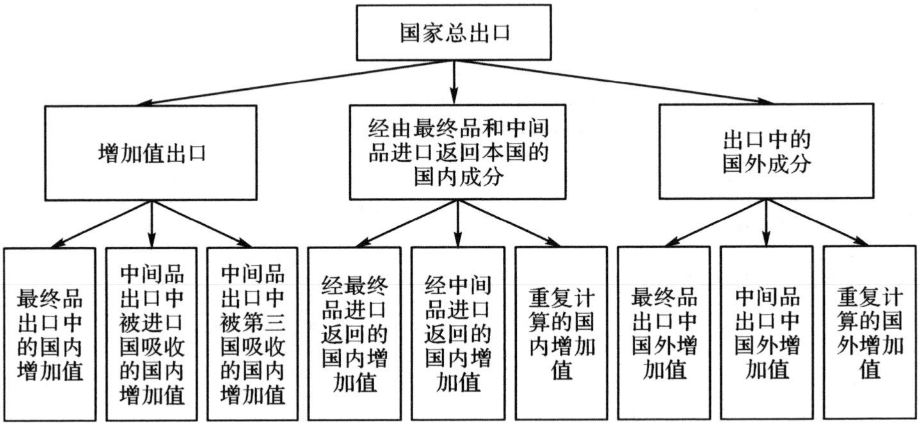

图 3-1　国家层面总出口的分解

在上述分解的基础上，可以得到一国在全球价值链中参与程度和位置的指标。全球价值链分工参与程度的指标为：

$$gvc\_part = \frac{IV + FV}{E} \tag{3-8}$$

式中，IV 为一国出口产品中被用作其他国家中间投入的部分，即出口分解公式中第二至第六部分的总和，既包含本国中间品出口中经进口国加工出口给第三国的部分，也包括其他国家出口中包含的本国的增加值。FV 为一国出口中使用的其他国家的部分，为出口分解公式中第七至第九部分的总和。该指标越大，表明一国参与全球价值链的程度越高。在特定全球价值链分工参与程度下，各国所处的位置或环节会有所差异。为此，本节进一步构建了全球价值链分工位置指标：

$$gvc\_pos = \ln\left(1+\frac{IV}{E}\right)-\ln\left(1+\frac{FV}{E}\right) \tag{3-9}$$

该指标衡量了该国作为中间品出口方和中间品进口方的相对重要程度。一般而言，分工位置指数较大，表明该国主要作为原材料或中间品的出口方参与全球价值链，位于全球价值链条中较上游的位置。反之，该指标较小，则表明该国在全球价值链中处于较下游的位置。

第二节　全球价值链分工的发展特征

一、全球价值链分工的整体格局

在上述核算框架下，本节使用 WIOD 中的国际投入产出表计算了国家层面的价值链分工的参与程度和参与位置。该表包含了 2000—2014 年 42 个国家 56 个部门的数据。表 3-2 给出了 2014 年主要国家的相关结果。

表 3-2　全球价值链分工状况

国家	国内增加值占比	国外增加值占比	分工程度	分工位置	国家	国内增加值占比	国外增加值占比	分工程度	分工位置
澳大利亚	0.8597	0.1402	0.4556	0.7964	印度	0.7939	0.2061	0.4005	−0.0299
奥地利	0.6415	0.3583	0.6214	−0.2741	爱尔兰	0.5077	0.4914	0.6287	−1.2095
比利时	0.5435	0.4561	0.6662	−0.7172	意大利	0.7395	0.2604	0.4981	−0.0461
保加利亚	0.6186	0.3815	0.6175	−0.4608	日本	0.7673	0.2326	0.4585	0.0255
巴西	0.8722	0.1278	0.4084	0.7655	韩国	0.6513	0.3479	0.5483	−0.4976
加拿大	0.7619	0.2380	0.4159	−0.2030	立陶宛	0.6434	0.3565	0.5707	−0.4834
瑞士	0.7468	0.2531	0.4741	−0.1080	卢森堡	0.3399	0.6594	0.7792	−1.6320
中国	0.8409	0.1591	0.3582	0.3614	拉脱维亚	0.6908	0.3090	0.5745	−0.1372
塞浦路斯	0.7198	0.2799	0.5966	0.1226	墨西哥	0.6671	0.3329	0.4653	−0.8237
捷克	0.5435	0.4564	0.6925	−0.6159	马耳他	0.3454	0.6525	0.7455	−1.8583
德国	0.7325	0.2674	0.5044	0.0156	荷兰	0.6395	0.3603	0.6542	−0.1540
丹麦	0.6264	0.3734	0.5623	−0.6383	挪威	0.8321	0.1678	0.6207	0.9728

续 表

国家	国内增加值占比	国外增加值占比	分工程度	分工位置	国家	国内增加值占比	国外增加值占比	分工程度	分工位置
西班牙	0.6913	0.3085	0.5096	−0.3756	波兰	0.6930	0.3069	0.5859	−0.0659
爱沙尼亚	0.5664	0.4335	0.6562	−0.6374	葡萄牙	0.6893	0.3106	0.5339	−0.3048
芬兰	0.6510	0.3487	0.6058	−0.2824	罗马尼亚	0.7338	0.2662	0.5583	0.0987
法国	0.7274	0.2724	0.5173	−0.0382	俄罗斯	0.9250	0.0750	0.5740	1.8105
英国	0.8103	0.1895	0.4795	0.4626	斯洛伐克	0.5206	0.4793	0.6862	−0.7969
希腊	0.6962	0.3036	0.5363	−0.2504	斯洛文尼亚	0.6270	0.3724	0.6246	−0.3708
克罗地亚	0.7273	0.2724	0.5259	−0.0627	瑞典	0.7148	0.2850	0.5577	−0.0146
匈牙利	0.4829	0.5170	0.7075	−0.9523	土耳其	0.7159	0.2840	0.4850	−0.3144
印尼	0.8286	0.1714	0.4687	0.5480					
美国	0.8784	0.1214	0.4245	1.0712					

根据表 3-2 的估计结果，可以得到如下结论:(1)各国出口的国内增加值与国外增加值比例之间存在显著差异。具体来看，在所有国家或地区中，俄罗斯出口的国内增加值比例最高，为 92.50%；卢森堡出口的国内增加值比例最低，仅为 33.99%。美国和中国出口的国内增加值率也相对较高，分别排在第二位和第五位。较高的出口国内增加值比例，说明这些国家对其自身出口商品的贡献较大。(2)从各国参与全球价值链的程度来看，卢森堡、马耳他和匈牙利的参与程度最高，排在前 3 位。美国、加拿大、巴西、印度和中国的参与程度最低，排在最后 5 位。究其本质内涵，较高的全球价值链参与程度主要来自两个方面：一是出口的国外增加值比例；二是本国出口中被其他国家用作中间投入的部分。由表 3-2 可知，卢森堡、马耳他和匈牙利较高的参与程度大多来自其出口中较高的国外增加值比例。(3)就全球价值链参与位置而言，当一国出口中被其他国家使用的中间品大于本国所使用的国外附加值时，全球价值链分工位置指数为正。并且，较高的全球价值链分工位置指数意味着该国主要依靠向其他国家提供原材料、中间品等方式参与国际分工，即该国位于全球价值链的上游环节。反之，全球价值链分工参与位置的指数越低，表明一国主要依赖使用国外中间品来参与国际分工，该国位于

全球价值链的下游环节。根据表 3-2 的结果，俄罗斯、美国以及挪威的全球价值链分工位置排在前 3 位，处于全球价值链的上游环节。中国的价值链分工位置指数为 0.3614。同俄罗斯、美国等一样，中国向其他国家提供的中间品要高于本国使用的国外附加值，位于全球价值链较上游的位置。爱尔兰、卢森堡和马耳他的价值链分工位置指数为负，且排在最后 3 位，说明它们主要通过进口其他国家中间品的方式参与价值链分工，位于价值链的下游环节。这一点可以从这些国家较高的国外增加值比例得到证明。

二、中国参与全球价值链分工的特征事实

(一)中国参与全球价值链分工的发展特征

在对全球价值链参与程度和位置定量评估的基础上，本小节将从纵向的时间和横向的国别双重维度刻画中国在全球价值链分工中的竞争地位变迁及跨国差异。

从纵向时间维度来看，中国全球价值链参与程度呈现先上升后下降的趋势。图 3-2 刻画了 2000—2014 年中国全球价值链嵌入程度和出口国内增加值率的变迁。自 2000 年加入世界贸易组织后，中国开放程度不断提高，外贸总额连续大幅增长，成为全球第一大出口国和第二大进口国。随着全球价值链参与程度的不断提升，中国成了名副其实的“世界工厂”，为全球经济增长做出了巨大贡献。2008 年之后，受全球金融危机等因素的影响，全球价值链一体化程度呈现下降趋势。中国的全球价值链嵌入程度也有一定下降。但该阶段中国出口的国内增加值占比不断上升，国外增加值率下降，这意味着中国正在优化自身价值链条，降低对国外供应链的依赖，发展自身供应链。

值得注意的是，2002—2008 年，中国参与全球价值链的深度不断拓展，但出口的国内附加值占比呈下降趋势。其根本原因在于，中国主要通过加工贸易方式参与全球价值链分工，但加工贸易增加值率和中间投入本体化水平均较低。具体而言，2000 年中国的加工贸易总额为 2302 亿美

元，其中，出口额为 1376 亿美元，进口额为 926 亿美元。截至 2014 年，中国的加工贸易总额发展至 14087.4 亿美元，占贸易总额的 32.7%，是 2000 年的 6.12 倍。其中，出口额为 8843.6 亿美元，是 2000 年的 6.43 倍；进口额为 5243.8 亿美元，为 2000 年进口额的 5.66 倍。2002 年之后，由加工贸易主导的全球价值链嵌入方式并未带来出口的国内增加值率持续提升，反而有所下降。2010 年前后国家重点实施相关政策促进加工贸易转型升级，减少附加值和技术水平较低的加工贸易出口。之后，中国出口的国内增加值比例开始呈现上升趋势。

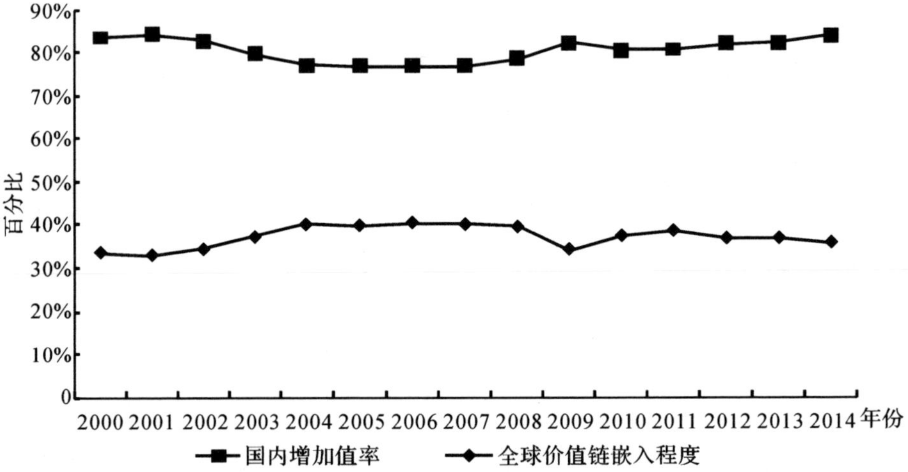

图 3-2　2000—2014 年中国出口国内增加值率、全球价值链嵌入程度

图 3-3 进一步分析了中国出口国内增加值的内部构成。对中国而言，最终产品出口的国内增加值和中间品出口中被进口国吸收的国内增加值是国内增加值的主要部分，二者之和占整个出口的比例基本维持在 70%左右。与此同时，2000—2014 年最终品出口的国内增加值比例总体降低，而中间品出口的国内增加值比重总体上升，这意味着中间品贸易越来越重要。

与全球价值链参与程度的发展趋势不同，2000—2014 年中国全球价值链嵌入位置则是先下降后上升。图 3-4 刻画了中国在全球价值链中参与位置的演变。自 2001 年中国加入世界贸易组织之后，加工贸易的迅猛发展使得我国主要依赖进口国外中间品来参与国际分工，位于全球价值链的下

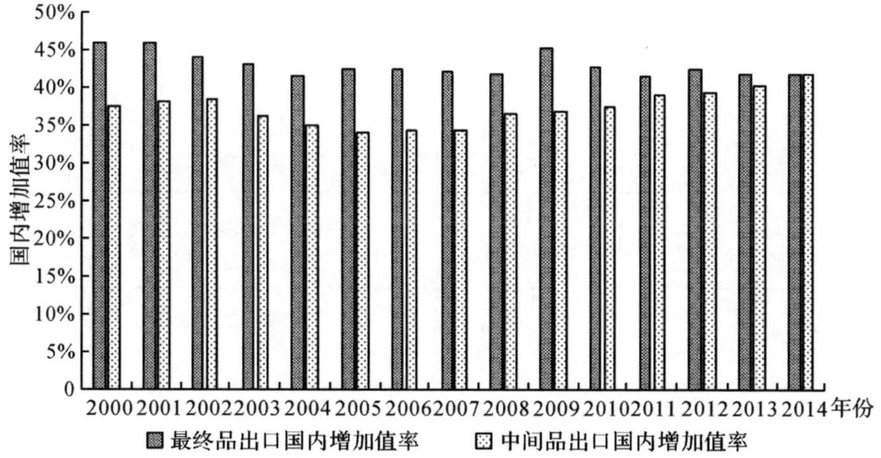

图 3-3 2000—2014 年中国出口国内增加值构成

游环节。随着我国工业和贸易结构的优化，这一下游化的趋势得到了扭转，中国参与全球价值链位置逐渐上升，成为高级中间品的供应方。

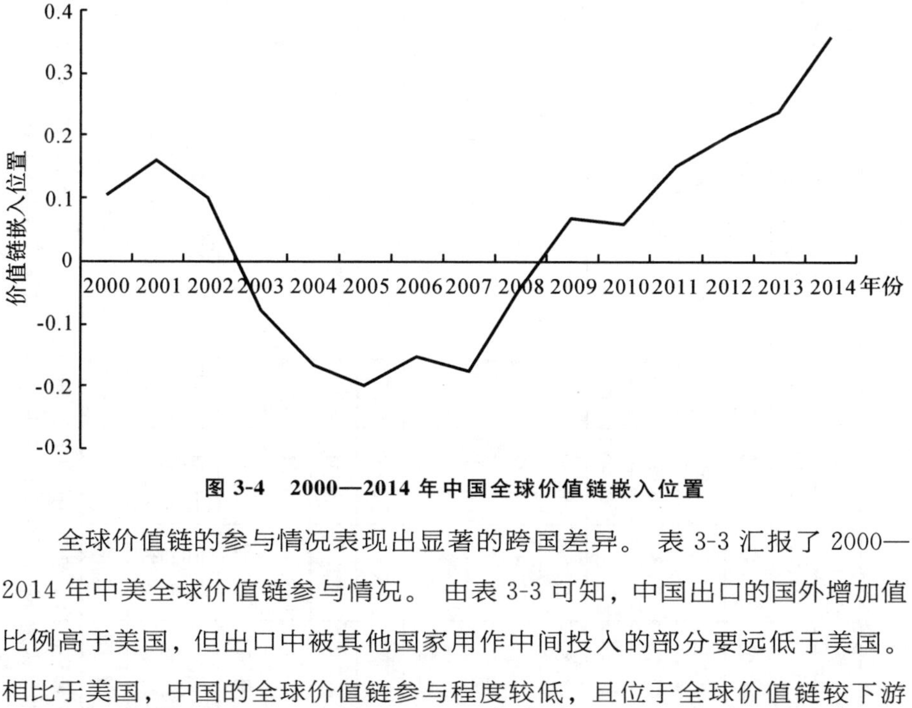

图 3-4 2000—2014 年中国全球价值链嵌入位置

全球价值链的参与情况表现出显著的跨国差异。表 3-3 汇报了 2000—2014 年中美全球价值链参与情况。由表 3-3 可知，中国出口的国外增加值比例高于美国，但出口中被其他国家用作中间投入的部分要远低于美国。相比于美国，中国的全球价值链参与程度较低，且位于全球价值链较下游的位置。美国出口中被进口国直接吸收的国内增加值比例，中间品进口国再出口到第三国的国内增加值比例，中间品出口被加工后再返回到母国

表 3-3　2000—2014 年中美出口的价值链分解

	中国							美国						
	FDV	IDV-1	IDV-2	RDV	FV	程度	位置	FDV	IDV-1	IDV-2	RDV	FV	程度	位置
2000	46.03	29.43	6.96	1.17	16.41	33.59	0.11	34.31	37.28	7.41	11.23	9.76	39.46	1.36
2001	46.05	29.91	7.06	1.32	15.65	32.89	0.16	34.37	38.39	7.55	10.91	8.77	38.20	1.44
2002	44.29	29.89	7.08	1.63	17.10	34.48	0.10	33.75	39.01	7.74	10.88	8.60	38.55	1.47
2003	43.28	27.87	6.65	1.89	20.31	37.15	−0.08	33.21	39.57	7.79	10.62	8.79	38.94	1.45
2004	41.83	26.53	6.60	2.11	22.93	40.06	−0.17	32.44	39.20	8.12	10.42	9.80	40.71	1.37
2005	42.65	25.87	6.27	2.11	23.09	39.72	−0.20	32.64	38.68	8.09	9.94	10.64	41.21	1.27
2006	42.54	25.62	6.45	2.29	23.10	40.50	−0.15	32.59	38.29	8.25	9.42	11.44	42.09	1.19
2007	42.22	26.16	6.28	2.20	23.13	40.21	−0.17	32.71	39.28	8.21	8.46	11.33	41.82	1.18
2008	41.93	27.83	6.54	2.29	21.41	39.52	−0.05	30.58	41.05	8.17	7.65	12.52	42.45	1.05
2009	45.48	28.51	6.04	2.34	17.62	34.26	0.07	31.60	43.48	8.32	7.08	9.51	38.33	1.26
2010	42.83	28.46	6.31	2.83	19.56	37.58	0.06	30.75	42.70	8.37	7.42	10.74	40.81	1.19
2011	41.68	29.32	6.59	3.14	19.27	38.69	0.15	30.06	42.36	8.39	6.90	12.28	42.57	1.06
2012	42.56	30.01	6.24	3.27	17.92	36.80	0.20	30.66	42.15	7.97	6.90	12.31	41.67	1.03
2013	41.97	30.81	6.15	3.41	17.66	36.94	0.24	30.61	42.32	8.00	6.77	12.28	42.31	1.05
2014	42.05	32.30	6.36	3.37	15.91	35.82	0.36	30.39	42.23	8.17	7.06	12.14	42.45	1.07

注:FDV 为最终品出口包含的国内增加值比例,IDV-1 为中间品出口中被进口国直接吸收的国内增加值比例,IDV-2 为中间品进口国再出口到第三国的国内增加值比例,RDV 为中间品出口被加工后再返回到母国的国内增加值比例,FV 为出口的国外附加值比例。

的国内增加值比例均处于较高水平，美国等发达国家通过嵌入研发及创新环节参与全球价值链，位于全球价值链的上游环节。中国、印度等发展中国家提供高级中间产品，俄罗斯、澳大利亚、中东石油输出国等则主要通过提供基础资源的方式参与全球价值链。

(二)中国细分行业参与全球价值链的现状分析

本小节将重点分析中国各产业在全球价值链中的整体表现。具体而言，WIOD 将产业分成 56 个部门。从贸易的角度出发，将这 56 个部门划分为初级产品和资源行业（部门 1—4）、制造业（部门 5—23）和服务业（部门 24—56）三大类。初级产品和资源行业、制造业、服务业三大产业的全球价值链分工状况存在显著差异。表 3-4 报告了初级产品和资源行业、制造业和服务业的全球价值链分工状况。

首先，初级产品和资源行业对其出口产品具有较高的贡献值，出口国内增加值率保持在 90%左右。随着时间的推移，该行业全球价值链分工的参与程度不断上升，从 2000 年的 16.39%上升至 2014 年的 73.4%，增长了近 3.48 倍。与全球价值链分工参与程度的飞速增长不同，初级产品和资源行业出口的国外附加值率较稳定，一直保持在 10%以下。由此可见，初级产品和资源行业全球价值链分工参与程度的增长主要来自其他国家使用的本国中间投入的比例的增长。在初级产品和资源行业，我国全球价值链分工位置较高，位于价值链条的上游环节，在全球价值链分工体系中充当原材料和中间品供应者的角色。

其次，相比于初级产品和资源行业及服务业，制造业拥有较低的国内增加值率和较高的国外附加值比例。随着时间的推移，制造业出口的国内增加值率呈现出先下降后上升的趋势。与之相反，国外增加值比例和全球价值链分工参与程度则先增加后下降。这意味着，制造业对全球生产体系的依赖度更高。同时，制造业全球价值链分工参与位置一直为负。即相比于为其他国家提供中间产品，我国制造业出口中所使用的国外附加值比例更高。我国主要通过对国外中间投入进行加工的方式参与全球价值链，位于全球价值链较下游的环节。

最后，服务业对外开放程度较低，对国外依赖程度不高，全球价值链分工参与程度基本保持在 30%左右。全球价值链分工位置则一直为正，整体处于全球价值链分工中较上游的环节。

表 3-4 2000—2014 年中国细分产业全球价值链嵌入状况

年份	初级产品和资源行业				制造业				服务业			
	DV	FV	程度	位置	DV	FV	程度	位置	DV	FV	程度	位置
2000	93.59	6.41	16.39	1.43	81.49	18.51	34.73	−0.12	89.61	10.39	28.76	0.53
2001	93.68	6.32	17.03	1.43	82.21	17.79	34.25	−0.07	90.27	9.73	27.45	0.56
2002	93.22	6.78	18.28	1.48	80.43	19.57	36.08	−0.16	89.87	10.13	27.88	0.52
2003	91.95	8.05	20.28	1.40	77.19	22.81	38.24	−0.37	88.76	11.24	30.96	0.53
2004	90.25	9.75	26.41	1.51	74.70	25.30	40.90	−0.46	87.41	12.59	33.03	0.46
2005	89.77	10.23	28.55	1.62	74.69	25.31	40.14	−0.51	87.58	12.42	33.07	0.48
2006	90.07	9.93	35.76	2.02	74.86	25.14	40.70	−0.46	87.30	12.70	33.14	0.45
2007	90.66	9.34	43.07	2.31	74.77	25.23	40.36	−0.49	87.09	12.91	32.62	0.40
2008	89.77	10.23	47.87	2.33	76.41	23.59	39.68	−0.36	88.19	11.81	31.07	0.46
2009	92.15	7.85	48.39	2.56	80.27	19.73	34.67	−0.26	90.78	9.22	26.20	0.57
2010	90.72	9.28	54.40	2.46	78.20	21.80	38.20	−0.27	90.00	10.00	27.95	0.54
2011	89.86	10.14	61.46	2.51	78.47	21.53	39.31	−0.18	90.03	9.97	28.16	0.56
2012	90.57	9.43	68.07	2.74	79.85	20.15	37.24	−0.16	91.09	8.91	26.74	0.64
2013	91.17	8.83	69.55	2.74	80.33	19.67	36.84	−0.13	91.40	8.60	29.16	0.81
2014	92.14	7.86	73.04	2.91	82.31	17.69	35.25	−0.01	92.34	7.66	29.71	0.98

注：DV 为出口的国内增加值比例，FV 为出口的国外附加值比例。

考虑到现实可行性以及制造业的重要地位，参照王志华和董存田（2012）的分类标准，依据要素密集度将制造业各细分产业分为劳动密集型、资本密集型和技术密集型三大类。图 3-5 给出了劳动、资本和技术密集型制造业的出口国内增加值占比情况。在外贸发展进程中，中国借助廉价的劳动力优势嵌入全球价值链分工体系，但存在创新能力较低、创新体系不完善、缺少关键零部件和核心技术依赖进口等问题。因此，相比于劳动和资本密集型制造业，技术密集型制造业的国外增加值占比更高，更依赖国外进口。

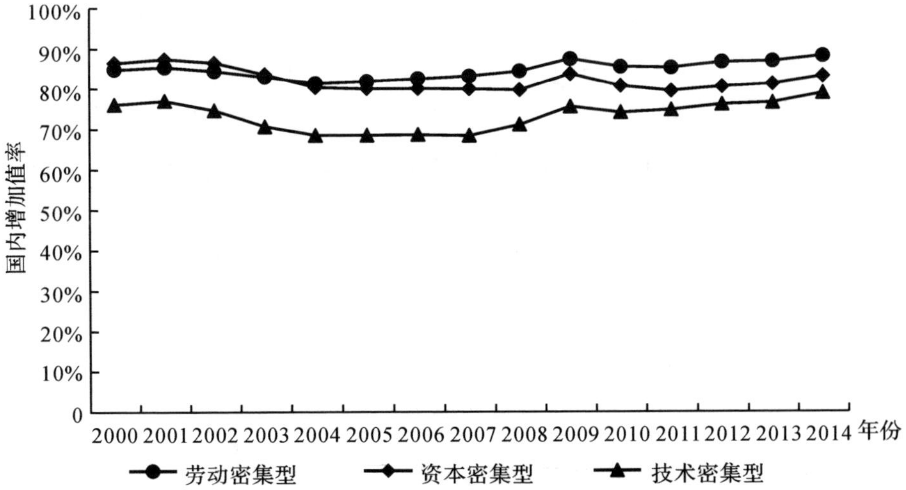

图 3-5　2000—2014 年制造业出口国内增加值率

图 3-6 描绘了中国制造业全球价值链嵌入程度。与制造业整体趋势相同，随着时间的推移，制造业三大细分产业的价值链嵌入程度均呈现出先提高后下降的特征。但整体上，资本密集型制造业的全球价值链嵌入程度最高，技术密集型制造业次之，劳动密集型制造业最低。结合制造业出口国内增加值率的情况，资本密集型行业出口中被其他国家用做中间投入的部分最高。

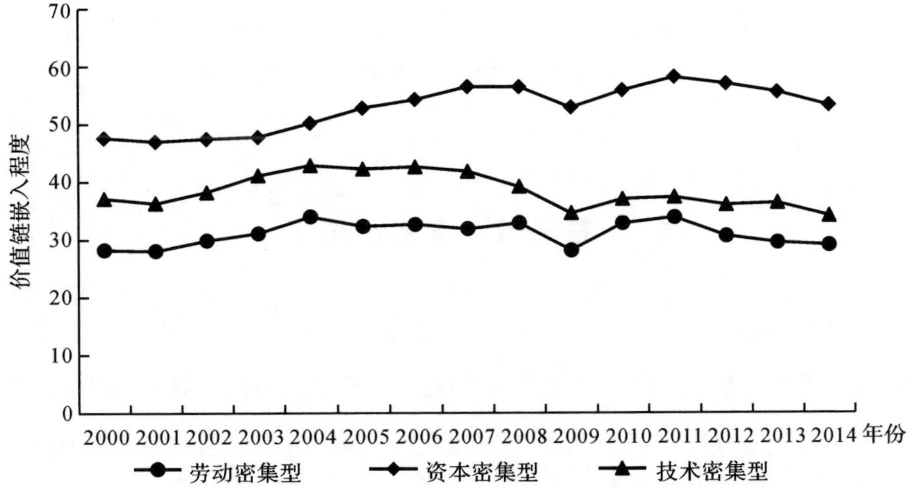

图 3-6　2000—2014 年制造业全球价值链嵌入程度

图 3-7 进一步汇报了制造业细分行业的全球价值链嵌入位置。就全球价值链分工位置而言，资本密集型行业的价值链分工位置最高，劳动密集型行业次之，技术密集型行业最低。资本密集型行业全球价值链嵌入位置一直为正，主要通过向其他国家提供中间品的方式参与国际分工，位于全球价值链较上游的位置。技术密集型行业的价值链嵌入位置一直为负值，位于全球价值链较下游的环节，与我国技术密集型制造业大多是在进口国外中间品的基础上进行加工再出口的现状基本相符。劳动密集型行业的全球价值链嵌入位置出现由负转正的趋势，说明我国劳动密集型制造行业逐渐向上游环节延伸，越来越依赖通过向其他国家提供中间品或原材料的方式参与国际分工。

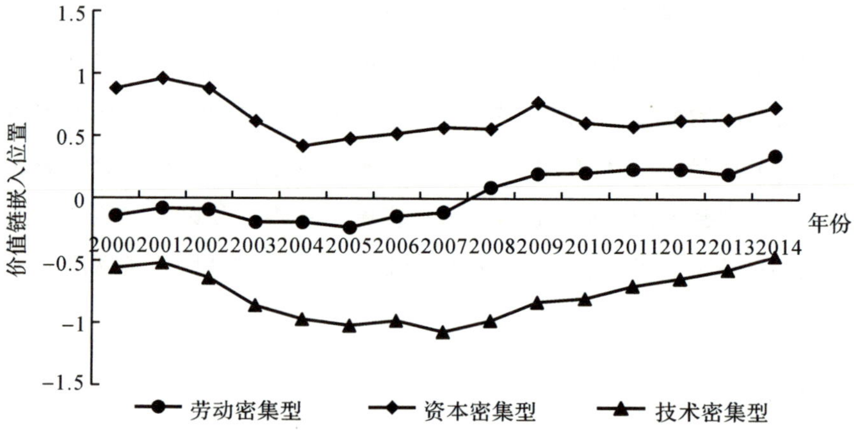

图 3-7 2000—2014 年制造业全球价值链嵌入位置

第三节 本章小结

借鉴 Koopman et al.（2014）的贸易增加值分解框架，本章介绍了全球价值链分工嵌入程度和位置的测算方法。基于此方法，依托 WIOD，本章详细测算了 2000—2014 年 42 个国家 56 个部门的全球价值链参与情况，从时间和国别双重维度刻画了中国在全球价值链分工中的竞争地位变迁及跨国差异。从中可以得到如下结论。

从国别层面来看，卢森堡、马耳他和匈牙利具有较高的全球价值链分工参与程度，排在所有国家的前 3 位。而美国、加拿大、巴西、印度和中国的参与程度最低，排在最后 5 位；就全球价值链分工位置而言，俄罗斯、美国、挪威以及中国等的全球价值链分工位置为正，处于全球价值链的上游环节。而爱尔兰、卢森堡和马耳他的价值链分工位置为负，位于价值链的下游环节。综上所述，美国、德国、日本等发达国家主要通过嵌入研发及创新环节参与全球价值链，位于全球价值链的上游环节。中国、印度等发展中国家提供高级中间产品，而俄罗斯、澳大利亚、中东石油输出国等主要通过提供基础资源的方式参与全球价值链。

从时间维度来看，自加入世界贸易组织后，中国开放程度不断提高，加工贸易主导的外贸迅速发展，中国的全球价值链嵌入程度不断提升，成为全球第一大出口国和第二大进口国。但加工贸易的主导地位意味着中国在参与国际分工的进程中高度依赖国外中间品进口，位于全球价值链的下游环节。随着中国工业和贸易结构的优化，中国不断优化自身价值链条，降低国外增加值占比。虽然该阶段中国参与全球价值链程度小幅下降，但下游化的趋势得到了扭转，中国全球价值链嵌入位置逐渐上升，成为高级中间品的供应商。

从细分产业维度来看，初级产品和资源行业、制造业和服务业这三大行业的价值链分工状况存在一定差异。对三大产业而言，全球价值链嵌入程度整体呈现先升后降的趋势。制造业整体开放程度较高，全球价值链嵌入程度也最高。在初级产品和资源行业，中国位于全球价值链的上游环节，在国际分工体系中充当原材料和中间品供应者的角色。随着其他国家对中国出口中间品依赖程度的增长，初级产品和资源行业的全球价值链嵌入程度也在不断上升。相比于初级产品资源行业和服务业，制造业的出口国外增加值比例更高，对国外供应链的依赖程度也更高。制造业主要通过对国外中间投入进行加工的方式参与国际分工，位于全球价值链条较下游的环节。服务业对外开放程度较低，对国外依赖程度不高，整体处于全球价值链分工中较上游的环节。

最后，本章进一步考察了劳动密集型、资本密集型和技术密集型制造业的全球价值链嵌入状况。可以看到，资本密集型制造业的全球价值链嵌入程度最高，技术密集型行业次之，而劳动密集型行业最低。就全球价值链分工位置而言，资本密集型行业主要通过向其他国家提供中间品的方式参与国际分工，位于全球价值链较上游的位置。技术密集型行业大多在进口国外中间品的基础上进行加工再出口，位于全球价值链较下游的环节。劳动密集型行业的全球价值链嵌入位置出现了由负转正的趋势，说明我国劳动密集型制造行业逐渐向上游环节延伸，越来越倾向通过向其他国家提供中间品的方式参与国际分工。

第四章 全球价值链影响制造业高质量发展的理论机制

借鉴 Huang et al.（2015）、Bernard et al.（2007）等研究，通过将 Melitz（2003）的异质性企业理论融入传统比较优势理论，本章构建了一个将企业、产业和国家同时纳入分析框架的产业结构内生决定模型。基于此模型，本章深入探讨全球价值链嵌入影响产业结构的内在机制，为后续实证分析提供充分可靠的理论支撑。

第一节 基于传统国际分工视角的机制探讨

国际分工影响产业结构的理论基础主要有比较优势理论和产品生命周期理论。基于比较优势理论的分析认为，要素禀赋、企业生产率等差异会促使一国专业化生产某种产品，进而推动产业结构的调整和升级，使其朝着某一要素密集型的结构发展；而产品生命周期理论则强调产品生命周期所带来的后发优势。为此，本节详细梳理了这两种基础理论，为全球价值链分工影响产业结构理论模型的建立提供有益参考。

一、基于比较优势理论的影响机制

比较优势理论认为，要素禀赋的相对差异造成要素价格的国际差异，是专业化分工的基础。在专业化生产的基础上，参与国通过进入国际市场获得资本、技术等溢出效应，降低生产成本，持续推进国内产业发展以及产业结构转变。从长期来看，比较优势的动态演进会引起产业结构的动态调整。从比较优势理论出发，学者认为国际分工对参与国产业结构的优化调整作用主要源自以下两个方面。

一是资本积累效应。资本积累是一国经济持续发展的必要条件。参与国际分工带来的收益会增加参与国的资本积累。资本积累可用于扩大国内投资，而投资会一步加速资本要素的积累，形成正向循环。资本积累会逐渐改善参与国的要素禀赋条件，从而不断调整本国的比较优势和产业结构。当一国的资本积累速度高于其他国时，该国在资本密集型产业的比较优势会逐步加强，进而提高本国生产中资本密集型产业的相对比重，促进产业结构不断优化。

二是技术进步效应。进口、出口以及投资等国际化活动会带来技术进步。首先，进出口是一国比较优势的直接结果，不仅可以刺激国内产业的发展，还会带来一定的技术溢出（Wörz，2005），促进产业结构调整。其次，参与国际分工可以对出口企业的研发和创新产生推动作用。国际市场开放意味着更激烈的竞争，这激励出口企业研发创新，提升自身生产效率和产品质量，从而促进产业中资源的优化配置（Michaely，1977；Balassa，1978；钟昌标，2000；Wakelin，1998）。参与国际分工带来的出口企业高技术、高效率会传导至非出口部门，通过产业关联的连锁推动效应来拉动上下游产业的整体发展（Feder，1982；刘秉镰和刘勇，2006）。

有诸多学者质疑此观点。他们的出发点来自对参与国际分工技术进步效应和资本积累效应的质疑。一方面，有学者认为，参与国际分工的技术进步效应可能并不会发生。虽然短期内出口会在一定程度上推动技术进步，但长期来看，追求出口收益的企业有可能会依据静态比较优势参与国际分工，可能引致出口贫困化增长，造成参与国产业结构的低端固化（胡秋阳，2008；王永齐，2006；李斌和丁艺，2008）。另一方面，出口产品的特性会影响资本积累效应的发挥。如果参与国是资本品净出口国，则贸易会提升国内资本品的相对价格，抵消国际分工的资本积累正效应；如果参与国是资本品的净进口国，则国内资本品价格会下降，进而强化国际分工的资本积累效应（Mazumdar，1996；Baldwin，1992，2012）。

二、基于生命周期理论的影响机制

Akamatsu（1962）、Vernon（1966）从产品生命周期理论出发，考察国际分工与参与国产业结构之间的关系。雁行发展理论认为，贸易结构的变化是推动产业结构调整的重要因素（Akamatsu，1962）。在产品生命周期理论的框架下，商品或者中间品生产的国际转移仍然是基于国家间比较优势的。对后发国家而言，技术或者资本密集型产品的生产需要经历从进口到国内生产再到出口 3 个阶段。当产品刚刚进入市场时，作为创新产出的新品是技术密集型的。劳动密集型的后发国家需要进口该产品。随着产品生命周期的不断演进，产品逐渐从技术密集型转向资本密集型。在该阶段，后发国可以通过引进技术专利进行国内生产。随着产品生产的不断成熟，后发国会逐渐获得该产品的比较优势，专业化生产该产品并向世界各国出口。可见，一国的产业结构会随着其贸易结构的变化而调整。

与此类似，Vernon（1996）的产品生命周期理论认为，参与国产业结构的转变与调整同样来自国家间的产业关联。大部分产品有其诞生、发展、成熟以及衰亡的过程。在这个过程中，产品生产的要素密集度和技术水平会发生变化。各国间要素密集度和技术水平的差异造成了竞争地位的差异。Vernon 将产品生命周期划分为投入阶段、成熟阶段和标准化阶段。在产品投入阶段，创新是产品生产中最重要的要素。产品是技术密集型的，由技术较发达的国家承担；随着产品不断成熟，技术水平基本成熟，资金成了企业生产中最重要的投入，产品也随之转变为资本密集型。

产品的生产地点从之前的技术密集型国家转移到资本密集型国家。最后，随着产品生命周期的不断推进，产品生产逐步成熟，进入标准化生产阶段。此时，产品成了劳动密集型，其生产由劳动充裕型国家完成。可见，综观整个产品的生命周期，产品的生产是从技术发达国家逐步转移到发展中国家的。各国的产业结构直接受制于其贸易结构，且发展中国家产业结构会受到发达国家的制约。

Grossman 和 Helpman（1989）以及 Antràs（2003，2005）等均从不同维度对 Vernon（1996）的产品生命周期理论进行了拓展。具有代表性的是 Antràs（2005）构建的不完全契约下的产品生命周期模型。在该模型中，新产品的生产最初发生在资本充裕和技术水平较高的发达国家。随着时间的推移，产品价值链中的某些零部件或者环节被以对外直接投资的方式转移到发展中国家。当产品和市场均比较成熟时，产品的全部环节就被转移到发展中国家。在整个发展过程中，发展中国家会存在一定的动态学习效应，即在产品发展的不同阶段，发达国家均会向发展中国家进行产业渗透，这种渗透包括产品、技术和知识等各种要素。发展中国家的知识、经验以及创新能力会随着产品市场的不断成熟而逐渐增加。随着生产和技术能力的提升，发展中国家不会只是简单模仿，而会逐渐开始创新。综合来看，在全球分工当中，发展中国家可以借助模仿到创新的路径来提升本国技术水平，改善本国产业结构。

第二节　基于全球价值链分工视角的机制分析

无论是产业间贸易还是中间品贸易，比较优势都是研究国际分工及其对产业结构影响的基础理论。传统比较优势理论假定，在同一行业内企业生产效率是同质的，可以同等程度、同样机会地参与国际分工，但以 Melitz（2003）为代表的大量研究表明企业存在异质性：同一行业中并非所有企业均参与国际分工。相比于非出口企业，出口企业通常具有较大的规模和较高的生产率。基于此，借鉴 Huang et al.（2015）以及 Bernard et al.（2007）的做法，本章将 Melitz（2003）的异质性企业模型引入比较优势理论，构建了一个可同时容纳企业、产业和国家的理论框架以分析参与全球价值链分工对产业结构的内在影响。

延续比较优势的传统假定，该部分建立了一个 2×2 的模型，即两个国家和两种生产要素。假定：两个国家为本国 H 和外国 F，两种要素为劳动 L 和资本 K；本国 H 劳动相对充裕，即 $L^{H}/K^{H}>L^{F}/K^{F}$；两国消费者具有相同的偏好，生产要素在本国境内不同产业间自由流动但不能跨越国境；经济中存在一系列连续产业 z（$z\in[0,1]$），z 代表产业的资本密集度，其值越高表示产业资本密集度就越高；产业为垄断竞争，且同一产业内的异质性企业在市场上生产与销售不同的产品或者中间品。

一、模型假定

（一）消费层面

假定本国和外国的消费者是同质的，且代表性消费者总体效用函数为 C-D 函数，对单个产业内不同产品的效用函数为不变替代弹性的效用函数。代表性消费者整体的效用函数和对单个产业的效用函数为：

$$U=\int_{0}^{1}b(z)\ln Q(z)\mathrm{d}z,\int_{0}^{1}b(z)\mathrm{d}z=1 \tag{4-1}$$

$$Q(z)=\left(\int_{\omega\in\Omega_z}q_z(\omega)^{\rho}\mathrm{d}\omega\right)^{1/\rho} \tag{4-2}$$

$$P(z)=\left(\int_{\omega\in\Omega_z}p_z(\omega)^{1-\sigma}\mathrm{d}\omega\right)^{1/(1-\sigma)} \tag{4-3}$$

式中，U 为代表性消费者的整体效用函数；$b(z)$ 为消费者在产业 z 的支出占比；$Q(z)$ 为消费者消费产业 z 中差异化产品的效用函数；$P(z)$ 为产业 z 中差异化产品的整体价格指数；Ω_z 为产业 z 中可消费产品的种类；$\sigma=1/(1-\rho)>1$，为消费者对产业 z 中不同产品的替代弹性。据此，可以得到消费者对产业 z 中多样化产品 ω 的需求为：

$$q_z(\omega)=Q(z)\left(\frac{p_z(\omega)}{P(z)}\right)^{-\sigma} \tag{4-4}$$

(二)生产层面

延续 Melitz (2003) 的基本假定，同一产业 z 中各企业面临相同的固定成本 f_z；企业可变成本是其自身生产效率 $A(z)\varphi$ 的减函数，企业生产效率 φ 服从帕累托分布 $G(\varphi)$，其概率密度函数可以表示为 $g(\varphi) = a\theta^a \varphi^{-(a+1)}, a+1>\sigma$；进一步地，参照 Romalis (2004) 的逻辑，企业生产成本用资本和劳动来支付，并用 r 表示资本成本，w 表示劳动成本。因此，行业 z 中代表性企业的总成本函数可以表示为：

$$C(z,\varphi) = \left(f_z + \frac{q(z,\varphi)}{A(z)\varphi}\right) r^z w^{1-z} \tag{4-5}$$

定义母国和东道国产业层面的相对生产率为：

$$\varepsilon(z) = \frac{A(z)}{A(z)^*} = \lambda A^z, \lambda > 0, A > 0 \tag{4-6}$$

式中，λ 用来刻画母国的绝对优势，其值越大，代表母国所有行业的行业层面生产率就越高；A 用来刻画母国的比较优势。由于我们假定母国产业为劳动密集型，因此 z 值越大，其生产率就越小。故 $0<A<1$。

企业利润最大化的决策意味着企业生产商品的均衡价格为其边际成本的固定加成。同时，在存在贸易成本的情况下，企业出口到特定的市场需要承担一个固定成本 f_{zx} 以及冰山可变贸易成本 τ。厂商利润最大化的国内定价 $p_{zd}(\varphi)$ 和出口价格 $p_{zx}(\varphi)$ 可表示为：

$$p_{zd}(\varphi) = \frac{(r)^z (w)^{1-z}}{\rho A(z)\varphi} \tag{4-7}$$

$$p_{zx}(\varphi) = \tau p_{zd}(\varphi) = \tau \frac{(r)^z (w)^{1-z}}{\rho A(z)\varphi} \tag{4-8}$$

相应地，企业在国内外市场上销售的收益可分别表示为：

$$r_{zd}(\varphi) = b(z) R \left(\frac{\rho A(z)\varphi p(z)}{(r)^z (w)^{1-z}}\right)^{\sigma-1} \tag{4-9}$$

$$\begin{aligned} r_{zx}(\varphi) &= \tau^{1-\sigma}\left(\frac{p_z^*}{p_z}\right)^{\sigma-1}\left(\frac{R^*}{R}\right) r_{zd}(\varphi) \\ &= \tau^{1-\sigma}\left(\frac{p_z^*}{p_z}\right)^{\sigma-1}\left(\frac{R^*}{R}\right) b(z) R \left(\frac{\rho A(z)\varphi p(z)}{(r)^z (w)^{1-z}}\right)^{\sigma-1} \end{aligned} \tag{4-10}$$

这里，R 和 R^* 分别表示本国和外国的总收入。综合来看，代表性企业总的收益可以表示为：

$$r_z(\varphi)=\begin{cases}r_{zd}(\varphi), & \text{不出口}\\ r_{zd}(\varphi)+r_{zx}(\varphi), & \text{出口}\end{cases} \tag{4-11}$$

相应地，企业在国内外市场上销售的利润可以表示为：

$$\pi_{zd}(\varphi)=\frac{r_{zd}(\varphi)}{\sigma}-f_z(r)^z(w)^{1-z} \tag{4-12}$$

$$\pi_{zx}(\varphi)=\frac{r_{zx}(\varphi)}{\sigma}-f_{zx}(r)^z(w)^{1-z} \tag{4-13}$$

企业总利润函数为：

$$\pi_z(\varphi)=\pi_{zd}(\varphi)+\max\{0,\pi_{zx}(\varphi)\} \tag{4-14}$$

企业要想在市场中生存，其国内市场利润需为正，即 $\pi_{zd}(\varphi)>0$；同理，企业想要进入出口市场，其出口利润必须大于零，即 $\pi_{zx}(\varphi)>0$。企业零利润生产率临界点 $\bar{\varphi}_z$ 和出口生产率临界点 $\bar{\varphi}_{zx}$ 满足：

$$r^{zd}(\bar{\varphi}_z)=\sigma f_z(r)^z(w)^{1-z} \tag{4-15}$$

$$r_{zx}(\bar{\varphi}_{zx})=\sigma f_{zx}(r)^z(w)^{1-z} \tag{4-16}$$

结合企业收益函数，我们可以进一步得到企业零利润生产率临界点 $\bar{\varphi}_z$ 和出口生产率临界点 $\bar{\varphi}_{zx}$ 之间的函数关系，即：

$$\bar{\varphi}_{zx}=\tau_i\left(\frac{p(z)}{p(z)^*}\right)\left(\frac{R}{R^*}\frac{f_{zx}}{f_z}\right)^{1/(\sigma-1)}\bar{\varphi}_z \tag{4-17}$$

对同一时期进入产业 z 的企业而言，其在市场中存活的概率为 $1-G(\bar{\varphi}_z)$，出口的概率为 $1-G(\bar{\varphi}_{zx})$。换句话说，只有 $1-G(\bar{\varphi}_z)$ 的企业能够在市场中存活下来，而这些存活企业中能够顺利进入出口市场的概率为 $\chi_z=[1-G(\bar{\varphi}_{zx})]/[1-G(\bar{\varphi}_z)]$。

二、产业结构的内生决定

首先，企业在存续过程中的每个时期均会面临一个冲击 δ。市场均衡的第一个条件就是该行业中进入市场的企业与退出市场的企业数量基本持平。假定进入行业 z 的企业个数为 M_{ez}，行业中现存的企业数量为 M_z。当市场均衡时，二者需满足：

$$[1-G(\bar{\varphi}_z)]M_{ez}=\delta M_z \tag{4-18}$$

其次，假定进入某一特定行业 z 的企业面临着固定进入成本 f_{ez}。在均衡条件下，企业如果选择进入一个特定的产业，企业进入的预期价值 V_z 就要大于或等于企业的进入成本。在企业进入市场临界点满足：$V_z=f_{ez}(r)^z(w)^{1-z}$。企业进入市场的预期价值表示为企业进入国内外市场获取利润的预期价值的综合。进入国内市场获取的期望利润表示为行业平均生产率下的利润，进入国外市场获取的期望利润表示为出口企业平均生产率下的利润。市场出清的另一均衡条件可表示为：

$$\frac{f_z}{\delta}\int_{\bar{\varphi}_z}^{\infty}\left[\left(\frac{\varphi}{\bar{\varphi}_z}\right)^{\sigma-1}-1\right]g(\varphi)d\varphi+\frac{f_{zx}}{\delta}\int_{\bar{\varphi}_{zx}}^{\infty}\left[\left(\frac{\varphi}{\bar{\varphi}_{zx}}\right)^{\sigma-1}-1\right]g(\varphi)d\varphi=f_{ez} \tag{4-19}$$

依据该条件，结合企业零利润生产率临界点 $\bar{\varphi}_z$ 和出口生产率临界点 $\bar{\varphi}_{zx}$ 的比例关系，可以求解出最优的 $\bar{\varphi}_z$ 和 $\bar{\varphi}_{zx}$。

再次，本国在行业 z 中的产出价值等于本国和外国对本行业产品消费的支出总额，即：

$$R_z=b(z)RM_z\left[\frac{p_{zd}(\hat{\varphi}_z)}{p(z)}\right]^{1-\sigma}+\chi_z b(z)R^*\chi_i^H M_z\left[\frac{\tau p_{zd}(\hat{\varphi}_{zx})}{p(z)^*}\right]^{1-\sigma} \tag{4-20}$$

式中，$p(z)=\{M_z[p_{zd}(\hat{\varphi}_z)]^{1-\sigma}+\chi_z^* M_z^*[\tau p_{zd}(\hat{\varphi}_{zx}^*)^*]^{1-\sigma}\}^{\frac{1}{1-\sigma}}$；$\hat{\varphi}_z$ 和 $\hat{\varphi}_{zx}$ 为行业 z 中现存所有企业的平均生产率和现存出口企业的平均生产率，其计算公式可分别表示为：

$$\hat{\varphi}_z=\left[\frac{1}{1-G(\bar{\varphi}_z)}\int_{\bar{\varphi}_z}^{\infty}\varphi^{\sigma-1}g(\varphi)d\varphi\right]^{1/(\sigma-1)} \tag{4-21}$$

$$\hat{\varphi}_{zx}=\left[\frac{1}{1-G(\bar{\varphi}_{zx})}\int_{\bar{\varphi}_{zx}}^{\infty}\varphi^{\sigma-1}g(\varphi)d\varphi\right]^{1/(\sigma-1)} \tag{4-22}$$

最后，在产品市场出清的同时，本国和外国的要素市场也需要达到均衡状态。也就是说，对各国而言，各行业的劳动力需求总和应等于其劳动力总供给，各行业资本需求总和等于其资本总供给。即：

$$L=\int_0^1 l(z)dz \tag{4-23}$$

$$K = \int_{0}^{1} k(z)dz \tag{4-24}$$

在上述条件下，可解得市场中唯一的均衡解。特别地，由于两个国家之间的要素禀赋和技术水平不同，市场中存在着两个要素密集度的临界点 $\underline{z}$ 和 $\bar{z}$，满足 $0 \leqslant \underline{z} < \bar{z} \leqslant 1$。其公式为：

$$\underline{z} = \frac{\ln\left(\frac{\chi_{\underline{z}}\tilde{\tau}^{a} + f\tilde{\tau}^{-a}}{1 + f\chi_{\underline{z}}}\right) - \frac{a\sigma}{1-\sigma}\ln\left(\frac{w}{w^{*}}\right) - a\ln(\lambda)}{\frac{a\sigma}{1-\sigma}\ln\left(\frac{r/w}{r^{*}/w^{*}}\right) + a\ln(A)} \tag{4-25}$$

$$\bar{z} = \frac{\ln\left(\frac{\chi_{\bar{z}}\tilde{\tau}^{a} + f\tilde{\tau}^{-a}}{1 + f\chi_{\bar{z}}}\right) - \frac{a\sigma}{1-\sigma}\ln\left(\frac{w}{w^{*}}\right) - a\ln(\lambda)}{\frac{a\sigma}{1-\sigma}\ln\left(\frac{r/w}{r^{*}/w^{*}}\right) + a\ln(A)} \tag{4-26}$$

式中，$\chi_{\underline{z}} = \frac{R^{*}}{fR}, \chi_{\bar{z}} = \frac{R^{*}}{fR}\left(\frac{f}{\tilde{\tau}^{a}}\right)^{2}, f = \frac{f_{zx}}{f_{z}}, \tilde{\tau} = \tau f^{1/(\sigma-1)}$。

在此均衡下，劳动充裕型的母国在 $[0, \underline{z}]$ 之间进行专业化生产，资本充裕型的外国在 $[\bar{z}, 1]$ 之间进行专业化生产，而在 $(\underline{z}, \bar{z})$ 之间的产业，两国都会进行生产。

三、全球价值链嵌入对产业结构的影响

通过梳理国内外文献，我们发现全球价值链分工的影响主要表现在以下两个方面。

首先是技术效应。企业可以通过参与价值链接触并吸纳更先进的技术水平，不断改进其生产的工艺流程（Gereffi，Humphrey 和 Sturgeon，2005；Baldwin 和 Gu，2003；Bernard 和 Wagner，2001）。这意味着，在参与全球价值链的过程中，本国和母国的相对生产率会发生一定的变化。母国行业层面绝对优势 λ 和相对优势 A 是动态变化的，是其价值链分工状况的函数，即 $\lambda = f_1(gvc), A = f_2(gvc)$。在此基础上，为了考察参与全球价值链分工通过技术溢出效应对产业结构的影响，我们将要素密集度临界点进行求导，其结果如下：

$$\frac{\partial \underline{z}}{\partial \lambda}=\frac{-a/\lambda}{\frac{a\sigma}{1-\sigma}\ln\left(\frac{r/w}{r^{*}/w^{*}}\right)+a\ln(A)}>0 \tag{4-27}$$

$$\frac{\partial \bar{z}}{\partial \lambda}=\frac{-a/\lambda}{\frac{a\sigma}{1-\sigma}\ln\left(\frac{r/w}{r^{*}/w^{*}}\right)+a\ln(A)}>0 \tag{4-28}$$

$$\frac{\partial \underline{z}}{\partial A}=-\frac{\ln\left(\frac{\chi_{\underline{z}}\tilde{\tau}^{a}+f\tilde{\tau}^{-a}}{1+f\chi_{\underline{z}}}\right)-\frac{a\sigma}{1-\sigma}\ln\left(\frac{w}{w^{*}}\right)-a\ln(\lambda)}{\left[\frac{a\sigma}{1-\sigma}\ln\left(\frac{r/w}{r^{*}/w^{*}}\right)+a\ln(A)\right]^{2}}\frac{a}{A}>0 \tag{4-29}$$

$$\frac{\partial \bar{z}}{\partial A}=-\frac{\ln\left(\frac{\chi_{\bar{z}}\tilde{\tau}^{a}+f\tilde{\tau}^{-a}}{1+f\chi_{\bar{z}}}\right)-\frac{a\sigma}{1-\sigma}\ln\left(\frac{w}{w^{*}}\right)-a\ln(\lambda)}{\left[\frac{a\sigma}{1-\sigma}\ln\left(\frac{r/w}{r^{*}/w^{*}}\right)+a\ln(A)\right]^{2}}\frac{a}{A}>0 \tag{4-30}$$

可以看到，无论是价值链分工带来的绝对优势 λ 的增强还是相对比较优势 A 的增强，都会造成要素密集度临界点 $\underline{z}$ 和 $\bar{z}$ 的上升，这意味着母国在资本密集型更好的产业进行生产，即母国产业结构会向着资本密集度更高的行业转变。不同的是，价值链分工带来的绝对优势 λ 的增加并不会改变 $\bar{z}-\underline{z}$，这意味着两国共同生产的行业数目并不会发生变化。而相对比较优势 A 的增强则会导致 $\bar{z}-\underline{z}$ 的扩大，即两国共同生产的行业数目会越来越大。综上所述，参与价值链带来的技术进步效应会导致母国向资本密集型行业转变。

其次是成本效应。一方面，全球价值链分工会推动产业内企业资源的再配置，而贸易成本对这种资源配置至关重要（Melitz，2003；Bernard et al.，2007）。随着全球价值链参与程度的加深，企业能够与更多的国家建立贸易合作关系，积累经验，进而降低贸易成本。另一方面，处于全球价值链的不同环节会显著影响企业生产的固定成本。参照微笑曲线，处于研发、设计等环节的企业的固定资本投入普遍大于处于制造和加工环节的企业的固定资本（Mudambi，2008）。因此，参与价值链的成本效应主要表现在企业生产成本和贸易成本的变动。无论贸易成本还是生产成本，企业成本都是其价值链分工状况的函数。进而，我们有 $f=f_{3}(gvc)$，$\tau=f_{4}(gvc)$。其中，f 是固定贸易成本 f_{ex} 和行业固定资本投

入 f_z 共同作用的结果。

为了考察参与全球价值链通过成本效应对产业结构的影响，在要素密集度临界点对 f 求导的结果如下：

$$\frac{\partial \underline{z}}{\partial f}=\frac{a-\sigma+1}{\sigma-1}\frac{(\chi_{\underline{z}}\tilde{\tau}^{a}-f\tilde{\tau}^{-a})}{f(\chi_{\underline{z}}\tilde{\tau}^{a}+f\tilde{\tau}^{-a})}\frac{1}{\frac{a\sigma}{1-\sigma}\ln\left(\frac{r/w}{r^{*}/w^{*}}\right)+a\ln(A)} \tag{4-31}$$

$$\frac{\partial \bar{z}}{\partial f}=\frac{\sigma-a-1}{\sigma-1}\frac{(1-f\chi_{\bar{z}})}{f(1+f\chi_{\bar{z}})}\frac{1}{\frac{a\sigma}{1-\sigma}\ln\left(\frac{r/w}{r^{*}/w^{*}}\right)+a\ln(A)} \tag{4-32}$$

可以证明，存在 f_1 和 f_2，使得 $\left.\frac{\partial \underline{z}}{\partial f}\right|_{f=f_1}=0$，$\left.\frac{\partial \bar{z}}{\partial f}\right|_{f=f_2}=0$，且 $f_2>f_1$。因此，我们发现：当 $0<f<f_1$ 时，$\frac{\partial \underline{z}}{\partial f}>0, \frac{\partial \bar{z}}{\partial f}<0$。此时，较高的固定资本投入和进入出口市场固定成本的下降会导致 $\underline{z}$ 的下降和 $\bar{z}$ 的上升，这意味着本国的生产会向资本密集度更高的行业延伸，但同时外国也会增加部分劳动密集型环节的生产，两国同时生产的环节逐步扩大；当 $f_1<f<f_2$ 时，$\frac{\partial \underline{z}}{\partial f}<0, \frac{\partial \bar{z}}{\partial f}<0$。$f$ 的降低会导致 $\underline{z}$ 和 $\bar{z}$ 的同时上升，本国产业结构朝着资本密集型转变，而外国则会放弃部分劳动密集型的环节或行业；当 $f>f_2$ 时，$\frac{\partial \underline{z}}{\partial f}<0, \frac{\partial \bar{z}}{\partial f}>0$。$f$ 的降低会导致 $\underline{z}$ 的上升和 $\bar{z}$ 的下降，因此，国际分工向着更专业化的方向演进，本国产业结构向劳动密集型转变，而外国产业结构向资本密集型转变。在此情形下，参与全球价值链可能会导致母国产业结构的低端锁定。

接下来，计算要素密集度临界点对可变贸易成本 τ 求导的结果：

$$\frac{\partial \underline{z}}{\partial \tau}=\frac{a}{\tau}\frac{(\chi_{\underline{z}}\tilde{\tau}^{a}-f\tilde{\tau}^{-a})}{f(\chi_{\underline{z}}\tilde{\tau}^{a}+f\tilde{\tau}^{-a})}\frac{1}{\frac{a\sigma}{1-\sigma}\ln\left(\frac{r/w}{r^{*}/w^{*}}\right)+a\ln(A)} \tag{4-33}$$

$$\frac{\partial \bar{z}}{\partial \tau}=\frac{-a}{\tau}\frac{(1-f\chi_{\bar{z}})}{f(1+f\chi_{\bar{z}})}\frac{1}{\frac{a\sigma}{1-\sigma}\ln\left(\frac{r/w}{r^{*}/w^{*}}\right)+a\ln(A)} \tag{4-34}$$

可以证明，存在 τ_1 和 τ_2，使得 $\left.\frac{\partial \underline{z}}{\partial \tau}\right|_{\tau=\tau_1}=0, \left.\frac{\partial \bar{z}}{\partial \tau}\right|_{f=\tau_2}=0, \tau_2>\tau_1$。

经分析，可变贸易成本对产业结构的影响与企业生产成本 f 类似，在此不再赘述。

综上所述，全球价值链的成本和技术效应最终会影响一国的产业结构，但这种影响程度和影响方向取决于技术效应和成本效应的综合结果。全球价值链嵌入对一国产业结构的影响并不确定，取决于多种因素。当正向效应大于负面效应时，全球价值链嵌入能够促进产业结构升级。企业生产率和固定成本是全球价值链嵌入影响产业结构的两个重要因素。

第三节 本章小结

比较优势理论、生命周期理论、异质性企业理论均强调比较优势会直接影响参与国的产业结构。借助国际分工改善本国要素禀赋结构成为推动产业结构不断改善的重要因素。其原因在于，一方面，发展中国家可以通过参与国际分工获取更多收益，积累资本，从而促使本国产业结构从劳动密集型转向资本密集型；另一方面，发展中国家可以在与发达国家的市场交易中学习比较先进的知识、技术和管理经验，从而间接促进本国企业生产效率的提升和产业结构的优化。

本章将异质性企业纳入传统的比较优势理论当中，假定经济是由一系列连续的产业或者任务组成，构建了一个同时将企业、产业和国家纳入分析框架的理论模型来分析全球价值链嵌入对参与国产业结构的影响。一方面，全球价值链嵌入会直接影响企业或者行业整体的技术水平，增强参与国的比较优势和绝对优势，促进产业结构向资本密集型转变；另一方面，企业或者产业在全球价值链中所从事的环节，所处的位置会影响到其生产成本和贸易成本，最终作用于产业结构。成本效应对产业结构存在双重影响。因此，一国能否借助全球价值链嵌入实现本国产业结构的升级取决于全球价值链分工所带来的成本效应和技术效应的综合结果。

第五章 全球价值链嵌入与制造业高质量发展：行业维度的检验

立足产品内分工背景下产业结构的本质特征，本章将产业结构细分为合理化和高度化两个维度，并从产值结构、资本结构、技术结构和就业结构 4 个方面衡量产业结构高度化。本章在准确、系统、全面地刻画产业结构的基础上，基于 2000—2014 年制造业行业面板数据实证检验了全球价值链嵌入程度和位置对中国制造业产业结构的影响，从行业维度提出促进结构优化升级的针对性政策建议。

第一节 引 言

21 世纪以来，为追求产品价值链的成本最小化，跨国公司不断通过供应链网络及服务外包等多样化渠道在全球范围内配置资源，推进全球化生产。跨国公司全球化布局以及新一轮科技革命最终导致全球价值链的飞速发展，使其成为世界经济大循环中的关键环节。联合国商品贸易数据库（UN Comtrade Data Base）统计数据测算，2013 年全球中间产品出口额占总出口额的比重高达69.32%，并且全球出口中约有28%是进口国为将其作为生产某种出口商品或服务的中间产品而进口的。在此背景下，各国越来越重视其在全球价值链中的作用。发达国家凭借自身所掌控的全球市场和资源嵌入上游的研发设计和下游的品牌营销环节，新兴发展中经济体依托廉价劳动力成本和资源等比较优势嵌入加工制造环节。《2014年世界贸易报告》数据显示，新兴发展中经济体的全球价值链嵌入程度已经从1995年的40.5%上升至2009年的50.9%，发达国家则从39.6%上升至47.2%。附加值贸易对发展中国家GDP的平均贡献率几乎达到30%，对发达国家平均贡献率为18%①。与此同时，全球价值链的利润分配存在非均衡性。微笑曲线理论表明，上游的研发设计和下游的品牌营销环节附加值较高，而中间的生产制造环节附加值较低。发达国家是全球价值链的主导者，占据设计研发和营销等高附加值环节，攫取了大部分的经济利润。发展中国家由于处于嵌入附加值较低的制造加工环节，获利有限。

在全球化的进程中，中国承接了一大批跨国企业转移的制造加工环节，使得加工贸易大幅度增长。2015年，中国加工贸易进出口总额为106876亿元，占进出口总额的比重达43.49%。其中，加工贸易出口额为49553亿元，占总出口额的35.08%；加工贸易进口额为27772亿元，占总进口额的26.58%。中国参与全球价值链分工对产业结构的影响是巨大且深远的。一方面，中国以“世界工厂”的身份参与全球价值链，吸纳大量跨国公司投资，承接国外产业转移和外包订单。国际投资和订单会产生技术溢出，促使制造业行业迅速发展。另一方面，制造业的发展有可能以透支本国资源为代价，最终导致发展中国家承担环境污染等全球化负面效应，有低端锁定和陷入跟随式发展的风险。伴随着东盟一体化、区域全面经济伙伴关系协定（Regional Comprehensive Economic Partnership，RCEP）、中韩自由贸易协定（Free Trade Agreement，FTA）等区域协议的推进，全球价值链进入新一轮深度整合期，价值链环节的全球空间布局

① 联合国《2013年世界投资报告》。

加速延展。一个国家产业结构的变动会导致周边国家或地区的产业结构也发生变动。同时，周边国家产业结构的变化也影响本国的产业结构。在这样的背景下，研究参与全球价值链嵌入如何影响产业结构对我国更高效地参与国际分工、制定产业发展政策和进行产业结构调整具有十分重要的现实意义。

国内外学者就全球价值链分工对发展中国家产业结构的影响进行了广泛探讨。他们主要秉持两种观点：（1）全球价值链分工会促进产业结构优化。对于发展中国家而言，立足本国专业化分工优势，参与国际分工能够使其充分利用本地资源、优化资源配置，改变区域要素供需状况以提升产值，拉动产业发展（钟昌标，2000），并借助技术溢出效应优化产业结构（Wörz，2005）。综合来说，发展中国家全球价值链嵌入不仅可以通过专业化分工获取更多利润，还能够提高自身国际竞争力（Bernard et al.，2006a，2006b；Miroudot et al.，2009；Goldberg et al.，2010）。（2）全球价值链分工会阻碍产业结构优化。在全球价值链分工体系中，发达国家占据了研发、物流、营销等高附加值环节（Defever，2006），发展中国家主要从事低附加值工作。低附加值环节存在进入壁垒低、可替代性强的特征，往往会造成高度竞争的现象，使得集聚于低附加值环节的发展中国家陷入贫困化生长，最终可能被锁定在低端环节。较低的全球搜寻成本则会导致低附加值环节的持续转移，使原先承接低附加值环节的发展中国家成为产业飞地，引发经济衰退（Jones，2005）。Mazumdar（1996）等认为，价值链分工与产业结构之间不是单纯的促进或者阻碍关系，而是一种复杂、立体的耦合关系，即现实生活中，价值链分工对产业结构的调整既不是单纯的促进关系，也不是阻碍关系，而是处于两者之间（葛顺奇和罗伟，2015）。

在上述文献研究的基础上，本章将从以下方面进行有益的尝试：首先，本章将全球价值链分工情况分解为嵌入程度和嵌入位置两个维度。以往研究侧重考察全球价值链嵌入程度对产业结构的影响，忽视了全球价值链嵌入位置的作用。全球价值链嵌入位置不仅会影响企业面临的市场结构（Kaplinsky 和 Morris，2001；Humphrey，2003a，2003b），还会影响企业生产效率、资本密集度和最优生产决策（Chor，2014；Chor et al.，2014；Antràs 和 Chor，2013）。其次，与以往将产值结构看作产业结构的做法不同，参照干春晖等（2011）研究，将产业结构细分为产业结构合理化和产业结构高度化两个维度，并从产值结构、资本结构、技术结构和就业结构 4 个方面刻画产业结构高度化发展水平。原因在于，除了产值比例外，产业中的资本比例、研发强度以及人力资本发展状况都是产业发展至关重要的组成部分，决定了产业结构高端与否。再次，本章进一步检验了嵌入程度和位置的交叉作用，考察在不同价值链环节下嵌入程度对产业结构的作用大小以及在不同嵌入程度下全球价值链嵌入位置对产业结构的影响差异，有助于为制造业细分行业发展提供更具有针对性的对策建议。最后，在中国人口红利下降的背景下，本章深入分析了全球价值链嵌入通过劳动力成本对产业结构的作用机制，为充分发挥劳动力成本上升对产业结构升级的倒逼作用提供有益参考。

第二节　模型设定与变量说明

一、模型设定

为初步检验全球价值链嵌入对中国产业结构的现实影响，本章基于 2000—2014 年中国制造业细分行业面板数据实证检验全球价值链嵌入程度和位置对产业结构的现实影响及作用方向。基准回归模型设定如下：

$$str_{it} = \beta_0 + \alpha gvc_{it} + \beta_1 X_{it} + \delta_i + \mu_t + \varepsilon_{it} \tag{5-1}$$

式中，str 为制造业产业结构，gvc 为制造业全球价值链嵌入的现实状况，α、β_0 及 β_1 为待估参数，X 为其他控制变量，δ_i 为行业截面效应，μ_t 为年份固定效应。ε_{it} 为随机误差项，反映了除全球价值链嵌入特征外的其他客观因素对制造业产业结构的影响。

考虑到全球价值链嵌入程度和嵌入位置影响的差异，在上述基准模型的基础上，本章建立了如下实证模型：

$$str_{it}=\beta_0+\alpha_1 gvc\_part_{it}+\alpha_2 gvc\_pos_{it}+\beta_1 X_{it}+\delta_i+\mu_t+\varepsilon_{it} \quad (5\text{-}2)$$

式中，gvc_part 为制造业各细分行业全球价值链嵌入程度，gvc_pos 为制造业各细分行业全球价值链的嵌入位置。因此，系数 α_1 和 α_2 分别表示全球价值链嵌入程度和位置对制造业产业结构的影响程度，是该部分考察的核心变量。

二、数据来源

限于数据可得性，本研究选取的样本年限为 2000—2014 年。制造业细分行业数据来自《中国工业经济统计年鉴》。计算制造业全球价值链嵌入特征所需数据来自 42 个国家（地区）56 个部门的 WIOD。通过将 ISIC Rec. 4 与国民经济行业分类标准相匹配，本章识别出了 17 个制造业部门。以 WIOD 的部门划分为标准，制造业细分行业包括：食品、饮料和烟草制造业（r5），纺织品制造、服装制造、皮革和相关品制造（r6），木材、木材制品及软木制品制造、草编制品及编制材料物品制造（r7），纸和纸制品的制造（r8），记录媒介物的印刷及复制（r9），焦炭和精炼石油产品制造（r10），化学及化学制品（r11），基本医药产品和医药制剂制造（r12），橡胶和塑料产品制造（r13），其他非金属矿物制品（r14），基本金属的制造（r15），金属制品制造，机械设备除外（r16），计算机、电子产品和光学产品制造（r17），电力设备制造（r18），其他机械和设备制造（r19），交通设备制造业［其中包括汽车、挂车和半挂车制造（20）和其他运输设备的制造（r21）］，家具制造、其他制造业（r22）。

三、变量说明

（一）制造业产业结构估计

在动态视角下，产业结构的变动主要有产业结构合理化和产业结构高度化两个维度。其中，产业结构合理化强调产业之间的协调程度及资源利用的有效程度，重点反映了要素投入结构与产出结构之间的耦合程度；产业结构高度化则更强调产业结构的升级，反映了产业结构的现实质量。

（1）产业结构合理化的衡量

在制造业整体层面，学者大都采用产业结构偏离度来衡量产业结构的合理化程度。其公式如下：

$$str\_rat = \sum_{i=1}^{n} \left| \frac{Y_i/L_i}{Y/L} - 1 \right| = \sum_{i=1}^{n} \left| \frac{Y_i/Y}{L_i/L} - 1 \right| \tag{5-3}$$

式中，str_rat 为产业结构的合理化程度，Y 表示制造业产业的总产值，L 为制造业总体就业人数，$i = 1, 2, \cdots, n$ 为制造业细分行业数目。Y_i/Y 表示制造业细分行业的产值占比；L_i/L 表示制造业细分行业的就业人数占比；$\frac{Y_i/Y}{L_i/L}$ 表示制造业产出结构与投入结构之间的耦合程度。在该评价指标中，“$str\_rat = 0$”表示投入结构与产出结构完全契合，产业结构合理。但该指标存在如下问题：首先，该指标针对制造业行业整体，难以刻画制造业细分行业的产业结构；其次，不管该细分行业产值大小如何，在要素密集度属性计算过程中其权重均相同。对细分产业重要程度的忽略导致了使用时的不便（干春晖等，2011）。鉴于此，本研究选择同样能够反映投入产出耦合程度的增加值率（str_value）来衡量制造业细分行业产业结构的合理化程度。增加值率是指在一定时期内细分行业增加值与总产值的比值，反映了中间消耗的经济效应，是投入产出的效果（张杰等，2013）。行业增加值率越高，行业投入产出的效果就越好。

（2）产业结构高度化的衡量

学术界大多借鉴郭克莎（1990）的方法来测算产业结构高度化。沿用其方法，本章将产业结构的高度化细分为产值结构（str_p）、资产结构（str_c）、技术结构（str_t）和人员结构（str_h）4 个层面。具体而言，产值结构高度化（str_p）采用制造业细分行业产值与制造业总产值的比值来衡量，其值越高意味着该细分行业产值占制造业总产值的比值越大，细分行业的产值结构越高级；资产结构高度化（str_c）用制造业细分行业人均固定资产来表示，其值越大代表该行业的资本密集度越大，资产结构水平越高；技术结构高度化（str_t）用制造业细分行业 R&D 经费内部支出占制造业主营业务收入的比值来衡量，较高的技术结构指数意味着企业在产品研发方面的经费投入较多，该细分行业的技术结构越高级；人员结构高度化（str_h）用制造业各细分行业 R&D 研发人员全时当量占全体从业人员的比例来表示，其值越高意味着在该细分行业的从业人员当中研发人员的比重就越大，该细分行业的劳动力结构越高级，创新潜能越大。

（二）全球价值链分工特征

延续 Koopman et al.（2014）的研究，参与全球价值链的状况要从全球价值链嵌入程度和嵌入位置两个层面来衡量。

（1）全球价值链嵌入程度估计

全球价值链分工嵌入程度反映的是特定行业在全球价值链分工中的融入程度。其测量指标为：

$$gvc\_part_{it} = \frac{IV_{it} + FV_{it}}{EX_{it}} \tag{5-4}$$

式中，EX 为制造业细分行业的总出口；IV 为行业间接附加值出口，是一国出口中被其他国家用作中间投入的部分；FV 为特定国家或者行业出口中的国外增加值成分，该指标值越大，意味着该国或者行业在全球价值链中的参与程度越高。

（2）全球价值链嵌入位置估计

全球价值链嵌入位置反映的是一国或者产业在全球价值链中所处的具体环节。全球价值链嵌入位置的衡量指标为：

$$gvc\_pos_{it} = \ln\left(1 + \frac{IV_{it}}{EX_{it}}\right) - \ln\left(1 + \frac{FV_{it}}{EX_{it}}\right) \tag{5-5}$$

该指标对全球价值链分工位置的判断建立在对一国或者产业出口给其他国家的中间品与从别国进口中间品的比较上。具体而言，如果产业向其他国家提供原材料和中间品的价值（IV）高于本产业使用的来自其他国家的原材料和中间品（FV），则该产业主要通过向其他国家提供原材料和中间品的形式参与国际分工，处于全球价值链的上游环节；反之，如果行业更多地使用国外中间品和原材料，则间接附加值出口（IV）要小于出口的国外附加值（FV），该产业就处于全球价值链的下游环节。综上所述，该指标值越大，产业在全球价值链中就越处于上游环节；该指标值越小，产业就越接近全球价值链的下游环节。

(三)控制变量

产业结构是一个相对概念，是一个国家、地区或行业在既定要素禀赋结构下随时间推移而呈现出来的特征。制造业的产业结构受到诸多因素的影响。参照张会清和唐海燕（2011）、阳立高等（2014）以及彭俞超和方意（2016）的相关研究，该部分的核心控制变量包括：（1）制造业细分行业就业人数（*lnemploy*）。劳动要素对产业结构来说至关重要。一方面，劳动投入是最直接的中间投入，其投入量会直接影响行业投入产出效益；另一方面，劳动投入的多少是行业生产效率的间接表现。当其他条件不变时，劳动投入的增加会提高产业产出，有利于产值结构的优化。随着劳动投入的继续增加，较高的劳动力成本会促使企业进行研发和技术创新，优化特定行业的技术、资本和人力结构。本章直接用各细分行业年末从业人员平均数来衡量。数据来源于2000—2014年《中国工业经济统计年鉴》，单位为万人。（2）制造业细分行业工资（*lnwage*）。工资水平会影响企业乃至整个行业对劳动和资本的使用比例。本章采用2000—2014年《中国人口和就业统计年鉴》中制造业各细分行业从业人员的劳动报酬作为劳动力成本的衡量指标。（3）制造业细分行业新产品产值（*lnnew*）。创新水平的提高有助于特定行业提高生产技术和工艺水平，改善投入产出效益。本章采用制造业细分行业新产品产值来衡量行业的创新水平。（4）制造业细分行业资本存量（*lncapital*）。同劳动一样，资本也是最重要的要素投入之一。资本和劳动的比例直接决定了行业产业结构的属性。本章用制造业细分行业固定资产净值来衡量其资本存量，数据来源于2000—2014年《中国工业经济统计年鉴》。（5）制造业细分行业产品销售收入（*lnsale*）。消费水平对产业结构有着不可忽略的影响。随着消费水平的上升，企业会不断调整其生产过程中所使用的劳动、资本和技术的比例，推动产业结构优化。本章采用制造业各细分行业产品销售收入来衡量消费者对该行业的消费需求，数据来源于2000—2014年《中国工业经济统计年鉴》。（6）制造业细分行业国有化程度（*national*）。行业的市场化程度、政府控制力度以及是否存在垄断势力等均会对产业结构产生影响。本章用国有资本占行业资本的比例来衡量特定产业的国有化程度，进而控制政府势力等因素对行业产业结构的影响。借鉴相关文献的做法，本章对主要变量取自然对数，以减少异方差对回归结果的不良影响。各变量的主要定义及说明如表 5-1 所示。

表 5-1 各变量的主要定义及说明

变量类型	变量名称	变量	变量定义
被解释变量	结构合理度	*str_value*	行业增加值/总产值
	产值结构	*str_p*	细分行业产值/制造业总产值
	资本结构	*str_c*	细分行业固定资产/就业人数
	技术结构	*str_t*	R&D 经费内部支出/产品销售收入
	就业结构	*str_h*	R&D 人员全时当量/就业人数
解释变量	价值链分工参与程度	*gvc_part*	细分行业中（$IV+FV$）/总出口
	价值链分工参与位置	*gvc_pos*	$\ln(1+IV/EX)-\ln(1+FV/EX)$
控制变量	就业人数	*lnemploy*	细分行业年末就业人员平均数
	工资	*lnwage*	细分行业城镇人员劳动报酬数
	新产品产值	*lnnew*	细分行业新产品产值
	资本存量	*lncapital*	细分行业固定资产净值
	消费水平	*lnsale*	细分行业产品销售收入
	国有化程度	*national*	细分行业国有资本/实收资本

在测算的基础上，对模型中主要变量进行统计性描述，结果如表 5-2 所示。

表 5-2 主要变量的统计性描述

变量	样本量	均值	标准差	最小值	最大值
str_value	253	0.4874	0.2859	0.1092	2.4779
str_p	255	5.8824	3.8586	0.6987	14.3738
str_c	255	2.5506	0.7101	1.0180	4.6328
str_t	236	−0.3830	0.6768	−2.5374	1.3701
str_h	238	−0.0220	0.1844	−0.6417	0.3326

续 表

变量	样本量	均值	标准差	最小值	最大值
gvc_part	255	0.9936	2.4556	0.1281	15.7503
gvc_pos	255	0.1692	0.5402	−0.2282	2.6629
lnemploy	255	5.6818	0.8277	3.9128	7.2328
lnwage	255	9.9297	0.5959	8.7000	11.1004
lnnew	255	6.8688	1.7467	1.8988	10.2588
lncapital	255	8.2324	1.0268	5.7425	10.5582
lnsale	255	9.4771	1.2148	6.4244	11.6715
national	255	0.1472	0.1225	0.0090	0.6657

第三节　实证分析

本节采用 2000—2014 年 17 个制造业细分行业的面板数据深入考察参与全球价值链分工对制造业产业结构的现实影响及作用机制。

一、全球价值链嵌入对产业结构合理化的影响

本节实证考察制造业细分行业全球价值链嵌入程度和位置对产业增加值率的作用程度，并以此检验全球价值链分工对制造业产业投入产出结构合理化的影响。

(一)基准估计

表 5-3 给出了以行业增加值率为被解释变量的基准回归结果。模型（1）和模型（2）为 OLS 估计，模型（3）和（4）为面板估计。从表 5-3 的估计结果来看，无论是 OLS 估计还是面板估计，全球价值链的嵌入特征对制造业产业结构合理化都具有显著稳定的影响。

首先，全球价值链嵌入程度对制造业产业结构合理化程度具有显著的正向促进作用。在表 5-3 的模型（1）—（4）中，全球价值链嵌入程度的

系数均显著为正，且通过 5%的显著性水平检验。此外，OLS 估计和面板估计的全球价值链嵌入程度系数较稳定，没有发生较大的波动。以模型（4）为例，全球价值链嵌入程度的系数为 0.0458，即全球价值链参与程度每上升 1 个单位，该行业的增加值率将会上升 0.0458 个单位。行业参与国际分工会带来效率提升、成本优化以及技术溢出等多种效应，有助于制造业细分行业产业结构的合理化。

其次，全球价值链嵌入位置对制造业产业结构的合理化程度具有显著的抑制作用。在表 5-3 的模型（1）—（4）中，全球价值链嵌入位置的系数为负，且均通过 5%的显著性水平检验。以模型（4）为例，全球价值链嵌入位置的系数为−0.3874，这意味着制造业细分行业每向上游延伸 1 个单位，行业产业结构合理化程度就会降低 0.3874 个单位。在参与程度相同的情况下，相比于下游行业，上游制造业细分行业的增加值率更低。可能的原因是，中国在全球价值链分工体系中处于加工组装环节。随着产品内分工链条的国内延伸，中国不仅从事最终产品的加工和组装，也越来越多地从事零部件加工与组装。随着从最终产品到零部件的延伸，中间投入比率不断提高，增加值率有所下降（于春海和常海龙，2015）。当行业出口给国外的中间品或原材料的附加值大于该行业使用的国外附加值时，该行业主要依赖出口初级原材料和中间品参与国际分工，可能会被锁定在依托廉价劳动力建立优势的低端环节，不利于产业结构合理化程度的上升。

表 5-3　全球价值链嵌入对产业结构合理化影响的基准回归

变量	*str_value*			
	(1) OLS	(2) OLS	(3) FE	(4) FE
gvc_part	0.0596** (0.0275)	0.0429** (0.0205)	0.0596** (0.0275)	0.0458** (0.0213)
gvc_pos	−0.5539** (0.2386)	−0.3720*** (0.1773)	−0.5539** (0.2386)	−0.3874** (0.1866)
lnemploy		0.1858** (0.0792)		0.1179 (0.0976)

续 表

变量	*str_value*			
	(1) OLS	(2) OLS	(3) FE	(4) FE
lnwage		−0.5550*** (0.0821)		−0.6340*** (0.1708)
lnnew		3.0397*** (0.2311)		2.9712*** (0.2595)
lncapital		0.2203*** (0.0832)		0.2999*** (0.0942)
lnsale		−0.2612 (0.1655)		0.2408 (0.1566)
national	0.6691*** (0.0611)	2.6877*** (0.4308)	0.6691*** (0.0611)	3.1162* (1.6882)
时间效应	YES	YES	YES	YES
行业效应	YES	YES	YES	YES
R^2	0.6250	0.7992	0.6726	0.6860
样本数	253	253	253	253

注：括号内为标准差。***、** 和 * 分别表示 1%、5%和 10%的显著性水平。

表 5-3 中还加入了行业从业人数、工资等其他控制变量。以模型（4）的结果为例，细分行业工资水平的上升则会显著降低行业产业结构的合理化程度。原因在于，劳动力成本的上升会降低制造业的利润空间及其竞争力，对制造业细分行业产业结构的合理化程度产生严重冲击。行业研发和资本存量对行业产业结构合理化具有显著的促进作用。长期以来，我国制造业主要依赖廉价劳动力参与国际分工，研发投入和资本存量的增加有助于优化行业中的资本、劳动和技术要素的比例，促使行业中的劳动要素不断被资本和技术所替代，从而提升制造业产业结构的合理化水平。国有化程度和细分行业从业人员对增加值率的影响为正，但不显著。

进一步考察全球价值链嵌入影响增加值率的行业差异。首先，按要素密集度进行划分。王志华和董存田（2012）根据行业中劳动、资本和技术的投入量，将制造业划分为劳动密集型、资本密集型和技术密集型。鉴于样本数量有限，本章将制造业细分行业划分为劳动密集型产业和资本技术密集型产业，结果见表 5-4 中模型（1）—（2）。其次，按技术水平进行划分。张咏华（2013）和 WIOD 等将制造业划分为低技术制造业、中低技术制造业、中高技术制造业和高技术制造业。表 5-4 中模型（3）—（4）为高技术制造业和低技术制造业的估计结果。综合表 5-4 可知，全球价值链嵌入程度和位置对劳动密集型、低技术制造业的影响并不显著，但对资本技术密集型、高技术制造业增加值率有显著的影响。

表 5-4 全球价值链嵌入对产业结构合理化影响的分样本估计

变量	*str_value*			
	(1) 资本技术密集型	(2) 劳动密集型	(3) 高技术	(4) 低技术
gvc_part	0.7161*** (0.1710)	0.0061 (0.0149)	0.4497** (0.2176)	0.0076 (0.0147)
gvc_pos	−0.9660*** (0.2554)	−0.1612 (0.1437)	−0.8375*** (0.2054)	−0.1096 (0.1300)
lnemploy	0.2678*** (0.0837)	0.0732 (0.0942)	0.1447*** (0.0396)	0.1059 (0.0750)
lnwage	0.1635 (0.1236)	0.0871 (0.1079)	0.3680*** (0.0814)	0.0574 (0.0759)
lnnew	−0.3857*** (0.0569)	−0.4183*** (0.0382)	−0.4104*** (0.0496)	−0.3743*** (0.0311)
lncapital	0.2651** (0.1120)	0.3085*** (0.0882)	0.1302** (0.0631)	0.2971*** (0.0629)
lnsale	−0.0701 (0.1689)	−0.9352*** (0.2334)	−0.3211* (0.1689)	−0.5852*** (0.1247)
national	0.0000 (①)	−0.8069 (0.7868)	−2.5957*** (0.6144)	−1.0935** (0.5389)
时间效应	YES	YES	YES	YES
行业效应	YES	YES	YES	YES
R^2	0.7501	0.9147	0.8770	0.8892
样本数	134	119	75	178

注：括号内为标准差。***、** 和 * 分别表示 1%、5% 和 10% 的显著性水平。

① 软件回归的结果。由于系数为 0，因此无法计算标准差。

(二)内生性检验

内生性的存在可能导致面板估计结果存在偏差。一方面，影响制造业增加值率的因素有很多。迫于数据限制，模型估计时无法加入所有影响产业增加值率的变量。遗漏变量会使得模型中解释变量与残差项相关，引发内生性问题，导致估计结果偏差。另一方面，全球价值链嵌入特征也可能与产业增加值率存在双向因果关系或者同时性，造成内生性问题。本节将对可能存在的内生性问题进行处理，以得出更为准确无偏的结果。

采用滞后 1 期变量作为工具变量进行实证检验。相比于当期变量，滞后 1 期的解释变量是已确定的、不受当期冲击影响的变量。因此，滞后 1 期变量与残差项的相关性较小，在一定程度上可抑制内生性。表 5-4 汇报了两阶段最小二乘（2 Stages Least Square，2SLS）、有限信息最大似然法（Limited Information Maximum Likelihood Method，LIML）估计、广义矩阵（Generalized Method of Moments，GMM）估计和面板 GMM 估计的结果。

由表 5-5 可知，控制内生性后，核心估计结果没有发生根本性的变化。全球价值链嵌入程度的系数从 0.0458 上升至 0.0611，全球价值链嵌入位置的系数从−0.3874 变为−0.5936，系数值发生了一定的变化，但统计显著性不受影响。而且，估计方法的差异仅仅改变了标准差，全球价值链嵌入程度和位置的系数并无变化。该结果表明，随着全球价值链嵌入程度的加深以及向加工组装环节的下游延伸，产业增加值率会显著上升。

行业增加值率与前期表现存在极大的相关性，具有时间上的延续性。因此，静态估计方法可能会造成结果偏差。通过将行业增加值率的滞后 1 期纳入模型，表 5-5 中模型（5）采用动态 GMM 的动态估计方法进行了进一步的扩展和检验。动态 GMM 的方法能够充分利用样本信息，显著地降低小样本偏误。模型（5）中 AR（2）的 p 值为 0.2130，说明差分后的干扰项不存在二阶自相关。Sargan 检验的 p 值为 0.5200，远远大于 0.05，说明模型设置和工具变量选择比较合理，不存在工具变量过度识别的问题。动态 GMM 的估计结果验证了行业增加值率存在时间延续性的假设。全球价值链嵌入程度和位置的系数及显著性水平没有发生实质性的变化，进一步验证了基准回归的稳健性。

表 5-5　全球价值链嵌入对产业结构合理化影响的内生性检验

变量	(1) 2SLS	(2) LIML	(3) GMM	(4) 面板 GMM	(5) 动态 GMM
str_value_{it-1}					0.0695* (0.0416)
gvc_part	0.0611** (0.0304)	0.0611** (0.0279)	0.0611*** (0.0213)	0.0611** (0.0304)	0.0547*** (0.0070)
gvc_pos	−0.5936** (0.2882)	−0.5936** (0.2646)	−0.5936*** (0.2089)	−0.5936** (0.2882)	−0.5592*** (0.1247)
$lnemploy$	0.1026 (0.1116)	0.1026 (0.1025)	0.1026 (0.0974)	0.1026 (0.1116)	0.2638 (0.1658)
$lnwage$	−0.7290*** (0.1794)	−0.7290*** (0.1648)	−0.7290*** (0.1660)	−0.7290*** (0.1794)	−0.9422** (0.4069)
$lnnew$	3.1359*** (0.2645)	3.1359*** (0.2428)	3.1359*** (1.0635)	3.1359*** (0.2645)	4.9913*** (0.6446)
$lncapital$	0.2492** (0.1019)	0.2492*** (0.0935)	0.2492** (0.1168)	0.2492** (0.1019)	0.4732*** (0.1329)
$lnsale$	−0.1617 (0.2276)	−0.1617 (0.2090)	−0.1617 (0.2087)	−0.1617 (0.2276)	0.0562 (0.2222)
$national$	4.8076** (2.1622)	4.8076** (1.9855)	4.8076* (2.5961)	4.5455** (1.8315)	0.4310 (0.3371)
时间效应	YES	YES	YES	YES	YES
行业效应	YES	YES	YES	YES	YES
AR(2)					0.2130
Sargan					0.5200
R^2	0.7819	0.8154	0.8154	0.6986	
样本数	236	236	236	236	217

注：括号内为标准差。***、** 和 * 分别表示 1%、5% 和 10% 的显著性水平。

(三)稳健性检验

为了检验全球价值链嵌入程度和位置与制造业产业结构合理化程度之间关系的稳健性，本章采用分位数回归法进行稳健性检验，结果如表5-6所示。

表 5-6　全球价值链嵌入对产业结构合理化影响的稳健性检验

变量	分位数回归		
	(1) 25%分位数	(2) 50%分位数	(3) 75%分位数
gvc_part	0.0687*** (0.0248)	0.0745** (0.0326)	0.0418* (0.0222)
gvc_pos	−0.2882** (0.1253)	−0.3305* (0.1814)	−0.3580* (0.1940)
lnemploy	−0.0630* (0.0324)	−0.0638 (0.0427)	0.1329 (0.1037)
lnwage	−0.6660*** (0.0774)	−0.7174*** (0.1151)	−0.5096*** (0.1779)
lnnew	0.0090 (0.1373)	−0.0581 (0.1785)	1.0384*** (0.2706)
lncapital	0.0141 (0.0333)	0.0093 (0.0454)	0.2295** (0.0996)
lnsale	0.1723 (0.1393)	0.1072 (0.0915)	−0.1181 (0.2154)
national	6.7298*** (0.7448)	7.3520*** (0.9717)	2.6433 (1.7799)
时间效应	YES	YES	YES
行业效应	YES	YES	YES
R^2	0.5045	0.5621	0.6917
样本数	253	253	253

注:括号内为标准差。***、**和*分别表示1%、5%和10%的显著性水平。

模型（1）—（3）依次汇报了25%分位数、50%分位数和75%分位数回归的结果。无论是25%分位数、50%分位数还是75%分位数回归，全球价值链嵌入程度的系数均显著为正，全球价值链嵌入位置的系数均显著为负，再次验证了基准模型的回归结果。 由此可见，更积极深入地融入和参与全球价值链有助于制造业细分行业产业结构合理化程度的提升，但上游化会带来中间投入的增加，降低中间品进口的技术溢出效应，导致产业增加值率下降。

二、全球价值链嵌入对产业结构高度化的影响

(一)全球价值链嵌入对产值结构的影响

本小节将实证考察制造业细分行业全球价值链嵌入程度和位置对其产值占比的影响，以此检验参与全球价值链分工对制造业产值结构高度化的作用。

（1）基准回归

表 5-7 汇报了以制造业细分行业产值占比为被解释变量的基准估计结果。 模型（1）—（2）为 OLS 估计，模型（3）—（4）为面板估计。 模型均加入了行业和年份固定效应以控制行业异质性和年份异质性。 在模型（1）—（4）中，全球价值链嵌入对制造业产值结构具有显著稳定的影响。

首先，全球价值链嵌入程度对制造业细分行业产值占比具有显著积极的推动作用。 在表 5-7 模型（1）—（4）中，全球价值链嵌入程度的系数均显著为正。 以模型（4）为例，全球价值链嵌入程度的系数为 0.2075，即全球价值链参与程度每上升 1 个单位，该行业产值占制造业总产值的比重就会上升 0.2075 个单位。 随着行业更加深入地参与全球价值链分工，技术溢出、消费扩张和经验积累等多种效应会促进该产业产出增加，提升其在制造业中的占比。

其次，全球价值链嵌入位置对细分行业产值结构高度化具有显著的抑制作用。 表 5-7 模型（1）—（4）中，全球价值链嵌入位置的系数均为负值，且通过 5%的显著性水平检验。 当制造业细分行业以初级原材料或中间品提供者的身份参与国际分工时，该产业的产值占比会受到抑制。 原因在于，在当前由发达国家制造业凭借技术和资本优势控制的全球价值链

中，我国制造业仅依靠廉价劳动力和资源提供最初级的原材料和中间品，鲜少参与全球价值链中附加值较高的环节，或者对中间品进行深加工。最终结果是，行业上游化不仅极大地消耗了本地资源和劳动力，还降低了进口中间品的技术溢出和知识溢出效应，不利于该细分行业产值占比的提升。

表 5-7　全球价值链嵌入对产值结构影响的基准回归

变量	*str_p*			
	(1) OLS	(2) OLS	(3) FE	(4) FE
gvc_part	0.9532** (0.3070)	0.8791*** (0.1852)	0.2600** (0.1078)	0.2075** (0.0856)
gvc_pos	−6.9647*** (1.3953)	−3.4609*** (0.9051)	−2.9282*** (0.9358)	−1.9256** (0.7467)
lnemploy		0.8564** (0.3523)		−0.6785* (0.3880)
lnwage		−4.1548*** (0.4722)		1.2842* (0.7132)
lnnew		0.8419*** (0.1672)		0.4947*** (0.1700)
lncapital		2.5960*** (0.3385)		2.8178*** (0.3832)
national		6.7730*** (1.2760)		−4.3592*** (0.8276)
常数项	6.1138*** (0.2425)	13.8334*** (4.0611)	12.7022*** (0.2402)	−24.0906*** (6.7706)
时间效应	YES	YES	YES	YES
行业效应	YES	YES	YES	YES
R^2	0.1869	0.8096	0.9722	0.9835
样本数	255	255	255	255

注：括号内为标准差。***、** 和 * 分别表示 1%、5%和 10%的显著性水平。

最后，模型还加入了行业从业人数、工资以及新产品销售产值等其他控制变量。以模型（4）的结果为例，细分行业就业人员对产值结构高度化有显著的负效应。可能的原因在于，较多的劳动力投入意味着该产业拥有较低的资本劳动比，故该产业属于劳动密集型。相比于资本和技术密集型产业，劳动密集型产业往往生产率较低，不利于产值占比的提升。与此相对应的是，以新产品销售产值为指标的行业创新的加强以及行业资本存量的增加会促进行业研发和科技水平的提升，提高行业生产效率，对产值结构高度化产生显著的正向作用。工资水平的系数为负，且通过10％的显著性水平检验。工资水平的上升压榨了行业的利润空间，增加了生产成本，最终导致行业产值下降。国有化程度系数为－4.3592，且通过1％的显著性水平检验。国有化程度上升对行业产值占比的负效应主要来自国有资本对低效率企业的保护。政府保护使得低生产率企业持续生存，从而降低了行业整体的产值。

表5-8分别评估了全球价值链嵌入对不同要素密集型制造业、不同技术水平制造业的影响。对比模型（1）和模型（2）的结果，全球价值链嵌入对劳动密集型产业的作用并不显著。对于资本技术密集型行业，全球价值链嵌入程度的影响系数为3.1821，全球价值链嵌入位置的影响系数为－6.4555，且二者均通过5％的显著性水平检验。全球价值链嵌入程度对产值占比的促进作用和嵌入位置对产值占比的抑制作用在资本密集型行业同样适用。模型（3）和（4）分别评估了全球价值链嵌入对高技术制造业、低技术制造业产值占比的影响。对高技术制造业而言，全球价值链嵌入位置更为重要。

表5-8　全球价值链分工对产值结构影响的分样本估计

变量	*str_p*			
	(1) 资本技术密集型	(2) 劳动密集型	(3) 高技术	(4) 低技术
gvc_part	3.1821** (1.5044)	0.0650 (0.0658)	4.1215 (3.7537)	0.2228** (0.0910)
gvc_pos	－6.4555** (2.5285)	0.4198 (0.6460)	－12.5613** (4.8396)	－2.3275*** (0.8137)
lnemploy	0.3230 (0.6309)	1.6759*** (0.4865)	－0.3653 (0.6686)	－1.4285** (0.5579)
lnwage	2.5399** (0.9874)	2.4908* (1.4731)	1.0825 (1.5192)	1.3146 (0.8469)

续 表

变量	str_p			
	(1) 资本技术密集型	(2) 劳动密集型	(3) 高技术	(4) 低技术
lnnew	0.9528*** (0.3130)	0.0383 (0.1857)	1.3713** (0.5305)	0.4681** (0.2050)
lncapital	2.1139** (0.8416)	0.4027 (0.4055)	0.8102 (0.8508)	3.2043*** (0.4420)
national	−5.8489*** (1.2328)	4.0917*** (1.1688)	4.8890* (2.6501)	−5.1551*** (0.8881)
常数项	−39.4830*** (9.0361)	−30.0597** (12.9223)	−18.8328 (15.0437)	−22.6784*** (7.9521)
时间效应	YES	YES	YES	YES
行业效应	YES	YES	YES	YES
R^2	0.6023	0.5808	0.5169	0.5077
样本数	135	120	75	180

注：括号内为标准差。***、** 和 * 分别表示 1%、5%和 10%的显著性水平。

（2）内生性检验

内生性问题源自两个方面：首先，全球价值链嵌入特征与产值占比之间可能存在双向因果关系；其次，存在很多共同变量同时影响制造业产值结构和全球价值链嵌入特征，如行业默会知识。这些难以定量衡量的遗漏变量会造成解释变量与误差干扰项相关。鉴于滞后变量是已定的、不受当期冲击影响的，本小节选择被解释变量的滞后 1 期作为工具变量，采用 2SLS、LIML、GMM、面板 GMM 以及动态 GMM 估计 5 种方法尝试对内生性问题进行处理。结果如表 5-9 所示。

表 5-9　全球价值链嵌入对产值结构影响的内生性检验

	(1) 2SLS	(2) LIML	(3) GMM	(4) 面板 GMM	(5) 动态 GMM
str_p_{it-1}					0.8307*** (0.2376)
gvc_part	0.9120*** (0.2155)	0.9120*** (0.2058)	0.9120*** (0.2277)	0.1855* (0.1097)	0.4707*** (0.0001)

续　表

	(1) 2SLS	(2) LIML	(3) GMM	(4) 面板 GMM	(5) 动态 GMM
gvc_pos	−3.6075*** (1.0456)	−3.6075*** (0.9984)	−3.6075*** (1.1488)	−1.8722** (0.8726)	−0.3955** (0.1848)
lnemploy	1.3703*** (0.4004)	1.3703*** (0.3824)	1.3703*** (0.3223)	−1.3649*** (0.3703)	−0.0125 (0.1246)
lnwage	−0.0076 (1.1759)	−0.0076 (1.1228)	−0.0076 (0.9379)	−3.4062*** (0.4499)	−0.0972 (0.1243)
lnnew	0.1897 (0.2347)	0.1897 (0.2241)	0.1897 (0.1737)	0.4438** (0.1740)	0.1100** (0.0442)
lncapital	2.9869*** (0.3668)	2.9869*** (0.3503)	2.9869*** (0.3493)	2.5726*** (0.3776)	−0.0151 (0.1845)
national	2.4026 (1.9483)	2.4026 (1.8603)	2.4026 (1.8282)	−2.4057*** (0.8481)	0.6199 (0.4720)
常数项	−31.8301** (12.3862)	−31.8301*** (11.8271)	−31.8301*** (10.2385)	23.7258*** (2.9346)	1.3369 (1.9325)
时间效应	YES	YES	YES	YES	YES
行业效应	YES	YES	YES	YES	YES
AR(2)					0.4756
Sargan					0.3444
R^2	0.8350	0.8350	0.8350	0.6228	
样本数	238	238	238	238	238

注：括号内为标准差。***、** 和 * 分别表示 1%、5%和 10%的显著性水平。

表 5-9 中模型（1）—（4）为静态估计的结果，2SLS、LIML、GMM 以及面板 GMM 估计的系数完全一致，只有标准差发生了微弱变化。与基准估计相比，全球价值链嵌入程度和位置的估计系数和显著性均没有发生根本性的变化。以面板 GMM 估计为例，全球价值链嵌入程度的系数从 0.2075 变为 0.1855，全球价值链嵌入位置的系数从 −1.9256 变为 −1.8722，系数值发生微小变化，但显著性不变。这进一步证实了全球价值链嵌入程度上升对产值结构的促进作用，以及嵌入位置上游化对产值结构高度化的抑制作用。

表 5-9 中的模型（5）进一步考虑到产值结构的时间延续性，将产值结构的滞后 1 期纳入模型，采用动态 GMM 面板估计对基准模型进行进一步的检验。AR（2）相关检验的 p 值为 0.4756，远大于 0.05 的临界值，说明差分后的干扰项不存在二阶自相关，满足动态 GMM 估计的前提条件。Sargan 检验的 p 值为 0.3444，大于 0.05 的临界值，表明模型设置和工具变量选取适当，不存在工具变量过度识别的问题。在加入因变量滞后 1 期后，全球价值链嵌入程度和位置对产值结构的作用方向和显著性均未发生本质变化。此时，全球价值链嵌入程度的系数为 0.4707，且通过 1%的显著性水平检验，验证了价值链参与程度上升对产值结构的正向促进作用；嵌入位置的系数为－0.3955，且通过 5%的显著性水平检验，证实了价值链嵌入位置上游化对产值结构的显著抑制影响。

（3）稳健性检验

当数据出现尖峰、厚尾分布或明显的异方差时，OLS 和面板估计结果的稳健性较差。分位数回归不对随机扰动项做出假定，故能克服上述缺点。且分位数回归可以给出因变量在任意分位数下的拟合结果，提供了更丰富和更稳健的信息。为此，表 5-10 依次汇报了采用 25%分位数、50%分位数和 75%分位数的回归结果，以验证基准估计的稳健性。无论是 25%分位数、50%分位数还是 75%分位数回归，全球价值链嵌入程度的系数均显著为正，全球价值链嵌入位置的系数均显著为负。随着制造业细分行业产值结构由条件分布的低端向高端变化，全球价值链嵌入对其的影响呈现出一定特征。全球价值链嵌入程度和位置对制造业细分行业产值结构的作用方向并没有发生变化，但影响程度呈上升趋势。具体而言，随着制造业细分行业产值结构的上升，全球价值链嵌入程度对其的影响从 0.7881 上升到 1.9025，而全球价值链嵌入位置对其的负影响从 3.2544 上升到 7.5853。即制造业细分行业的产值占比越高，其受到全球价值链的影响就越大。

表 5-10　全球价值链嵌入对产值结构影响的稳健性检验

变量	分位数回归		
	(1) 25%分位数	(2) 50%分位数	(3) 75%分位数
gvc_part	0.7881*** (0.1764)	1.0428*** (0.3277)	1.9025** (0.7689)
gvc_pos	−3.2544*** (0.9008)	−4.6252*** (1.5984)	−7.5853** (3.1555)
lnemploy	0.8939*** (0.2255)	0.9826*** (0.3780)	0.3371 (0.6918)
lnwage	−3.6306*** (0.3023)	−3.6623*** (0.4286)	−3.7492*** (1.0578)
lnnew	1.1558*** (0.1211)	0.7348*** (0.1676)	0.2114 (0.2472)
lncapital	1.5770*** (0.1987)	2.2720*** (0.3498)	3.7065*** (0.7324)
national	5.2101*** (0.9761)	7.9793*** (2.4072)	11.0493** (4.2892)
常数项	13.7818*** (2.4870)	11.0988*** (4.2412)	7.6997 (7.6536)
时间效应	YES	YES	YES
行业效应	YES	YES	YES
R^2	0.6411	0.6531	0.5774
样本数	255	255	255

注：括号内为标准差。***、** 和 * 分别表示 1%、5%和 10%的显著性水平。

（二）全球价值链嵌入对资本结构的影响

本小节将实证评估制造业细分行业全球价值链嵌入程度和位置对人均资本的影响，以检验全球价值链嵌入对制造业资本结构高度化的影响。

（1）基准回归

表 5-11 为以人均资本为被解释变量的基准回归结果。模型（1）和（3）只加入全球价值链嵌入程度和位置这两个关键变量，模型（2）和（4）加入了相关控制变量。模型（1）—（4）同时控制了行业和年份固定效应。

表 5-11　全球价值链嵌入对资本结构高度化影响的基准回归

	str_c			
	(1) OLS	(2) OLS	(3) FE	(4) FE
gvc_part	0.0360** (0.0181)	0.0284* (0.0176)	0.0360** (0.0181)	0.0284* (0.0176)
gvc_pos	−0.4343*** (0.1575)	−0.4024*** (0.1527)	−0.4343*** (0.1575)	−0.4024*** (0.1527)
rd		0.2900 (0.2076)		0.2900 (0.2076)
national		−0.6476*** (0.1667)		−0.6476*** (0.1667)
常数项	2.1156*** (0.0404)	2.2882*** (0.0674)	2.0699*** (0.0315)	2.2151*** (0.0697)
时间效应	YES	YES	YES	YES
行业效应	YES	YES	YES	YES
R^2	0.9734	0.9752	0.2037	0.2408
样本数	255	255	255	253

注：括号内为标准差。***、** 和 * 分别表示 1%、5%和 10%的显著性水平。

全球价值链嵌入程度对资本结构高度化有积极正向的推动作用。在表 5-11 的模型（1）—（4）中，全球价值链嵌入程度的系数均显著为正。模型（4）中全球价值链嵌入程度的系数为 0.0284，即行业参与全球价值链分工的程度每上升 1 个单位，该行业人均资本就会上升 0.0284 个单位。嵌入全球价值链带来的技术溢出、消费扩张和经验积累等会促进资本流入该行业，从而提升行业人均资本水平。

全球价值链嵌入位置的系数显著为负。在模型（4）中，全球价值链嵌入位置的系数为−0.4024，即制造业细分行业每向上游延伸 1 个单位，其人均资本就会降低 0.4024 个单位。究其原因，一方面，当行业以向其他国家提供初级原材料和中间品的方式参与全球价值链分工时，原材料和中间品的国内生产建立在廉价的劳动力和自然资源的基础上。对这些行业而言，国际分工带来的市场扩张收益会削弱行业资本投资，不利于资本结构升级。另一方面，上游产业中间品进口较少，缺乏精加工，降低了进口中间品溢出效应的可能性。综上所述，对制造业各细分行业而言，全球价值链嵌入程度的上升有助于提高人均资本，改善资本结构，但依靠向其他国家提供原材料和初级中间品的方式并不利于制造业资本结构的优化。

模型（4）中研发水平的系数为 0.2900，且在统计意义上并不显著。一般而言，研发水平的上升有助于提高生产效率，带动行业资本投入。在此不显著可能与当前我国科技体制不完善，研发创新和科技成果转化率较低有关。行业国有化程度的系数为－0.6476，且通过 1％的显著性检验。这说明，国有化程度对制造业细分行业资本结构的改善具有显著的抑制作用。国有资本增加会降低行业市场化水平，使劳动、资本和技术的流动不能按照价值规律指引的方向进行，进而降低资本等生产要素的使用效率和资本结构升级的动力。

表 5-12 中模型（1）和（2）分别为资本技术密集型产业、劳动密集型产业子样本的估计结果，模型（3）和（4）分别是高技术制造业、低技术制造业子样本的估计结果。对资本技术密集型产业、高技术制造业而言，全球价值链嵌入程度和位置的系数与显著性同基准估计基本一致，但全球价值链嵌入对劳动密集型产业的作用并不显著。对低技术制造业而言，深度参与全球价值链对人均资本的提升作用不显著，且上游化趋势会减弱资本投资动机，不利于人均资本优化升级。

表 5-12　全球价值链嵌入对资本结构高度化影响的分样本估计

	str_c			
	(1) 资本技术密集型	(2) 劳动密集型	(3) 高技术	(4) 低技术
gvc_part	0.9560*** (0.2370)	－0.0090 (0.0184)	1.9602*** (0.7043)	0.0167 (0.0179)
gvc_pos	－1.9057*** (0.3949)	0.1940 (0.1768)	－3.7256*** (0.9431)	－0.2790* (0.1602)
rd	0.3394 (0.2069)	－0.2710 (0.5687)	1.0276** (0.4137)	0.0079 (0.2588)

续 表

	str_c			
	(1) 资本技术密集型	(2) 劳动密集型	(3) 高技术	(4) 低技术
national	−1.0710*** (0.1810)	0.9108*** (0.2990)	−1.5093*** (0.5594)	−0.3925** (0.1725)
常数项	2.2682*** (0.1127)	1.5812*** (0.1069)	1.5273*** (0.4317)	2.1682*** (0.0724)
时间效应	YES	YES	YES	YES
行业效应	YES	YES	YES	YES
R^2	0.0320	0.5407	0.0049	0.1390
样本数	134	119	75	178

注:括号内为标准差。***、** 和 * 分别表示 1%、5%和 10%的显著性水平。

(2)内生性检验

鉴于双向因果关系、遗漏变量等问题，为得到稳健、真实、可靠的检验结果，本小节同样采取静态估计和动态估计两种方法处理内生性问题。考虑到滞后 1 期变量不受当期冲击影响的特性，本小节采用滞后 1 期变量作为工具变量。表 5-13 中模型（1）—（4）为采用 2SLS、LIML、GMM 和面板 GMM 进行静态估计的结果，模型（5）为动态 GMM 估计的结果。与基准回归结果相比，模型（1）—（5）中全球价值链嵌入程度和位置的作用方向和显著性没有实质性的变化。以面板 GMM 结果为例，全球价值链嵌入程度的系数为 0.0781，全球价值链嵌入位置的系数为−0.9033，且均在 1%的显著性水平下显著，验证了基准回归结果的稳健性。

表 5-13 全球价值链嵌入对资本结构高度化影响的内生性检验

	(1) 2SLS	(2) LIML	(3) GMM	(4) 面板 GMM	(5) 动态 GMM
str_c_{it-1}					−0.1234 (0.1363)
gvc_part	0.0781*** (0.0254)	0.0781*** (0.0235)	0.0781** (0.0315)	0.0781*** (0.0254)	0.0382*** (0.0067)
gvc_pos	−0.9033*** (0.2381)	−0.9033*** (0.2202)	−0.9033*** (0.3083)	−0.9033*** (0.2381)	−0.2462*** (0.0902)

续　表

	(1) 2SLS	(2) LIML	(3) GMM	(4) 面板 GMM	(5) 动态 GMM
rd	0.0755 (0.2182)	0.0755 (0.2019)	0.0755 (0.2074)	0.0755 (0.2182)	−0.0383 (0.0840)
national	−0.5153*** (0.1885)	−0.5153*** (0.1744)	−0.5153*** (0.1627)	−0.5153*** (0.1885)	−0.1995 (0.1778)
常数项	3.3885*** (0.0462)	3.3885*** (0.0427)	3.3885*** (0.0386)	2.3261*** (0.0716)	0.8652 (1.1329)
时间效应	YES	YES	YES	YES	YES
行业效应	YES	YES	YES	YES	YES
AR(2)					0.1850
Sargan					0.2800
R	0.9750	0.9785	0.9785	0.9323	
样本数	236	236	236	236	236

注：括号内为标准差。***、** 和 * 分别表示 1%、5%和 10%的显著性水平。

（3）稳健性检验

为获得不同人均资本在不同分位数下的回归结果，防止出现异方差、厚尾等问题，表 5-14 依次汇报了采用 25%分位数、50%分位数和 75%分位数进行稳健性检验的回归结果。结果表明，无论是 25%分位数、50%分位数还是 75%分位数回归，全球价值链嵌入程度的系数均显著为正，全球价值链分工位置的系数均显著为负，基准模型估计结果真实可信。随着制造业细分行业的人均资本由低到高的变化，即资本结构由条件分布的低端向高端调整，全球价值链嵌入特征对其的影响程度逐渐降低。具体来说，在 25%的分位数下，全球价值链分工参与程度和分工位置对人均资本的影响系数分别为 0.0830 和−0.6683，在 50%的分位数下这种影响系数则分别降至 0.0138 和−0.1458，而在 75%的分位数下其对应的系数值仅分别为 0.0031 和−0.0411。虽然全球价值链嵌入程度和位置会对行业人均资本产生显著作用，但随着制造业细分行业资本结构的日益优化，全球价值链分工对其的影响和冲击会越来越小。

表 5-14 全球价值链嵌入对资本结构高度化影响的稳健性检验

变量	分位数回归		
	(1) 25%分位数	(2) 50%分位数	(3) 75%分位数
gvc_part	0.0830* (0.0476)	0.0138** (0.0055)	0.0031*** (0.0004)
gvc_pos	−0.6683* (0.3430)	−0.1485*** (0.0524)	−0.0411*** (0.0038)
rd	−0.0222 (0.3710)	0.1114 (0.0849)	0.0859*** (0.0055)
national	−0.6638*** (0.2423)	−0.1145* (0.0624)	−0.1352*** (0.0042)
常数项	2.1764*** (0.0797)	0.0572 (0.5024)	1.4698*** (0.0052)
时间效应	YES	YES	YES
行业效应	YES	YES	YES
R^2	0.8661	0.8705	0.9343
样本数	253	253	253

注:括号内为标准差。***、** 和 * 分别表示 1%、5%和 10%的显著性水平。

(三)全球价值链嵌入对技术结构的影响

本小节将实证评估制造业细分行业全球价值链嵌入对其研发强度的影响，以检验全球价值链嵌入对制造业技术结构高度化的影响。

(1)基准估计

表 5-15 报告了以制造业细分行业研发强度为被解释变量的结果。模型(1)—(2)为 OLS 估计，模型(3)—(4)为面板固定效应估计。模型(1)—(3)只纳入全球价值链嵌入程度和位置这两个核心变量，模型(2)—(4)同时纳入行业从业人数、资本存量等控制变量。所有模型加入了行业固定效应和年份固定效应。

全球价值链嵌入程度对制造业细分行业技术结构具有正向促进作用，而且这种促进作用十分稳定，且通过 1%的显著性水平检验。在模型(4)中，当其他条件不变时，全球价值链嵌入程度每提高 1 个单位，该行业研发强度就会上升 0.1149 个单位；而全球价值链嵌入位置上升对制造业细分行业的研发强度具有显著的抑制效应，全球价值链嵌入位置每上升 1 个单位，该行业的研发强度就会下降 0.8296 个单位。参与全球价值链对制造业技术结构的作用与主流文献的结论基本一致。一方面，进出口中间品参与国际分工为我国制造业各行业提供了与国际先进技术、知识和管理经验接触的机会，带来了技术和知识溢出效应。国内制造业不仅可以通过干中学积累经验，还可以不断加强研发和技术创新促进产品质量提升，优化行业技术结构；另一方面，当一国出口中被用于其他国家中间品生产的比例高于本国使用的国外中间品的比例时，该行业为初级产品和原材料的供应者，鲜有机会接触国外先进的知识和经验。作为初级产品和原材料供应者的该行业满足于现有优势，降低技术和研发投入动机，不利于制造业技术结构的优化。

表 5-15　全球价值链嵌入对技术结构高度化影响的基准回归

	str_t			
	(1) OLS	(2) OLS	(3) FE	(4) FE
gvc_part	0.3094*** (0.0576)	0.2182*** (0.0664)	0.1249*** (0.0437)	0.1149*** (0.0442)
gvc_pos	−1.6109*** (0.2650)	−1.0708*** (0.3264)	−0.8942** (0.3810)	−0.8296** (0.3885)
lnemploy		0.1398 (0.0953)		−0.2719 (0.2030)
lncapital		−0.0042 (0.0640)		0.0790 (0.1975)
national		−0.7352* (0.4022)		−0.1874 (0.4665)
常数项	−0.4224*** (0.0455)	−1.0843*** (0.3946)	−0.9772*** (0.0964)	0.0411 (1.4148)
时间效应	YES	YES	YES	YES
行业效应	YES	YES	YES	YES
R^2	0.1455	0.1813	0.8608	0.8624
样本数	236	236	236	236

注：括号内为标准差。***、** 和 * 分别表示 1%、5% 和 10% 的显著性水平。

表 5-16 中模型（1）—（4）分别为资本技术密集型、劳动密集型、高技术制造业、低技术制造业子样本的估计结果。全球价值链嵌入程度对资本技术密集型产业的研发强度影响为正，但不显著。深度融入全球价值链分工对劳动密集型行业的研发促进作用更显著。与低技术制造业不同，全球价值链嵌入程度加深会显著降低高技术行业的研发强度，嵌入位置上游化则会增强研发动机，促进技术结构高端化。

表 5-16 全球价值链分工对技术结构高度化影响的分样本估计

变量	*str_t*			
	(1) 资本技术密集型	(2) 劳动密集型	(3) 高技术	(4) 低技术
gvc_part	0.2243 (0.3977)	0.0818** (0.0403)	−2.5897*** (0.6891)	0.1145** (0.0495)
gvc_pos	−1.1584* (0.6876)	−0.6851*** (0.2318)	2.1373** (0.9513)	−0.8939** (0.4464)
lnemploy	−0.3723** (0.1860)	0.2209 (0.1384)	−0.5341*** (0.1637)	−0.8356** (0.3244)
lncapital	−0.0093 (0.2200)	0.8985*** (0.1569)	−0.3193* (0.1727)	0.4493* (0.2499)
national	−0.3333 (0.3215)	−3.5489*** (0.8365)	−0.8594 (0.5120)	−0.2755 (0.5310)
常数项	12.7033*** (2.6427)	−15.5584*** (2.9749)	11.2860*** (4.0136)	17.9904*** (4.3675)
时间效应	YES	YES	YES	YES
行业效应	YES	YES	YES	YES
R^2	0.0061	0.5923	0.3318	0.3764
样本数	125	111	70	166

注：括号内为标准差。***、** 和 * 分别表示 1%、5%和 10%的显著性水平。

（2）内生性检验

内生性问题可能源于以下两个方面：第一，全球价值链分工和行业技术结构之间可能存在双向因果关系；第二，遗漏一些难以定量测度的变量同样会造成模型解释变量和残差存在相关性。以不受当期冲击的滞后 1

期变量为工具变量，表 5-17 中模型（1）—（4）分别采用 2SLS、LIML、GMM 和面板 GMM 估计来处理内生性问题。除标准差存在细微差异外，2SLS、LIML 和 GMM 的估计结果基本一致。全球价值链嵌入程度和嵌入位置的作用方向和显著性并没有发生实质性的变化。

模型（5）将技术结构滞后 1 期纳入模型中进行动态 GMM 估计，以控制技术结构惯性的影响。AR（2）检验的 p 值为 0.1820，远大于 0.05 的临界值，差分后的干扰项不存在二阶自相关，满足动态 GMM 估计的要求。Sargan 检验的 p 值为 0.2250，大于 0.05 的临界值，模型设置和工具变量选取适当，不存在工具变量过度识别的问题。在加入技术结构滞后 1 期后，全球价值链嵌入程度和位置对技术结构的作用方向和显著性均未发生实质性的变化。

表 5-17　全球价值链嵌入对技术结构高度化影响的内生性检验

	(1) 2SLS	(2) LIML	(3) GMM	(4) 面板 GMM	(5) 动态 GMM
str_t_{it-1}					0.3292 (0.2732)
gvc_part	0.1493** (0.0728)	0.1493** (0.0697)	0.1493*** (0.0479)	0.1363*** (0.0453)	0.1180* (0.0605)
gvc_pos	−0.6637* (0.3560)	−0.6637* (0.3406)	−0.6637*** (0.2467)	−0.8826** (0.3451)	−0.5392* (0.3180)
$lnemploy$	0.0951 (0.1254)	0.0951 (0.1199)	0.0951 (0.1282)	−0.3814** (0.1694)	0.0580 (0.2257)
$lncapital$	0.0650 (0.1234)	0.0650 (0.1180)	0.0650 (0.1049)	0.3137* (0.1622)	0.0692 (0.1639)
$national$	−3.3819*** (0.6586)	−3.3819*** (0.6301)	−3.3819*** (0.6565)	−0.3753 (0.4277)	−1.4601 (0.9540)
常数项	−14.2165*** (2.6456)	−14.2165*** (2.5310)	−14.2165*** (2.8475)	11.5387*** (3.0398)	
时间效应	YES	YES	YES	YES	YES
行业效应	YES	YES	YES	YES	YES
AR(2)					0.1820

续 表

	(1) 2SLS	(2) LIML	(3) GMM	(4) 面板 GMM	(5) 动态 GMM
Sargan					0.2250
R^2	0.3323	0.3323	0.3323	0.3447	
样本数	236	236	236	236	217

注:括号内为标准差。***、** 和 * 分别表示 1%、5%和 10%的显著性水平。

（3）稳健性检验

鉴于分位数回归在处理异方差、尖峰分布时的优异性以及获取信息的丰富性，表 5-18 采用分位数回归进行稳健性检验。模型（1）—（3）依次报告了 25%分位数、50%分位数和 75%分位数回归的估计结果。结果显示，全球价值链嵌入程度的系数显著为正，全球价值链嵌入位置的系数显著为负，说明了基准估计结果的真实性和可靠性。分位数回归可以验证随着制造业细分行业技术结构从低端向高端攀升，全球价值链嵌入程度和位置对其的作用在发生变化。表 5-18 显示，随着制造业细分行业研发强度的增强，技术结构由条件分布的低端向高端调整，全球价值链嵌入程度对技术结构的影响呈现先降低后上升的趋势。具体来说，在 25%的分位数下，全球价值链嵌入程度对技术结构的影响为 0.0966；在 50%的分位数下，该影响降到了 0.0814；之后随着技术结构的逐渐高端化，在 75%的分位数下，该影响又上升至 0.0981。与此不同，全球价值链分工位置对技术结构的负向影响呈现先上升后下降的趋势。由表 5-18 可以看到，25%的分位数估计下嵌入位置对研发强度的负向影响为 0.6882；在 50%的分位数下该负向影响上升至 0.7228；在 75%的分位数回归下，全球价值链嵌入位置的负向作用又降至 0.5873。

表 5-18　全球价值链嵌入对技术结构高度化影响的稳健性检验

变量	分位数回归		
	(1) 25%分位数	(2) 50%分位数	(3) 75%分位数
gvc_part	0.0966* (0.0533)	0.0814** (0.0365)	0.0981** (0.0489)

续　表

变量	分位数回归		
	(1) 25%分位数	(2) 50%分位数	(3) 75%分位数
gvc_pos	−0.6882** (0.3214)	−0.7228** (0.2975)	−0.5873* (0.3485)
lnemploy	−0.4744 (0.3360)	−0.1222 (0.2474)	−0.1806 (0.2373)
lncapital	−0.0191 (0.2197)	−0.0246 (0.1696)	0.0521 (0.1930)
national	−0.3114 (0.4295)	−0.1149 (0.3920)	0.0914 (0.6272)
常数项	13.6563** (5.3174)	10.2540* (5.2080)	7.6036 (4.6395)
时间效应	YES	YES	YES
行业效应	YES	YES	YES
R^2	0.7759	0.7494	0.7207
样本数	236	236	236

注：括号内为标准差。***、** 和 * 分别表示 1%、5%和 10%的显著性水平。

（四）全球价值链嵌入对就业结构的影响

本小节实证评估制造业细分行业全球价值链嵌入程度和位置对研发人员占比的现实作用，以检验参与全球价值链分工对制造业就业结构的影响。

（1）基准回归

本小节以行业中研发人员占就业人数的比值来衡量就业结构。全球价值链嵌入影响制造业就业结构的基准估计结果如表 5-19 所示。模型（1）—（2）为 OLS 估计，模型（3）—（4）为面板估计。无论是 OLS 估计还是面板估计，无论是否纳入行业资本存量等控制变量，全球价值链嵌入程度对制造业就业结构的影响都显著为正。以模型（4）为例，全球价值链嵌入程度的系数为 0.0130，且通过 5%的显著性水平检验。这意味着全球价值链参与程度每上升 1 个百分点，行业中研发人员占比就会上升

0.0130 个百分点。全球价值链嵌入位置上升则会显著降低制造业细分行业研发人员的占比。在模型（4）中，全球价值链嵌入位置的系数为 −0.0823，且在 5%的统计意义上显著。这意味着，全球价值链嵌入位置每向上游延伸 1 个百分点，行业研发人员占比就会下降 0.0823 个百分点。

模型（2）和模型（4）中加入了行业资本存量、行业规模和国有化程度 3 个控制变量。行业资本存量和规模对科研人员占比的影响并不显著。国有化程度的系数为 −0.1415，且在 10%的统计意义上显著，这说明政府资本介入会影响行业市场化程度，干扰资源合理配置，减少研发人员投入。

表 5-19　全球价值链嵌入对就业结构高度化影响的基准回归

	str_h			
	(1) OLS	(2) OLS	(3) FE	(4) FE
gvc_part	0.0218* (0.0151)	0.0301** (0.0148)	0.0114* (0.0067)	0.0130** (0.0067)
gvc_pos	−0.1691** (0.0691)	−0.1395* (0.0752)	−0.0701* (0.0466)	−0.0823** (0.0423)
lncapital		0.0205 (0.0307)		0.0132 (0.0214)
lnsale		0.0734** (0.0310)		0.0198 (0.0187)
national		0.3284*** (0.1120)		−0.1415* (0.0752)
常数项	−0.1247*** (0.0390)	−0.9774*** (0.1118)	−4.4077*** (0.4316)	−4.7758*** (0.3901)
时间效应	YES	YES	YES	YES
行业效应	YES	YES	YES	YES
R^2	0.2945	0.5076	0.7717	0.7873
样本数	238	238	238	238

注：括号内为标准差。***、** 和 * 分别表示 1%、5%和 10%的显著性水平。

表 5-20 中分别为按要素密集度、技术水平划分子样本的估计结果。由表 5-20 可见，全球价值链嵌入程度能显著地促进劳动密集型制造业、高技术制造业研发从业人员占比的上升，全球价值链嵌入位置对劳动密集型制造业、低技术制造业的作用不显著。对资本技术密集型行业而言，全球价值链嵌入程度加深会显著地降低高技术行业的研发人员从业比例，嵌入位置上游化则会增强研发动机，提升研发人员占比，但作用均不显著。

表 5-20　全球价值链分工对就业结构高度化影响的分样本估计

	str_h			
	(1) 资本技术密集型	(2) 劳动密集型	(3) 高技术	(4) 低技术
gvc_part	−0.0464 (0.0660)	0.0189** (0.0092)	0.7968*** (0.2339)	0.0054 (0.0072)
gvc_pos	0.0709 (0.1099)	−0.1032 (0.0888)	−0.6322* (0.3208)	−0.0213 (0.0409)
lncapital	0.0108 (0.0347)	−0.0424 (0.0643)	−0.0339 (0.0437)	0.0521** (0.0212)
lnsale	0.0039 (0.0123)	0.1562** (0.0678)	−0.1172* (0.0599)	0.0154 (0.0201)
national	−0.2328*** (0.0567)	−0.0948 (0.1891)	−0.0449 (0.1379)	−0.1771** (0.0825)
常数项	−0.0190 (0.2804)	0.6539 (1.8461)	1.2165 (0.8753)	−4.6211*** (0.4328)
时间效应	YES	YES	YES	YES
行业效应	YES	YES	YES	YES
R^2	0.3255	0.3115	0.2684	0.8656
样本数	126	112	70	168

注：括号内为标准差。***、** 和 * 分别表示 1%、5% 和 10% 的显著性水平。

（2）内生性检验

表 5-21 为分别采用 2SLS、LIML、GMM、面板 GMM、动态 GMM 方法处理内生性问题的结果。2SLS、LIML 和 GMM 的估计结果与基准估计基本一致。模型（5）进一步考虑了就业结构的时间惯性。AR（2）

检验的 p 值为 0.8280，大于 0.05 的临界值，说明差分后的干扰项不存在二阶自相关，满足动态 GMM 估计的前提条件。 Sargan 检验的 p 值为 0.8705，大于 0.05 的临界值，说明模型设置和工具变量选取适当，不存在工具变量过度识别的问题。 表 5-21 中全球价值链嵌入程度显著为正，嵌入位置显著为负，进一步验证了全球价值链嵌入程度加深对就业结构的促进作用和嵌入位置上游化对就业结构的抑制作用。

表 5-21　全球价值链嵌入对就业结构高度化影响的内生性检验

	(1) 2SLS	(2) LIML	(3) GMM	(4) 面板 GMM	(5) 动态 GMM
str_h_{it-1}					0.3700*** (0.1144)
gvc_part	0.3365*** (0.1110)	0.3365*** (0.1025)	0.3365** (0.1405)	0.0236*** (0.0077)	0.0168*** (0.0048)
gvc_pos	−0.0280** (0.0117)	−0.0280*** (0.0108)	−0.0280** (0.0140)	−0.1172** (0.0470)	−0.0969*** (0.0312)
$lncapital$	−0.0507 (0.0345)	−0.0507 (0.0319)	−0.0507 (0.0440)	0.0161 (0.0215)	0.0156 (0.0228)
$lnsale$	0.0349 (0.0213)	0.0349* (0.0197)	0.0349 (0.0298)	0.0224 (0.0189)	0.0092** (0.0045)
$national$	−0.1848** (0.0884)	−0.1848** (0.0816)	−0.1848* (0.0952)	−0.1292* (0.0762)	−0.1903** (0.0930)
常数项	0.1832 (0.3465)	0.1832 (0.3200)	0.1832 (0.4522)	−4.7771*** (0.3923)	−3.9362*** (0.9229)
时间效应	YES	YES	YES	YES	YES
行业效应	YES	YES	YES	YES	YES
R^2	0.9205	0.9319	0.9319	0.7819	
AR(2)					0.8280
Sargan					0.8705
样本数	238	238	238	238	221

注：括号内为标准差。 ***、** 和 * 分别表示 1%、5%和 10%的显著性水平。

（3）稳健性检验

表 5-22 为采用分位数回归进行稳健性检验的结果。 在 25%分位数、

50%分位数以及75%分位数回归中，全球价值链嵌入程度的系数均显著为正，而全球价值链嵌入位置的系数均显著为负，证实了基准回归结果的真实性和可靠性。通过横向比较不同分位数的回归结果，随着制造业细分行业研发人员占比的增加，即就业结构由条件分布的低端向高端转变，全球价值链嵌入程度和嵌入位置对就业结构的影响呈现先增加后下降的趋势。具体来说，在25%的分位数下，全球价值链分工参与程度和位置对就业结构的影响系数分别为0.0299和−0.1850；在50%的分位数下，该效应分别上升到0.0397和−0.2653；在75%的分位数下，又分别下降到0.0334和−0.2015。

表 5-22　全球价值链嵌入对就业结构高度化影响的稳健性检验

	分位数回归		
	(1) 25%分位数	(2) 50%分位数	(3) 75%分位数
gvc_part	0.0299* (0.0171)	0.0397** (0.0194)	0.0334* (0.0198)
gvc_pos	−0.1850** (0.0888)	−0.2653*** (0.0949)	−0.2015** (0.0989)
lncapital	0.1754*** (0.0425)	0.1656*** (0.0471)	0.1648*** (0.0411)
lnsale	0.0060 (0.0523)	−0.0097 (0.0531)	−0.1502*** (0.0469)
national	−1.1781*** (0.1170)	−1.0958*** (0.1154)	−0.7691*** (0.0970)
常数项	−6.2480*** (0.5609)	−6.7221*** (0.5651)	−7.4446*** (0.3645)
时间效应	YES	YES	YES
行业效应	YES	YES	YES
R^2	0.6800	0.6531	0.5880
样本数	238	238	238

注：括号内为标准差。***、** 和 * 分别表示1%、5%和10%的显著性水平。

三、进一步分析

(一)交叉效应检验

全球价值链分工的一个显著特征就是价值链的不同环节存在不同的要素密集度、市场结构以及增加值。上游的研发设计和下游的营销服务环节的资本和研发密集度较高、附加值也较高，但同时存在较高的进入门槛；中游的加工组装环节多为劳动密集型，附加值较低，行业结构也偏向于完全竞争。在全球价值链的不同环节，市场结构和竞争程度存在的差异导致我国制造业嵌入全球价值链分工的程度不同。为了检验全球价值链分工参与程度和位置是否会对彼此的产业结构效应产生影响，本节尝试将全球价值链嵌入程度和嵌入位置的交叉项纳入实证模型当中，并对其效应进行初步评估。

表 5-23 为全球价值链嵌入程度和位置交叉效应的估计结果。将全球价值链嵌入程度、嵌入位置以及二者的交叉项同时纳入基准模型，以此来衡量三者对产业结构合理化程度、产值结构、资本结构、技术结构和就业结构的影响。表 5-23 表明，全球价值链嵌入程度对制造业细分行业产业结构各方面具有显著正向的促进效应，但嵌入位置对产业结构各方面具有显著的负向抑制作用。

表 5-23 全球价值链嵌入程度和位置的交叉效应检验

	str_value (1)	*str_p* (2)	*str_c* (3)	*str_t* (4)	*str_h* (5)
gvc_part	0.4404** (0.1764)	4.4105*** (1.0550)	0.7852*** (0.1767)	0.8302** (0.3382)	0.1929** (0.0867)
gvc_pos	−0.8340*** (0.2482)	−1.1838*** (0.2994)	−1.2856*** (0.2509)	−1.8173*** (0.5189)	−0.2472** (0.1264)
gvc_part × *gvc_pos*	−0.1176** (0.0501)	−7.6445*** (1.4982)	−0.2137*** (0.0501)	−0.1993** (0.0941)	−0.0529** (0.0243)
常数项	−1.5648 (1.4658)	12.2273*** (0.2618)	2.0299*** (0.0438)	8.4200*** (2.2504)	−2.9651*** (0.5490)

续 表

	str_value (1)	str_p (2)	str_c (3)	str_t (4)	str_h (5)
时间效应	YES	YES	YES	YES	YES
行业效应	YES	YES	YES	YES	YES
R^2	0.8782	0.9741	0.9785	0.6695	0.9515
样本数	253	255	255	236	238

注：括号内为标准差。*** 、** 和 * 分别表示 1%、5%和 10%的显著性水平。

模型（1）评估了全球价值链嵌入程度、嵌入位置及二者交互项对产业增加值率的影响。结果显示，交互项显著为负。这表明，随着行业不断向价值链上游环节延伸，全球价值链分工参与程度对产业增加值率的正向促进作用会不断下降。与此同时，随着全球价值链分工参与程度的上升，嵌入位置上游化对产业增加值率的抑制作用会越来越大。综上所述，全球价值链嵌入位置上游化会减弱全球价值链嵌入程度对产业结构合理化的促进作用，不断加深的价值链嵌入程度则会放大全球价值链嵌入位置对产业结构合理化的抑制效应。

模型（2）—（5）为全球价值链嵌入程度、嵌入位置及二者交叉效应对产值结构、资本结构、技术结构和就业结构的影响。全球价值链嵌入程度与嵌入位置交叉项的系数为负，且通过 5%的显著性水平检验，具有可靠的统计学意义。模型（2）—（5）表明：（1）随着制造业细分行业向全球价值链上游延伸，全球价值链分工参与程度对产业结构高度化的正向作用会越来越弱，即全球价值链嵌入位置越高，全球价值链嵌入程度对产值结构、资本结构、技术结构和就业结构的正向促进效应就越小；（2）随着制造业细分行业参与全球价值链程度的不断上升，全球价值链嵌入位置对产业结构高度化的抑制作用会越来越大。全球价值链嵌入程度的加深会放大嵌入位置对制造业细分行业产值结构、资本结构、技术结构和就业结构的反向作用。对特定细分行业而言，全球价值链分工参与程度越深，嵌入位置上游化对产值结构、资本结构、技术结构和就业结构的抑制作用越明显。

（二）人口红利下降的影响

国际分工会促使生产要素在国家间、产业间重新配置，通过影响劳动、资本和技术等生产要素的报酬改变要素市场供求关系，最终影响特定产业要素报酬水平和结构。参与全球价值链分工为中国制造业转型升级提供了可能路径。与此同时，人口红利是改革开放后中国经济高速增长的重要来源（蔡昉，2018；钟水映和李魁，2010；陈井安和王学人，2012）。近年来，劳动力成本不断上升，“人口红利”不断消退，对制造业产业结构转型升级产生“倒逼”现象（王爱华，2012；Frey 和 Osborne，2017）。在此双重背景下，嵌入全球价值链与人口红利下降的交互作用成为制造业转型升级亟待解决的问题，也是构建双循环新发展格局的必然要求。

表 5-24 为全球价值链嵌入、劳动力成本影响产业结构的估计结果。其中，模型（1）、（3）、（5）、（7）、（9）为同时引入劳动力成本和全球价值链嵌入的估计结果，模型（2）、（4）、（6）、（8）、（10）为引入劳动力成本和全球价值链嵌入特征交叉项的估计结果。所有模型均控制了行业固定效应和时间固定效应。

首先，劳动力成本上升会降低行业增加值率，抑制行业投入产出效率的上升。全球价值链分工参与程度的上升会减弱该抑制作用，嵌入位置上游化则会放大该抑制效应。模型（1）中劳动力成本的系数为负，且通过 1%的显著性水平检验。对于我国制造业而言，日益攀升的劳动力成本加大了行业的投入，压缩了原本就很小的利润空间，降低了制造业的竞争力和投入产出效益。模型（2）证实了全球价值链嵌入程度和位置分别对该负向效应的抑制及放大作用。具体来看，全球价值链分工参与程度和劳动力成本交叉项（$lnwage \times gvc\_part$）的系数为 0.0066，全球价值链嵌入位置和劳动力成本交叉项（$lnwage \times gvc\_pos$）的系数为－0.0586，二者均通过 5%的显著性水平检验。全球价值链嵌入程度加深带来的技术和知识溢出效应会提升行业技术水平，提高利润空间，抑制劳动力成本上升带给企业的负效应。而全球价值链嵌入位置上升在增加对劳动力依赖性的同时，减少行业与国际先进知识经验接触的机会，在一定程度上放大了劳动力成本对细分行业产业结构合理化程度的反向效果。

其次，劳动力成本上升会提升细分行业产值结构、资本结构和就业结构的高度化。全球价值链分工参与程度的上升会放大劳动力成本的正向效应，嵌入位置的增加则会降低该正向效应。表 5-24 中模型（3）、（5）、（9）的结果表明，工资即劳动力成本的上升会对制造业细分行业的产值结构、资本结构和就业结构产生显著的优化作用。具体而言，劳动力成本对产值结构的影响系数为 3.2331，对资本结构的影响系数为 0.7178，对就业结构的影响系数为 0.4392，且这些系数均通过 1%的显著性水平检验。这一结果与主流文献的研究结论基本一致：第一，劳动力成本上升即工资水平上升会提高劳动者的积极性，提升行业劳动生产率，进而改善其产值结构；第二，劳动力成本上升会强化资本、技术等生产要素对劳动要素的替代，促使生产要素向高端制造业流动，加速行业资本和设备折旧，推进技术更新换代，优化产业资本结构；第三，劳动力成本上升所引致的生产成本上升会促使行业加大员工培训力度，提升员工的技术熟练度和整体素质，优化行业就业结构。模型（4）、（6）、（10）进一步验证了全球价值链嵌入程度的上升能够通过增加劳动力成本来进一步优化制造业细分行业的产值结构、资本结构和就业结构。具体来看，全球价值链分工参与程度和劳动力成本交叉项（$lnwage \times gvc\_part$）对产值结构的影响系数为 0.0256，对资本结构的影响系数为 0.0043，对就业结构的影响系数为 0.0011，且系数均通过 10%的显著性水平检验。结果表明，全球价值链分工参与程度加深带来的市场拓展和溢出效应会加深劳动力成本倒逼产业结构升级的程度。全球价值链嵌入位置和劳动力成本交叉项（$lnwage \times gvc\_pos$）对产值结构的影响系数为－0.2568，对资本结构的影响系数为－0.0471，对就业结构的影响系数为－0.0760，且都通过 1%的显著性水平检验。结果表明，全球价值链嵌入位置上升所带来的对劳动力的依赖以及知识溢出可能性的降低，会减弱劳动力成本对产业结构升级的倒逼作用。全球价值链分工参与程度和劳动力成本交叉项（$lnwage \times gvc\_pos$）对就业结构的影响为

−0.0052，但在统计意义上不显著。这说明，全球价值链嵌入位置主要影响行业中劳动力的使用以及技术和溢出效应的获得，而对人力资本的培育作用有限。

劳动力成本的上升会抑制制造业细分行业研发强度的增长。全球价值链嵌入程度的上升会降低该抑制作用，但嵌入位置的上升会放大该抑制作用。表5-24中的模型（7）表明，劳动力成本对研发强度的影响系数为−0.9904，且通过1%的显著性水平检验。研发创新具有一定的风险和沉没成本，且短期成本高、收益少。我国制造业企业往往通过资本投资或者购买先进技术设备等手段来缓解劳动力成本上升所带来的成本压力。该方式会给予低研发强度行业一定的生存机会和空间，但容易使其陷入“低研发创新陷阱”。随着我国制造业细分行业更深层次地参与全球价值链和竞争强度的增大，沉浸于“低研发创新”的状态会有所扭转。从模型（8）的估计结果来看，全球价值链嵌入程度和劳动力成本交叉项（$lnwage \times gvc\_part$）的影响系数为0.0120，嵌入位置与劳动力成本交叉项（$lnwage \times gvc\_pos$）的影响系数为−0.0760，且在统计意义上显著。这说明，随着参与国际分工程度的加深，行业会通过加大研发强度，提高自身创新水平来满足国外生产者的生产标准，维护并扩大其既有的利润空间。但是，相比于价值链下游环节的行业，位于全球价值链上游环节的制造业由于在一定程度上更依赖劳动力成本优势，其利润空间会被进一步压缩，更容易被价值链主导者锁定在低附加值、低技术的低端环节。

综上所述，全球价值链嵌入程度的加深、嵌入位置的下游化会放大劳动力成本上升对产业结构的推动作用，减弱劳动力成本上升对产业结构的负效应。当劳动力成本对制造业产业结构产生正向的推动作用时，全球价值链分工参与程度的增加、嵌入位置下游化会放大这种正向推动作用。反之，当劳动力成本对制造业产业结构产生负向抑制效应时，全球价值链分工参与程度的加深会缓解这种抑制作用，嵌入位置向上游环节移动则会扩大这种抑制效应。

表 5-24　全球价值链分工影响产业结构的机制检验

变量	str_value		str_p		str_c		str_t		str_h	
	(1)	(2)	(3)	(4)	(5)	(6)	(7)	(8)	(9)	(10)
lnwage	−0.6720*** (0.2016)	−0.6733*** (0.2010)	3.2331*** (0.7816)	3.2315*** (0.7840)	0.7178*** (0.1278)	0.7163*** (0.1267)	−0.9904*** (0.2912)	−0.9811*** (0.2920)	0.4392*** (0.0491)	0.4731*** (0.0460)
gvc_part	0.0594** (0.0269)		0.2616** (0.1041)		0.0364** (0.0170)		0.1257*** (0.0389)		0.0130** (0.0066)	
gvc_pos	−0.5574** (0.2333)		−2.9131*** (0.9036)		−0.4309*** (0.1477)		−0.8772*** (0.2946)		−0.0823* (0.0484)	
lnwage × gvc_part		0.0066** (0.0028)		0.0256** (0.0107)		0.0043** (0.0017)		0.0120*** (0.0040)		0.0011* (0.0007)
lnwage × gvc_pos		−0.0586*** (0.0220)		−0.2568*** (0.0858)		−0.0471*** (0.0139)		−0.0760*** (0.0292)		−0.0052 (0.0043)
时间	YES	YES	YES	YES	YES	YES	YES	YES	YES	YES
行业	YES	YES	YES	YES	YES	YES	YES	YES	YES	YES
R^2	0.4824	0.4854	0.9742	0.9741	0.3699	0.3597	0.3140	0.3070	0.7218	0.7795
样本数	253	253	255	255	255	255	236	236	238	238

注：括号内为标准差。***、** 和 * 分别表示 1%、5%和 10%的显著性水平。

第四节 本章小结

环境、资源以及生态承受力等各方面的压力决定了中国推进经济结构战略性调整的必要性。由经济全球化和全球价值链分工主导的国际分工的迅速发展，决定了国际分工在调整产业结构方面发挥着不可或缺的作用。借助全球价值链分工实现制造业产业结构升级是一个亟待解决的现实问题。基于2000—2014年中国制造业细分行业面板数据，本章实证检验了全球价值链嵌入对制造业产业结构的影响。

首先，本章准确、系统、全面地刻画了全球价值链分工和产业结构。对制造业细分行业而言，本章将制造业参与全球价值链的情况细分为全球价值链嵌入程度和全球价值链嵌入位置两个维度，不仅关注行业在全球价值链分工体系中的参与程度，还关注其在全球价值链中所处的环节。借鉴制造业整体层面关于产业结构的测量，从产业结构合理化和产业结构高度化两个维度衡量产业结构，并进一步地将产业结构高度化细分为产值结构高度化、资本结构高度化、技术结构高度化和就业结构高度化4个指标。

其次，本章采用WIOD实证检验了全球价值链嵌入对产业结构的影响。具体而言，本章采用2000—2014年17个制造业细分行业的面板数据，实证检验了全球价值链嵌入对产业结构合理化和高度化的现实影响。基准结果表明，全球价值链嵌入程度和位置对产业结构产生显著稳定的影响。全球价值链嵌入程度的加深不仅会促进制造业细分行业产业结构的合理化，而且会促进产值结构、资本结构、技术结构和就业结构的高端化。全球价值链分工位置上游化则会对产业结构的合理化和高度化产生显著的抑制作用。在采用分位数回归以及控制内生性问题之后，全球价值链分工特征对产业结构的影响仍然显著。

最后，本章进一步检验了全球价值链嵌入程度与位置的交互效应，以及全球价值链嵌入与劳动力成本的交互作用。结果发现，随着制造业细分行业向全球价值链上游延伸，全球价值链嵌入程度对产业结构合理化和高度化的正向作用会越来越弱。而随着制造业细分行业参与全球价值链分工程度的加深，全球价值链嵌入位置对产业结构合理化和高度化的抑制作用会越来越强。与此同时，全球价值链嵌入程度的加深会放大劳动力成本上升对产业结构的正效应，减弱劳动力成本上升对产业结构的负效应。而全球价值链分工位置上游化会减弱劳动力成本对产业结构的正效应，放大抑制效应。

基于上述研究成果，结合我国制造业全球价值链和产业结构的发展现状，本章认为应当采取以下措施来促进我国制造业产业结构的合理化和高度化。

第一，制定相关的产业优惠政策，鼓励制造业参与价值链分工。深度融入全球价值链生产体系，参与垂直专业化分工不仅能够提高产业结构合理化程度，改善产业投入产出效益，促进投入产出耦合度的提升，还有助于产业结构高度化的提升，促进产值结构、资本结构、技术结构和就业结构的持续优化。因此，政府应该制定相关的优惠政策，在融资、税收以及技术支持等方面给予制造业各细分行业特殊的引导和扶持，鼓励其积极进入全球价值链分工体系，参与更多的高附加值活动。这样不仅可以通过溢出效应提升企业的利润水平，还可以使产业结构朝着更加合理化和高度化的方向发展，促进产业结构战略性调整。

第二，加快制造业产业升级的步伐，促使价值链向高端环节延伸。全球价值链分工利益的非均衡性决定了价值链嵌入位置的重要性。由跨国公司主导的发达国家基本占领了研发设计、营销及服务等高附加值环节，而缺乏创新、核心技术、品牌渠道等直接导致我国制造业位于全球价值链低端位置。在全球价值链分工体系中，我国更多扮演着原材料和初级中间品供应商的角色。这种状态不仅会抑制产业结构合理化和高度化的发展，而且会在一定程度上缩小嵌入价值链程度加深对产业结构的正向效应，放大劳动力成本对产业结构的抑制性效应。因此，政府应当通过政策扶持和引导为制造业转型升级创造有利的条件，促使企业积极向产品价值链高端环节延伸，进而获取更多的国际分工利益和产业结构优化效应。

第三，完善生产要素的市场机制，最大限度地倒逼产业结构升级。全球价值链嵌入分工会对一国要素市场产生直接的影响。我国制造业绝大多数位于技术水平和附加值较低的非熟练劳动力密集型的环节。非熟练劳动的供给短缺，加上经济发展中诸如通货膨胀等因素的影响，导致劳动力成本上升。实证结果表明，劳动力成本上升会促进产值结构、资本结构和就业结构的高度化，但同时也会降低产业结构的合理化程度，造成技术结构的低端锁定。更值得注意的是，虽然价值链嵌入程度的提升会放大劳动力成本上升的正效应，缓解其负效应，但全球价值链嵌入位置的上游延伸同样会弱化劳动力成本上升的正向作用，放大其负效应。因此，政府应当完善不同价值链环节的要素市场机制，重点关注价值链低端环节的劳动力成本，最大限度地发挥劳动力成本上升在倒逼产业结构升级中的积极作用。

第六章

全球价值链嵌入与制造业高质量发展：微观企业的证据

第一节 引 言

在传统要素禀赋比较优势逐渐减弱、自主创新对产业结构转型升级支撑不足等问题日益凸显的现实背景下，寻求基于价值链的产业结构升级已经成为中国经济快速发展的重要途径。一方面，全球价值链为企业通过知识学习、技术溢出、良性竞争等提升自身技术水平和科研能力创造了机会（徐毅和张二震，2008），通过参与全球价值链分工，中国已经从玩具、服装等轻纺产品的提供者迅速成长为“世界制造基地”（杨丹辉，2005）；另一方面，全球价值链中非对称的利润分配机制会导致发展中国家被锁定在全球价值链的低端环节（Messner，2004；Kaplinsky，2000）。即便实现了产品和工艺的升级，发达国家的全球企业会依托其市场优势阻碍发展中国家及其企业获得功能升级、链条升级等更高层次升级所需的技能（Schmitz，2004；Humphrey 和 Schmitz，2002；刘志彪和张杰，2009）。

例如，拒绝在产品设计、营销以及品牌等高附加值环节与配套企业分享知识，限制发展中国家产业升级的机会。上述研究为借助全球价值链分工实现产业结构升级提供了有益参考。

现有关于产业结构的研究大多从国家或产业层面定义其内涵，缺乏微观数据支持，得出的结论可能有所偏差。产业结构是指各产业的构成、各产业之间的联系与比例关系，强调生产要素在产业间的合理配置。与此对应，产业结构升级表现为资本利用效率和产品资本技术密集度的提升，是工业部门内部产业由低级到高级、从劳动密集型向技术和资本密集型转变的过程（Gereffi，2005）。学者大多采用第三产业或者资本技术密集型产业的产值占比（江小娟，2005；刘志彪，2010；干春晖等，2011）来描述产业结构。在全球价值链分工体系下，特定产品的生产被分布在多个国家，产业产值占比无法准确衡量产业结构（葛顺奇和罗伟，2015）。对发展中国家而言，即便是能参与到计算机等高资本技术密集型行业，其所从事的也可能仅仅是劳动密集型的工序。参照Grossman 和 Rossi-Hansberg（2008）以及葛顺奇和罗伟（2015）的做法，本章采用工序构成来衡量产业结构，拓展了全球价值链分工体系下产业结构的内涵。

现有国内外关于全球价值链的研究较多集中在国家和产业层面，较少对企业层面的价值链属性进行探讨。在微观层面，既有文献主要关注全球价值链分工的参与程度，重点研究全球价值链分工地位或者参与程度的影响（Upward et al.，2013；Kee 和 Tang，2015；张杰等，2013），忽视了全球价值链嵌入位置的重要性。全球价值链嵌入位置不仅影响参与国当期贸易收益（Kaplinsky 和 Morris，2000；Humphrey，2003；Gereffi et al.，2005），还会造成其后续发展差异。对国家而言，如果参与的是全球价值链中利润丰厚的研发设计、营销等环节，它将快速带来经济繁荣；反之，如果嵌入的是加工、装配等低附加值环节，其经济发展就会处于被动、跟随的地位（文婷和张生丛，2009）。对企业而言，全球价值链嵌入位置不仅会影响企业的生产效率和资本密集度（Chor et al.，2014），还会影响企业最优生产决策（Antràs 和 Chor，2013）。因此，嵌入程度和位置对企业参与全球价值链分工特征的刻画缺一不可。本章将全球价值链嵌入程度和位置同时纳入分析，基于2000—2006年的工业企业和海关合并数据深入考察了全球价值链嵌入对我国制造业产业结构的影响。

本章基于2000—2006年中国工业企业和海关合并数据，在测算工业企业全球价值链嵌入程度和位置的基础上，实证检验了全球价值链嵌入对制造业产业结构的影响及作用机制。本章在以下方面丰富了现有的文献：第一，拓展了任务分工和工序分工背景下产业结构的内涵。参照Grossman和Rossi-Hansberg（2008）以及葛顺奇和罗伟（2015）的研究，采用工序构成来衡量产业结构。第二，拓展了企业层面价值链研究。现有关于全球价值链的研究较多集中在国家和产业层面，较少对企业价值链属性进行探讨。在微观层面，现有文献更多关注全球价值链的嵌入程度。本章将价值链嵌入程度和位置同时纳入分析当中，更全面地考察了全球价值链嵌入特征对制造业产业结构的影响。

第二节　模型设定与变量说明

一、模型设定

为了考察全球价值链嵌入对制造业产业结构的影响，在文献梳理的基础上，构建如下计量模型：

$$Str_{it} = \alpha + \beta gvc_{it} + \gamma Z_{it} + \mu_i + \mu_t + \varepsilon_{it} \tag{6-1}$$

式中，Str_{it}为在时期t企业产业结构变动的指标，gvc_{it}为企业全球价值链嵌入的相关指标，参数β表示全球价值链嵌入对产业结构的影响；Z_{it}为控制变量集，包括企业研发、企业年龄、企业规模、所有制类型等诸多指标；ε_{it}为误差项。同时，为了全面衡量企业全球价值链嵌入对产业结构升级的影响，gvc_{it}包含了企业全球价值链嵌入的位置以及嵌入程度。为此，计量模型可以拓展为：

$$Str_{it} = \alpha + \beta_1 gvc\_pos_{it} + \beta_2 gvc\_part_{it} + \gamma Z_{it} ++ \mu_i + \mu_t + \varepsilon_{it} \quad (6\text{-}2)$$

式中，β_1 表示全球价值链嵌入位置对制造业产业结构升级的影响，β_2 表示全球价值链嵌入程度对制造业产业结构升级的影响。

二、变量说明

（一）制造业产业结构估计

现有学者大多采用高技术、高资本密集型产业占比来衡量产业结构。在全球价值链分工模式下，产品的各个工序被分布在多个国家。同样是从事高技术、高资本密集度行业，各国所承担的工序相差甚远。例如，在 iPhone 价值链中，德国、日本以及美国从事的是芯片研发等核心环节，而中国通过嵌入加工组装环节获取仅 3.6% 的增加值（Xing 和 Detert，2010）。借鉴 Grossman 和 Rossi-Hansberg（2008）以及葛顺奇和罗伟（2015）的做法，本章采用工序构成来衡量产业结构。在微观层面，产业结构升级即企业提升技术水平，由低附加值转向高附加值增长方式的过程（Schmitz，2002；Kaplinsky 和 Morris，2003；Humphrey，2004），更强调资本利用效率和产品的资本技术密集度（Gereffi 和 Schmitz，2001）。企业生产过程中，要素使用状况的变化能够反映其从事价值链工序的变动。首先，采用人均固定资产初步估计企业的要素密集度（*rjcap*）。其次，企业要素密集度的调整方向可以为产业结构的演变方向提供间接证据。用要素报酬率来衡量企业价值链工序构成。具体地，用固定资产净值年平均余额与增加值的比值来衡量企业的资本密集型工序占比（*capintens*），用企业应付职工薪酬和福利与增加值比值衡量企业的劳动报酬占比，反映企业劳动密集型工序占比（*labintens*）。

选用上述指标具有内在合理性。在工序分工背景下，企业可能承担一个或者多个工序。企业的生产函数为 $Y = \exp(\sum_{n=1}^{N} \mu_n \ln y_n)$，$\sum_{n=1}^{N} \mu_n = 1$。其中，$Y$ 代表企业总产出，y_n 为工序 n 的产出，μ 代表产品生产工序构成，即产品价值链。对特定工序 n，其生产函数为：$y_n = A_n L_n^{\alpha_n} K_n^{\beta_n}$，$\alpha_n + \beta_n = 1$。其中，$\alpha_n$ 为劳动报酬占比，β_n 为资本报酬占比。则对于企业而言，其劳动和资本报酬占比分别为：$\omega L/V = \sum_{n=1}^{N}\mu_n\alpha_n / \sum_{n=1}^{N}\mu_n$，$\gamma K/V = \sum_{n=1}^{N}\mu_n\beta_n / \sum_{n=1}^{N}\mu_n$。各工序的要素密集度水平由当前社会技术水平外生给定。该公式表明，当企业价值链中某要素密集型工序占比上升时，该要素报酬率就会增加。因此，要素报酬率的变动会影响企业自身价值链要素密集度的调整方向，进而反映产业结构的变动。

(二)企业全球价值链嵌入特征估计

（1）全球价值链嵌入位置估计

企业全球价值链嵌入位置用上游度来测量。Fally（2012）和 Antràs et al.（2012）提出采用上游度指数来衡量不同产业在全球价值链中的相对位置，并将开放经济下行业上游度指数定义为该行业与最终产品间的加权平均距离，即：

$$U_i = 1\times\frac{F_i}{Y_i} + 2\times\frac{\sum_{j=1}^{N}\hat{\mu}_{ij}F_j}{Y_i} + 3\times\frac{\sum_{j=1}^{N}\sum_{k=1}^{N}\hat{\mu}_{ik}\hat{\mu}_{kj}F_j}{Y_i} + 4\times\frac{\sum_{j=1}^{N}\sum_{k=1}^{N}\sum_{l=1}^{N}\hat{\mu}_{il}\hat{\mu}_{lk}\hat{\mu}_{kj}F_j}{Y_i} + \cdots \tag{6-3}$$

式中，$\hat{\mu}_{ij} = \mu_{ij}\dfrac{Y_i}{Y_i - X_i + M_i}$，为生产一单位价值的 j 所需要用到的 i 行业的产出，F_j 为 j 行业产出中被用于最终消费的部分，Y_i 为 i 行业的总产出。

借助以上公式，采用中国投入产出数据计算出 2002 年 122 个部门和 2007 年 135 个部门的上游度指数。由于 2002 年各部门的上游度指数与 2007 年具有较强的相关性，以 2007 年行业上游度指标为基础，通过对工业企业数据库中的 HS 代码①与 I-O 表中的行业代码进行匹配，进一步测算出企业层面的出口上游度指数和进口上游度指数，分别为：

---

① HS 代码即海关编码，其全称为《商品名称及编码协调制度的国际公约》(International Convention for Harmonized Commodity Description and Coding System)，简称协调制度(Harmonized System，HS)。

$$expstrm_{ft} = \sum_{i=1}^{N} \frac{X_{fit}}{X_{ft}} U_i = \sum_{i=1}^{135} \frac{X_{fit}}{X_{ft}} U_i \tag{6-4}$$

$$impstrm_{ft} = \sum_{i=1}^{N} \frac{M_{fit}}{M_{ft}} U_i = \sum_{i=1}^{135} \frac{M_{fit}}{M_{ft}} U_i \tag{6-5}$$

式中，$expstrm_{ft}$ 为 t 时期企业 f 的出口上游度指数；X_{fit} 为 t 时期企业 f 在 $S(t)$ 行业的出口额；X_{ft} 为 t 时期企业 f 的出口总额，满足 $X_{ft} = \sum_{i=1}^{135} X_{fit}$；$impstrm_{ft}$ 为 t 时期企业 f 的出口上游度指数；M_{fit} 为 t 时期企业 f 在 N_t 行业的进口额；M_{ft} 为 t 时期企业 f 的进口总额，满足 $M_{ft} = \sum_{i=1}^{135} M_{fit}$。

在此基础上，为了综合衡量企业层面的上游度指数，将全球价值链嵌入位置（gvc_pos_{ft}）定义为 $gvc\_pos_{ft} = expstrm_{ft} - impstrm_{ft}$。当一个企业具有较低的出口上游度指数和较高的进口上游度指数时，企业可能成为国外上游产品的净进口者，位于全球价值链较下游的环节。

（2）全球价值链嵌入程度估计

企业的价值链嵌入程度用出口中的国外附加值比例来衡量。参照吕越等（2015）的测算方法，在实际测算过程中进一步考虑了如下问题：加工贸易与一般贸易的区别，中间品、消费品以及资本品的区别，贸易中间商的作用以及国内中间投入中的国外成分。最终得到企业全球价值链嵌入程度的计算公式为：

$$gvc\_part = \frac{V_{AF}}{X} =$$

$$\frac{\{M_A^p + X^o[M_{Am}^o/(D+X^o)]\} + 0.05\{M^T - M_A^p - X^o[M_{Am}^o/(D+X^o)]\}}{X} \tag{6-6}$$

式中，$M_A^p = \sum_k [M_k^p/(1-m^k)]$ 为企业实际加工贸易进口额；k 为企业通过加工贸易进口的产品；$M_{Am}^o = \sum_j [M_{mj}^o/(1-m^j)]$ 为企业实际一般贸易中间投入进口额，j 为企业通过一般贸易进口的中间投入品。M、X 及 D 分别为企业进口、出口和国内销售额，p 表示加工贸易，o 表示一般贸易；M^T 为企业中间投入额，M_m^o 为 BEC 分类[①]下中间品的一般贸易进口额。

（三）控制变量

首先，引入企业研发和广告投入这两个表示企业创新和营销能力的指标。研发强度（*rd*）为企业研发投入占销售额的比例，直接反映了企业的自主创新能力。Griliches（1998）、Wakelin（2001）以及 Girma et al.（2008，2009）系统地研究了企业研发投入对企业绩效的影响。当企业研发创造出一种能够显著节约原材料等中间投入的技术时，企业可以用同等数量的原材料、劳动和资本创造出更多的增加值。进一步地，Tsang et al.（2008）对比了研发对国内企业和出口企业的作用，认为相比于国内企业，出口企业研发会带来更大的价值增值。广告强度（*adver*）用广告投入占企业销售额的比值来表示。一方面，企业广告投入的增加在带来产品销售额上升的同时会提高潜在竞争者的进入门槛，增强企业自身的竞争力，实现企业盈余和价值增值（Yiannaka et al.，2002）；另一方面，广告投入会通过媒体关注和媒体态度对企业价值产生影响（吕敏康和冉明东，2016）。

其次，引入企业负债水平（*leverage*）和资本流动性（*kmobility*）两个资本要素。企业负债水平（*leverage*）为企业长短期负债总和占总资产的比例。一方面，负债水平的上升意味着企业能够借助融资活动扩大生产规模，获得财务杠杆收益；另一方面，较高的负债水平也可能影响企业的再投资能力，增加企业的财务风险。企业资产流动性（*kmobility*）用流动资产与流动负债差值占总资产的比例来衡量。较高的资本流动性意味着企业有大量的现金、应收账款。

再次，引入行业集中度（*herfind*）这一行业层面变量。市场竞争程度影响企业关键资源可得性、产品价格、生产过程中要素利用能力等多个

---

① BEC 分类是指按广泛经济类别分类(Classification by Broad Economic Categories，BEC)。BEC 分类采用 3 位编码结构。

方面。集中度较高意味着行业中每个企业在生产和销售层面都具有一定的自主性和控制力，使企业在既定投入基础上获取更高的利润。本研究中的行业集中程度（$herfind$）为销售额最大的 4 个工业企业销售总值占整个行业销售总值的比例，即 $herfind_{it} = \sum_{i=1}^{4} SV_{kt} / SV_t$。

最后，政府干预会对企业行为产生直接影响。要素扭曲程度（$factor$）为各地区产品与要素市场化进程的差值与产品市场化进程程度的比值。在要素市场化滞后于产品市场化的现实背景下，各级政府对劳动、资本和土地等生产要素交易进行直接干预。这种干预会带来两种效应：一方面，各级政府为吸引投资会压低要素成本，对一些大型企业实施优惠政策；另一方面，要素扭曲会造成企业资本错配，降低企业自主创新动力。企业所有制身份至关重要。在出口导向型的贸易政策下，政府会采用税收减免或者补贴等手段对参与全球价值链分工的企业进行扶持。不同所有制类型企业在享受政府优惠政策、政府管制以及获取土地等关键性资源方面有巨大的差异（杨其静，2011；刘穷志，2005；罗党论和刘晓龙，2009；张杰等，2013b）。因此，参照张杰等（2013b）的做法，根据企业注册资本占比，本研究引入了国有企业（$state$）、集体企业（$collect$）、独立法人企业（$legal$）、外资企业（$foreign$）和私有企业（$private$）这 5 个虚拟变量。

除此之外，控制变量还包括企业年龄（age）和企业规模（$size$）。将样本观察期与企业成立时间的差值定义为企业的年龄，将企业固定资本的对数值定义为企业规模。所有模型估计控制了行业、地区和时间固定效应。

三、数据说明和统计性描述

研究样本来自 2000—2006 年中国工业企业数据库和海关数据库的匹配数据。对数据主要进行如下处理：首先，参照 Upward et al.（2013）和吕越等（2015）的处理方法，采用两种方法对工业企业和海关数据库进行匹配。先用企业名称与年份对两个数据库进行匹配，再用各地区邮编以及企业电话后 7 位数对两个数据库进行匹配，最终得到两个数据库的匹配样本。其次，参照张杰等（2013）和葛顺奇（2015）的处理方法，对行业代码进行调整，保证2000—2006年之间两位行业代码的统一性。最后，对数据进行进一步的筛选整理。由于2001年和2004年工业企业数据库中企业工业增加值数据缺失，参照聂辉华等（2012）的处理方法，将2001年的工业增加值替换为“工业总产值－工业中间投入＋增值税”，将2004年的工业增加值替换为“产品销售额－期初存货＋期末存货－工业中间投入＋增值税”。除此之外，本研究还剔除了一些关键指标缺失、不符合会计准则、不符合逻辑以及固定资产合计等关键指标为0的数据。为了剔除极端值的影响，对数据进行缩尾处理，最终得到了67053个企业139477个观测值。表6-1给出了主要变量的统计性描述。

表6-1　变量描述性统计

变量名	均值	标准差	最小值	最大值
gvc_part	1.2378	2.4665	0.0394	10.2176
gvc_pos	−0.3403	1.3573	−2.7045	2.6656
expstrm	3.3420	1.0677	1.2576	5.0631
impstrm	3.5786	1.2065	0.5625	5.1665
rd	0.0822	0.2482	0	1.0186
adver	0.0563	0.1461	0	0.5795
factor	0.2949	0.1995	−0.0869	0.6569
age	9.4142	10.2818	3	270
size	8.8541	1.6829	0	18.0508
leverage	0.5651	0.2887	−5.1923	9.8442
herfind	0.3094	0.1968	0.0576	0.7631
kmobility	0.0670	0.2705	−0.4355	0.5754

图6-1给出了2000—2006年中国工业企业分年度全球价值链嵌入位置的核密度分布。全球价值链嵌入位置的整体分布呈现右偏状态。大多数企业的全球价值链嵌入位置落在0附近，企业出口上游度指数与进口上游度指数大致相同。有相当数量的企业的上游度指数在−2和0之间，这些

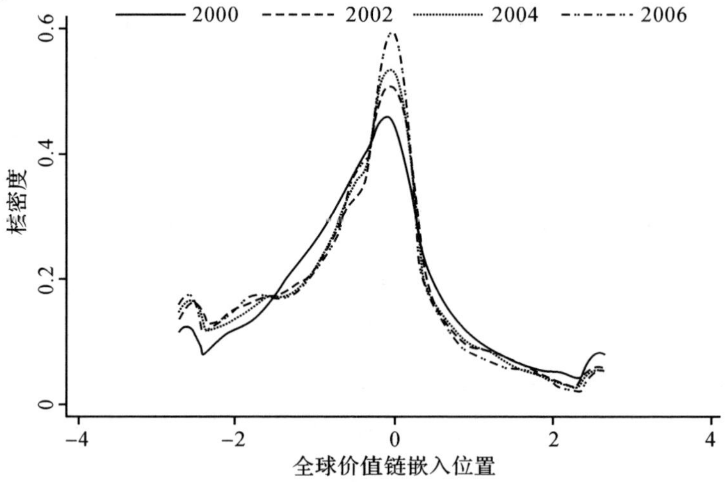

图 6-1　企业全球价值链嵌入位置的核密度分布

企业具有较低的出口上游度和较高的进口上游度，是国外上游产品的净进口者，与我国加工贸易主导的发展模式一致。随着时间的推移，企业上游度指数的分布有右移趋势，企业出口上游度指数逐渐提高，最终转变为上游产品的净出口方。

为了进一步分析企业全球价值链嵌入位置的情况，图 6-2 和图 6-3 分别给出了企业进口上游度和出口上游度的核密度分布。图 6-2 表明企业进口上游度呈现左偏分布，即大多数企业是国外较上游产品的进口者，只有少量企业的进口上游度较低。同时，2000—2006 年间的分布逐渐向右收拢，但整体分布特征没有明显改变，这意味着企业进口上游度有整体上升趋势。相比于进口上游度，企业的出口上游度指数的情况更为复杂。2000 年，企业出口上游度的分布与之后几年存在较大的不同。2000 年之后，企业出口上游度集中在［2，2.5］和［3.8，4］两个区间，并在 1.5 和 5 附近出现了两个小积聚。这说明，我国工业企业出口的商品集中在几个特定的产业链环节，这些环节可能是我国出口发挥优势的环节。随着时间的推移，整体分布有右移趋势，越来越多的企业选择出口上游产品。

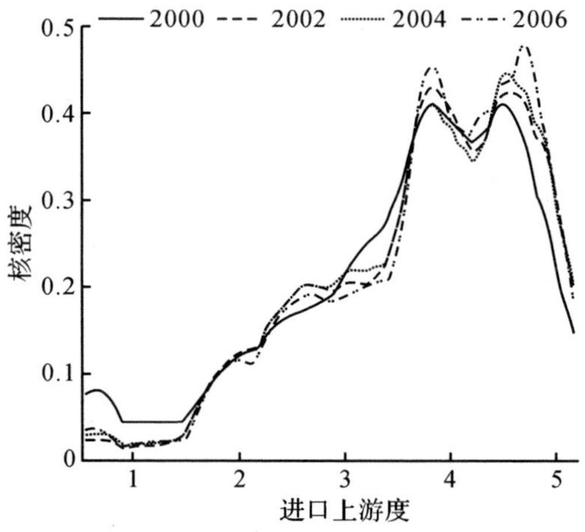

图 6-2　企业进口上游度指数的核密度分布

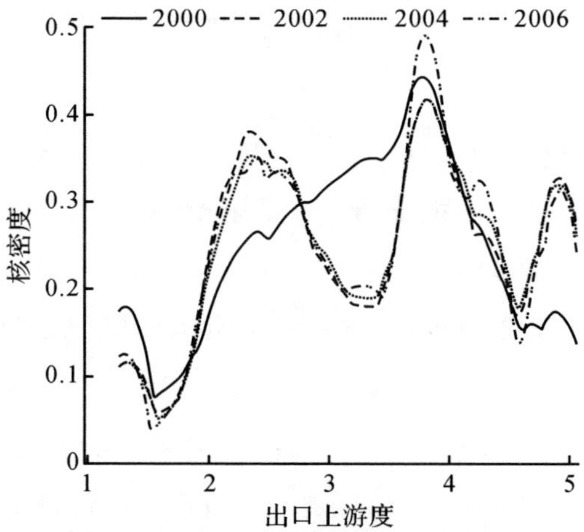

图 6-3　企业出口上游度指数的核密度分布

图 6-4 汇报了企业全球价值链嵌入程度的核密度分布。整体上，企业全球价值链分工参与程度呈现右偏分布。大多数企业的全球价值链分工参与程度并不高，只有少数企业在全球价值链中的参与程度较高。随着时间的推移，核密度的峰值有所上升。这说明全球价值链分工参与程度较低的企业所占比例还在上升，企业间差距持续扩大。

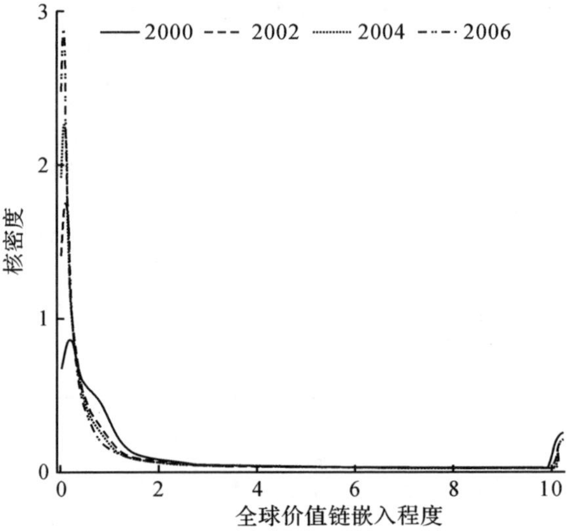

图 6-4　企业全球价值链嵌入程度的核密度分布

第三节　实证分析

基于产业结构视角，如果一国经济中资本密集型环节比重上升，那么该国产业结构会向着资本密集型产业转变。反之，如果一国经济中劳动密集型环节比重上升，那么该国产业结构会朝着劳动密集型产业转变。企业生产要素报酬率的变动能够反映出企业自身价值链的要素密集度调整方向，为产业结构演变方向提供间接证据（葛顺奇和罗伟，2015）。本节将实证检验全球价值链嵌入对企业要素密集度的影响，以考察产业结构的演进方向。

一、基准分析

产业结构优化在企业层面表现为资本技术密集度水平的提高以及资本密集型工序占比的增加（Gereffi 和 Schmitz，2001）。表 6-2 实证检验了全球价值链嵌入对人均资本的影响。模型（1）、（2）为 OLS 估计，模型（3）、（4）为面板估计。考虑到数据删失和截尾问题，模型（5）、（6）采用面板 Tobit 模型进行重新估计。表 6-2 表明，无论是否添加其他控制变量，全球价值链嵌入对企业人均资本的影响都是稳健一致的。

表 6-2　全球价值链嵌入对人均资本的影响

变量	被解释变量：人均资本					
	(1) OLS	(2) OLS	(3) FE	(4) FE	(5) 面板 Tobit	(6) 面板 Tobit
gvc_pos	2.0629*** (0.2040)	1.0080*** (0.2345)	0.7776*** (0.1494)	0.3996* (0.2120)	0.7824*** (0.1497)	0.4279** (0.2136)
gvc_part	3.8843*** (0.1297)	3.9132*** (0.1653)	1.9291*** (0.1075)	3.0924*** (0.1565)	1.9431*** (0.1081)	3.1732*** (0.1571)
rd		10.2195*** (1.4045)		6.7958*** (1.2377)		7.0980*** (1.2520)
adver		19.8491*** (2.4204)		13.4534*** (2.1215)		13.9791*** (2.1465)
leverage		−113.8475*** (2.0016)		−87.2095*** (1.9028)		−89.4172*** (1.9358)
kmobility		−108.1614*** (1.7570)		−82.1856*** (1.6001)		−84.2551*** (1.6391)
age		−0.0076 (0.0386)		−0.0156 (0.0403)		−0.0169 (0.0401)
herfind		28.0138*** (2.2068)		20.9824*** (2.1273)		21.6196*** (2.1362)
factor		−33.5430*** (2.1516)		−30.8888*** (2.3222)		−31.1200*** (2.3061)
state		8.3062*** (1.9449)		2.5937 (1.8524)		2.9887 (1.8591)
collect		−6.0727*** (1.8589)		−6.9367*** (1.7026)		−6.8515*** (1.7125)
legal		1.0081 (1.0828)		−1.5320 (1.0496)		−1.3274 (1.0529)
foreign		19.3422*** (0.9419)		14.4993*** (0.9383)		14.9640*** (0.9420)
private		−12.8134*** (1.0636)		−12.1113*** (1.0703)		−12.2315*** (1.0696)
常数项	62.2305*** (17.6295)	99.3577*** (21.2101)	72.4128*** (21.6455)	90.0512*** (23.7107)	72.3184*** (21.5618)	90.2298*** (23.3438)
样本量	74204	42240	74204	42240	74204	42240
R^2	0.1661	0.2665	0.1567	0.2629		

注：括号中数值代表标准差。***、** 和 * 分别表示系数通过 1%、5% 和 10% 的显著性检验。模型均控制了行业、地区和年份固定效应。

表 6-2 中模型（1）—（6）的结果表明，全球价值链嵌入程度与位置的系数显著为正。以模型（6）为例，企业全球价值链嵌入程度的系数为 3.1732，全球价值链嵌入位置的系数为 0.4279，且通过 5%的显著性水平检验。这意味着，更充分、更深入地融入全球价值链上游环节有助于提升企业人均资本，提升资本密集度，促进产业结构高端化。

产业结构优化还表现为劳动密集型工序占比的下降以及资本密集型工序占比的增加。企业要素密集度和要素报酬率之间具有内在一致性：以劳动要素为例，当企业价值链中高于企业当前平均劳动密集度的工序占比上升时，企业的劳动报酬率就会随之上升。反之，当企业价值链中高于企业当前平均劳动密集度的工序占比下降时，企业的劳动报酬率就会降低（葛顺奇和罗伟，2015）。表 6-3 和表 6-4 依次评估了全球价值链嵌入对资本密集型工序占比、劳动密集型工序占比的影响。

表 6-3 的被解释变量为资本密集型工序占比，用固定资产净值年平均余额与增加值的比值来衡量。模型（1）—（6）的结果表明，全球价值链嵌入程度与位置的系数显著为正。这表明，全球价值链嵌入程度的加深和位置的上升有助于提升企业人均资本和资本密集度，促进产业结构高端化。以模型（6）为例，企业上游度的系数为 0.0302，且通过 1%的显著性水平检验。这意味着，企业每向中间投入端延伸 1 个单位，其资本密集度会提高 3.02%。一方面，上游度指数的上升会促使企业向着研发、设计等环节延伸，提升企业资本密集度；另一方面，较高的上游度意味着企业生产活动涉及的价值链长度的增加，促进企业进行资本投资，提高企业资本密集度。企业全球价值链分工参与程度的估计值为 0.0167，表明企业参与全球价值链分工的程度每上升 1 个单位，资本报酬率就会上升 1.67%。更充分、深入地参与全球资源配置意味着企业面临较激烈的竞争，从而促使企业不断改进产品和生产流程，提升其资本密集度。

表 6-3　全球价值链嵌入对资本密集型工序占比的影响

变量	被解释变量:资本报酬率					
	(1) OLS	(2) OLS	(3) FE	(4) FE	(5) 面板 Tobit	(6) 面板 Tobit
gvc_pos	0.0109*** (0.0035)	0.0346*** (0.0037)	0.0070** (0.0035)	0.0298*** (0.0037)	0.0071** (0.0035)	0.0302*** (0.0037)
gvc_part	0.0064*** (0.0021)	0.0172*** (0.0025)	0.0056** (0.0022)	0.0165*** (0.0025)	0.0056*** (0.0022)	0.0167*** (0.0025)
rd		0.0607*** (0.0214)		0.0485** (0.0213)		0.0496** (0.0213)
adver		0.1043*** (0.0373)		0.1368*** (0.0369)		0.1313*** (0.0370)
leverage		−2.1030*** (0.0311)		−1.8341*** (0.0320)		−1.8698*** (0.0323)
kmobility		−2.2963*** (0.0273)		−2.0242*** (0.0276)		−2.0599*** (0.0280)
age		0.0124*** (0.0006)		0.0107*** (0.0006)		0.0109*** (0.0006)
herfind		0.2896*** (0.0283)		0.2918*** (0.0298)		0.2914*** (0.0296)
factor		−0.0150 (0.0269)		0.0839*** (0.0293)		0.0714** (0.0290)
state		0.2820*** (0.0301)		0.2679*** (0.0309)		0.2699*** (0.0308)
collect		−0.0621** (0.0288)		−0.0560* (0.0290)		−0.0559* (0.0289)
legal		−0.1464*** (0.0168)		−0.1446*** (0.0174)		−0.1451*** (0.0174)
foreign		−0.0626*** (0.0146)		−0.0582*** (0.0155)		−0.0591*** (0.0154)
private		−0.2486*** (0.0163)		−0.2371*** (0.0173)		−0.2389*** (0.0172)
常数项	4.7394*** (0.2859)	5.4759*** (0.0238)	4.7603*** (0.3431)	5.2905*** (0.0250)	4.7602*** (0.3399)	5.3148*** (0.0251)
样本量	74175	42185	74175	42185	74175	42185
R^2	0.071	0.172	0.0689	0.1831		

注：括号中数值代表标准差。***、** 和 * 分别表示系数通过 1%、5% 和 10% 的显著性检验。模型均控制了行业、地区和年份固定效应。

表 6-4 采用应付工资和福利的总额占企业增加值的比重的对数来衡量企业劳动密集型工序占比。模型（1）—（6）中全球价值链嵌入程度和位置均显著为负，说明全球价值链嵌入程度和位置对企业劳动密集型工序占比有显著稳健的抑制作用。以模型（6）为例，全球价值链嵌入位置系数的估计值为－0.0221，即企业上游度上升 1 个单位，企业的劳动报酬率就会下降 2.21%，意味着高于企业平均劳动密集度的环节占比下降，企业整体劳动密集型工序占比降低；企业全球价值链嵌入程度的估计值为－0.0319，表明企业全球价值链分工参与程度每上升 1 个单位，其劳动报酬率就会下降 3.19%，劳动密集型工序占比降低。

表 6-4　全球价值链嵌入对劳动密集型工序占比的影响

	被解释变量:劳动报酬率					
	(1) OLS	(2) OLS	(3) FE	(4) FE	(5) 面板 Tobit	(6) 面板 Tobit
gvc_part	−0.0320*** (0.0016)	−0.0339*** (0.0020)	−0.0257*** (0.0017)	−0.0317*** (0.0020)	−0.0259*** (0.0017)	−0.0319*** (0.0020)
gvc_pos	−0.0251*** (0.0026)	−0.0238*** (0.0030)	−0.0211*** (0.0027)	−0.0220*** (0.0030)	−0.0213*** (0.0027)	−0.0221*** (0.0030)
rd		0.0843*** (0.0171)		0.0789*** (0.0171)		0.0792*** (0.0171)
adver		0.0684** (0.0294)		0.0788*** (0.0293)		0.0771*** (0.0293)
leverage		−0.1220*** (0.0252)		−0.0878*** (0.0258)		−0.0912*** (0.0257)
kmobility		−0.4213*** (0.0226)		−0.3761*** (0.0227)		−0.3806*** (0.0227)
age		0.0097*** (0.0005)		0.0092*** (0.0005)		0.0093*** (0.0005)
herfind		−0.2850*** (0.0267)		−0.2529*** (0.0278)		−0.2557*** (0.0277)
factor		−0.4504*** (0.0261)		−0.4251*** (0.0283)		−0.4278*** (0.0281)
state		0.0348 (0.0237)		0.0349 (0.0244)		0.0350 (0.0243)
collect		−0.2591*** (0.0225)		−0.2378*** (0.0227)		−0.2398*** (0.0227)

续 表

	被解释变量：劳动报酬率					
	(1) OLS	(2) OLS	(3) FE	(4) FE	(5) 面板 Tobit	(6) 面板 Tobit
legal		−0.1930*** (0.0131)		−0.1824*** (0.0137)		−0.1836*** (0.0136)
foreign		−0.1420*** (0.0114)		−0.1274*** (0.0121)		−0.1289*** (0.0120)
private		−0.2556*** (0.0129)		−0.2325*** (0.0136)		−0.2345*** (0.0135)
常数项	3.6898*** (0.2156)	4.9131*** (0.2587)	3.6941*** (0.2523)	4.9701*** (0.2892)	3.6951*** (0.2498)	4.9696*** (0.2857)
样本量	74175	42139	74175	42139	74175	42139
R^2	0.0764	0.1253	0.0765	0.1318		

注：括号中数值代表标准差。***、** 和 * 分别表示系数通过 1%、5% 和 10% 的显著性检验。模型均控制了行业、地区和年份固定效应。

综合表 6-2 和表 6-3 可知，全球价值链嵌入程度和位置的上升会帮助企业提升其资本密集型工序占比，降低劳动密集型工序占比，促使产业结构从劳动密集型向资本密集型转变。

首先，全球价值链嵌入程度的加深会提高企业资本密集型工序占比，降低劳动密集型工序占比，促进产业结构优化。该结论与 Brancati et al.（2014）以及 Baldwin 和 Yan（2014）等的研究结果一致。深层次参与全球价值链分工能够带来规模效应（Eaton 和 Kortum，2001）和竞争效应（Peretto，2003），为企业提供多样且廉价的进口中间投入（田巍和余淼杰，2014），使企业更充分地了解国外消费者的偏好和要求，增加企业边际利润率，促使企业升级机器设备，改进其产品和设计的工艺流程，提高资本密集度；此外，廉价劳动力往往是我国制造业企业参与国际分工的重大优势，依托此比较优势参与全球价值链分工会提升劳动力成本。在劳动力成本压力下，大批高劳动密集型企业退出市场，存续企业会采取增加固定资本投资、升级设备等方法压缩高劳动密集型工序，最终降低产业结构的劳动密集度。

其次，嵌入较上游的价值链环节能够帮助企业增加资本密集型工序，减少劳动密集型工序，使其价值链向高资本密集型转变。同 Ju 和 Yu

（2015）的结论相似，价值链嵌入位置与资本密集度的相关系数为 4.3347，我国制造业企业整体位于微笑曲线的左半边。在我国制造业企业主要从事加工、组装以及制造等低附加值环节的背景下，上游度的上升意味着资金、技术设备等的大量投入。此外，上游度越高意味着企业生产的产品距离消费端越远，生产活动涉及价值链越长，技术复杂度越高（章韬等，2016）。这两种因素共同作用以促使企业进行资本投资，提高企业工序的资本密集度。

综上述所，对中国工业企业而言，更充分、深入地参与全球资源配置能够促使企业不断改进其产品和生产流程，增加资本投入，提升资本密集型工序占比，促使产业结构从劳动密集型向资本密集型转变。

二、内生性检验

内生性问题是评估全球价值链嵌入对企业要素密集度的现实影响时需要考虑的重大问题。其主要源自两个方面：一是存在遗漏变量或者不可观测变量。迫于数据限制，无法加入所有影响特定要素密集型工序占比的变量。这些遗漏变量可能与模型选取的一些变量有关，使模型解释变量与残差项相关，引发内生性问题，导致估计结果偏差。二是全球价值链嵌入特征与特定要素密集型工序占比之间可能存在双向因果关系或同时性。

本节采用全球价值链嵌入程度和嵌入位置的一阶滞后变量为工具变量。表 6-5 中模型（1）、（3）和（5）分别评估了全球价值链嵌入对人均资本、资本密集型工序占比和劳动密集型工序占比的影响。结果发现，全球价值链嵌入程度和位置对企业资本密集度和资本密集型工序占比的影响系数仍然为正，对劳动密集型工序占比的影响系数仍然为负，且均通过 10%的显著性检验。该结果表明，全球价值链嵌入程度的加深和位置的上升能够显著提高企业资本密集型工序占比，促进产业结构从劳动密集型向资本密集型转变，且这一作用在控制内生性问题之后依然是稳健的。

值得注意的是，企业资本密集度等经济变量具有时间上的延续性，与前期表现有极大相关性。简单的静态估计很难得到准确无偏的结果。为此，模型（2）、（4）和（6）分别将企业人均资本、资本密集型工序占比和劳动密集型工序占比的一阶滞后纳入模型，采用动态 GMM 估计对基准模型进行扩展和检验。该方法能够充分利用样本信息，显著降低小样本偏误。动态 GMM 估计的前提是差分后的干扰项不存在二阶自相关，因此本研究汇报了 AR（2）的统计 p 值。AR（2）检验的 p 值均大于 0.05，说明差分后的干扰项不存在二阶自相关，符合动态 GMM 估计的前提条件。同时，Sargan 检验的 p 值也远远大于 0.05，说明模型设置和工具变量选择都比较合理，不存在工具变量过度识别的问题。动态 GMM 的估计结果验证了资本和劳动密集型工序占比存在时间延续性的假设。同样可以看到，在很好地控制了内生性问题之后，全球价值链嵌入程度和位置的系数和显著性水平并没有发生较大变化，验证了基准回归的稳健性。

表 6-5　全球价值链嵌入影响产业结构的内生性处理

	人均资本		资本密集型工序占比		劳动密集型工序占比	
	(1)	(2)	(3)	(4)	(5)	(6)
L.Y		0.8229*** (0.0129)		0.4652*** (0.1760)		0.0568* (0.0297)
gvc_part	4.5714*** (0.4903)	0.4442*** (0.1041)	0.0128* (0.0059)	−0.0023* (0.0012)	−0.0595*** (0.0064)	−0.0858** (0.0347)
gvc_pos	6.8019*** (0.5389)	1.0634** (0.4266)	0.0794*** (0.0093)	0.0412** (0.0210)	−0.0283*** (0.0075)	−0.2128*** (0.0631)
常数项	66.7393*** (2.4560)	22.3301*** (3.1375)	4.7476*** (0.0461)		3.6026*** (0.0376)	3.0034*** (0.7566)
控制变量	YES	YES	YES	YES	YES	YES
时间固定	YES	YES	YES	YES	YES	YES
行业固定	YES	YES	YES	YES	YES	YES
省份固定	YES	YES	YES	YES	YES	YES
AR(2)		0.321		0.060		0.112
Sargan		0.859		0.313		0.477
样本量	30617	30837	30606	30813	30606	30813
adj. R^2	0.1495		0.1500		0.0312	

注：括号中数值代表标准差。***、** 和 * 分别表示系数通过 1%、5%和 10%的显著性检验。

三、机制分析

在理论机制部分，全球价值链分工对产业结构的影响主要来自企业生产率和固定生产成本两个渠道。一方面，参与全球价值链可以帮助企业获得优质低价的中间品以及技术溢出效应，促进企业自主创新（Gereffi，Humphrey 和 Sturgeon，2005），提高企业生产率。另一方面，参与全球价值链分工直接影响企业初始资本投资和年均固定投资（Ju 和 Yu，2015；Brandt et al.，2012），推动企业资源的再配置。该部分对上述两个中间机制进行检验。

检验核心解释变量是否通过中间变量作用于因变量的常规做法是：首先，将中间变量对核心解释变量进行回归，进而验证核心解释变量是否能够作用于中间变量；其次，将因变量同时对核心解释变量和中介变量进行回归，或者同时引入中间变量与核心解释变量的交叉项。参照该研究方法，机制检验步骤如下：第一，检验全球价值链嵌入程度和位置是否会作用于企业生产率和固定成本；第二，检验价值链嵌入和生产率交叉项、价值链嵌入和固定成本交叉项是否会对产业结构产生统计意义上的影响。

企业生产率用全要素生产率来表示。为规避 OLS 估计带来的同时性偏差，采用 Olley-Pakes（OP）和 Levinsohn-Pertin（LP）法对企业全要素生产率进行估计。不同于工业总产值，工业增加值不包含中间投入，能够更真实地反映企业的生产能力。因此，本节采用工业增加值而非工业生产总值来计算企业全要素生产率。需要说明的是，在实际估算过程中，所有数据均剔除了价格因素的影响。企业固定成本（fx）用间接成本来衡量，是折旧、营业费用、管理费用和财务费用的合计，并用该费用合计除以企业员工总数以消除企业规模的影响。

中间机制的检验结果如表 6-6 所示。模型（1）与（2）依次估计了全球价值链嵌入特征对生产率（tfp）和企业固定成本（fx）的影响。全球价值链嵌入程度和位置的系数均显著为正，由此可见，全球价值链嵌入程度的加深和位置的上升都会显著地增加企业固定成本和生产率。对中国工业企业而言，嵌入全球价值链程度加深所带来的正向效应大于负向效应。

表 6-6 机制检验

	tfp	*fx*	人均资本		资本密集型工序占比		劳动密集型工序占比	
	(1)	(2)	(3)	(4)	(5)	(6)	(7)	(8)
gvc_part	0.0442*** (0.0016)	0.8070*** (0.0403)						
gvc_pos	0.0084*** (0.0023)	0.2050*** (0.0572)						
tfp			2.8041*** (0.2525)		0.7765*** (0.0037)		−0.6315*** (0.0030)	
tfp × *gvc_part*			0.3153*** (0.0183)		0.0140*** (0.0016)		0.0013 (0.0014)	
tfp × *gvc_pos*			0.1947*** (0.0257)		0.0021*** (0.0004)		−0.0025** (0.0013)	
fx				1.3929*** (0.0090)		0.0030*** (0.0002)		−0.0087*** (0.0002)
fx × *gvc_part*				0.0579*** (0.0037)		0.0009*** (0.0001)		−0.0006*** (0.0001)
fx × *gvc_pos*				0.0477*** (0.0048)		0.0010*** (0.0001)		−0.0005*** (0.0001)
常数项	6.3737*** (0.0083)	41.5951*** (7.4344)	35.4330 (22.4603)	7.6745 (17.1544)	11.3124*** (0.3173)	4.1184*** (0.0090)	8.9166*** (0.2072)	4.0708*** (0.2366)
样本量	71773	74204	71773	74204	71773	74108	63849	74108
adj. R^2	0.0423	0.1723	0.1697	0.4769	0.2042	0.0223	0.3749	0.1442

注：括号中数值代表标准差。***、** 和 * 分别表示系数通过 1%、5% 和 10% 的显著性检验。表中采用的是用 OP 法估计的全要素生产率。作者同样采用 LP 法估算了 *tfp*，并不改变核心结果。

长期以来，加工贸易是我国参与国际分工的普遍模式。我国企业产品附加值普遍较低，扮演着“国际代工”的角色。全球价值链嵌入环节在由中下游向上游转型的过程中，企业需要增加资本投入，突破技术壁垒，提高企业生产率（赵伟等，2012）。

模型（3）、（5）和（7）分别评估了生产率（tfp）、生产率和全球价值链嵌入程度交互项（$tfp \times gvc\_part$）以及生产率和全球价值链嵌入位置交互项（$tfp \times gvc\_pos$）对企业人均资本、资本密集型环节占比和劳动密集型环节占比的影响。除了生产率和全球价值链嵌入程度交互项（$tfp \times gvc\_part$）对劳动密集型工序占比的影响不显著外，其他变量均在统计意义上显著。该结果表明，全球价值链嵌入程度的加深，生产工序向全球价值链上游环节的延伸均会通过提高企业生产率进一步促进企业调整自身价值链，增加资本密集型工序，降低劳动密集型工序，进而促进产业结构向资本密集型转变。

模型（4）、（6）和（8）分别评估了企业固定成本、企业固定成本和全球价值链嵌入程度交互项以及企业固定成本和全球价值链嵌入位置交互项对企业人均资本、资本密集型环节占比和劳动密集型环节占比的影响。各变量均在1%的显著性水平上显著。结果表明，全球价值链嵌入程度和位置会促使企业增加固定资本投资，提升资本密集型工序比重，降低劳动密集型工序比重，进而促进产业结构向资本密集型转变。

四、进一步分析

(一)分位数回归

表6-7为以资本工序占比为被解释变量的分位数估计结果。模型（1）—（5）依次为10%、25%、50%、75%和90%分位数估计。在分位数估计结果中，企业全球价值链嵌入位置和程度的系数与显著性没有发生改变。随着企业资本密集度的条件分布从低端向高端转变，全球价值链的影响呈现出一定的特征：全球价值链嵌入位置的系数值不断变小。随着企业资本密集度的不断提升，全球价值链嵌入位置对其的提升作用也从

0.0513 下降至 0.0287，全球价值链嵌入位置对资本密集型工序占比的促进作用越来越小。全球价值链嵌入程度的系数则呈现先增后减的趋势。随着企业资本密集度的上升，全球价值链分工参与程度对资本密集型工序占比的作用从 10%分位数下的 0.0132 上升至 75%分位数下的 0.0215，之后再下降至 90%分位数下的 0.0173。随着企业资本密集程度的不断提高，企业应该更多关注其生产产品在全球价值链中的位置。

表 6-7 全球价值链嵌入影响企业资本密集型工序占比的稳健性检验

	(1) 10%分位数	(2) 25%分位数	(3) 50%分位数	(4) 75%分位数	(5) 90%分位数
gvc_part	0.0132** (0.0067)	0.0176*** (0.0035)	0.0198*** (0.0027)	0.0215*** (0.0030)	0.0173*** (0.0040)
gvc_pos	0.0513*** (0.0098)	0.0381*** (0.0052)	0.0364*** (0.0040)	0.0345*** (0.0044)	0.0287*** (0.0059)
rd	0.2048*** (0.0572)	0.0983*** (0.0301)	0.0539** (0.0231)	−0.0034 (0.0255)	−0.0139 (0.0341)
adver	0.2291** (0.0999)	0.1001* (0.0526)	0.0716* (0.0404)	0.0983** (0.0445)	0.0833 (0.0595)
leverage	−2.4116*** (0.0832)	−2.6653*** (0.0438)	−2.5549*** (0.0336)	−2.1019*** (0.0370)	−1.4142*** (0.0495)
kmobility	−2.3431*** (0.0731)	−2.8117*** (0.0385)	−2.7646*** (0.0295)	−2.4982*** (0.0326)	−1.9454*** (0.0435)
age	0.0197*** (0.0016)	0.0153*** (0.0008)	0.0110*** (0.0006)	0.0083*** (0.0007)	0.0057*** (0.0010)
herfind	−0.2709*** (0.0720)	−0.1264*** (0.0379)	0.0309 (0.0291)	0.0858*** (0.0320)	0.1069** (0.0429)
factor	0.3471*** (0.0805)	0.2723*** (0.0424)	0.3010*** (0.0325)	0.2994*** (0.0358)	0.2559*** (0.0479)
state	−0.0321 (0.0771)	−0.0847** (0.0406)	−0.0665** (0.0311)	−0.1117*** (0.0343)	−0.0910** (0.0459)
collect	−0.1489*** (0.0449)	−0.1420*** (0.0236)	−0.1641*** (0.0181)	−0.1701*** (0.0200)	−0.1402*** (0.0267)
legal	−0.1415*** (0.0392)	−0.0857*** (0.0206)	−0.0424*** (0.0158)	−0.0318* (0.0175)	0.0096 (0.0233)

续 表

	(1) 10%分位数	(2) 25%分位数	(3) 50%分位数	(4) 75%分位数	(5) 90%分位数
foreign	−0.0397 (0.0438)	−0.2070*** (0.0230)	−0.2816*** (0.0177)	−0.3995*** (0.0195)	−0.4759*** (0.0261)
private	4.3127*** (0.0638)	5.2549*** (0.0335)	5.8280*** (0.0258)	6.1940*** (0.0284)	6.4230*** (0.0380)
样本量	42185	42185	42185	42185	42185

注：括号中数值代表标准差。*** 、** 和 * 分别表示系数通过 1%、5%和 10%的显著性检验。模型均控制了行业、地区和年份固定效应。

表 6-8 为以劳动密集型工序占比为被解释变量的分位数估计结果。模型（1）—（5）依次为 10%、25%、50%、75%和 90%分位数估计。在分位数估计中，企业全球价值链嵌入位置和程度的系数与显著性并没有发生改变。随着企业劳动密集度的条件分布从低端向高端转变，全球价值链嵌入程度和位置的系数值呈现不断下降的趋势。随着企业劳动密集型工序占比的上升，全球价值链嵌入位置对其的抑制作用从 0.0313 下降至 0.0147，全球价值链嵌入程度对其的抑制作用也从 0.0592 下降至 0.0185。企业劳动密集型工序占比越高，全球价值链嵌入位置和程度的改变对其的影响就越小。

表 6-8　全球价值链嵌入影响劳动密集型工序占比的稳健性检验

	(1) 10%分位数	(2) 25%分位数	(3) 50%分位数	(4) 75%分位数	(5) 90%分位数
gvc_pos	−0.0313*** (0.0072)	−0.0323*** (0.0046)	−0.0241*** (0.0034)	−0.0173*** (0.0033)	−0.0147*** (0.0039)
gvc_part	−0.0592*** (0.0048)	−0.0460*** (0.0031)	−0.0342*** (0.0023)	−0.0231*** (0.0022)	−0.0185*** (0.0026)
rd	0.1939*** (0.0408)	0.1378*** (0.0260)	0.0707*** (0.0195)	0.0251 (0.0186)	−0.0130 (0.0220)
adver	0.2836*** (0.0700)	0.1272*** (0.0446)	0.0020 (0.0335)	−0.0432 (0.0320)	−0.0428 (0.0377)
leverage	−0.2703*** (0.0600)	−0.1685*** (0.0382)	−0.0911*** (0.0287)	−0.0215 (0.0274)	−0.0533* (0.0322)

续　表

	(1) 10%分位数	(2) 25%分位数	(3) 50%分位数	(4) 75%分位数	(5) 90%分位数
kmobility	−0.4357*** (0.0539)	−0.5463*** (0.0343)	−0.4672*** (0.0258)	−0.4096*** (0.0246)	−0.3729*** (0.0290)
age	0.0132*** (0.0011)	0.0124*** (0.0007)	0.0097*** (0.0005)	0.0071*** (0.0005)	0.0039*** (0.0006)
factor	−0.7515*** (0.0622)	−0.6226*** (0.0396)	−0.4489*** (0.0298)	−0.2127*** (0.0284)	−0.0989*** (0.0334)
state	−0.0014 (0.0564)	0.0525 (0.0359)	0.0492* (0.0270)	0.0443* (0.0258)	0.0493 (0.0303)
collect	−0.2627*** (0.0536)	−0.2810*** (0.0342)	−0.2627*** (0.0257)	−0.2628*** (0.0245)	−0.2208*** (0.0288)
legal	−0.1943*** (0.0313)	−0.2185*** (0.0199)	−0.2150*** (0.0150)	−0.1743*** (0.0143)	−0.1470*** (0.0168)
foreign	−0.1735*** (0.0272)	−0.1818*** (0.0173)	−0.1576*** (0.0130)	−0.1088*** (0.0124)	−0.0403*** (0.0146)
private	−0.1614*** (0.0307)	−0.2615*** (0.0195)	−0.2870*** (0.0147)	−0.3011*** (0.0140)	−0.3020*** (0.0165)
常数项	2.9532*** (0.6168)	4.8826*** (0.3929)	5.3548*** (0.2951)	5.7423*** (0.2817)	5.4405*** (0.3316)
样本量	42139	42139	42139	42139	42139

注：括号中数值代表标准差。***、** 和 * 分别表示系数通过 1%、5%和 10%的显著性检验。模型均控制了行业、地区和年份固定效应。

（二）分地区估计

鉴于中国经济区域发展的不平衡，表 6-9 按照经济带地域将企业分为东、中、西部三大经济带。由表 6-9 可知，全球价值链嵌入程度的加深和位置的上升均会增加东部地区企业资本密集型工序占比，但对中西部地区企业影响不显著。同时，全球价值链嵌入程度的加深和位置的上升能够显著降低各地区劳动密集型工序占比。

表 6-9　全球价值链嵌入影响产业结构的地区差异

变量	资本密集型工序占比		劳动密集型工序占比	
	(1) 东部地区	(2) 中西部地区	(3) 东部地区	(4) 中西部地区
gvc_pos	0.0157*** (0.0038)	0.0025 (0.0094)	−0.0265*** (0.0030)	−0.0210*** (0.0078)
gvc_part	0.0092*** (0.0028)	0.0090 (0.0058)	−0.0466*** (0.0023)	−0.0285*** (0.0048)
rd	0.0660*** (0.0233)	0.0571 (0.0526)	0.0201 (0.0187)	0.0433 (0.0438)
adver	0.0723* (0.0397)	0.1267 (0.0970)	0.0071 (0.0320)	0.0465 (0.0809)
leverage	−1.8357*** (0.0342)	−1.7701*** (0.0863)	0.1130*** (0.0274)	0.1771** (0.0718)
kmobility	−2.0511*** (0.0292)	−1.7729*** (0.0783)	−0.1504*** (0.0234)	−0.1010 (0.0652)
age	0.0123*** (0.0007)	0.0111*** (0.0014)	0.0053*** (0.0006)	0.0096*** (0.0012)
herfind	0.2198*** (0.0324)	−0.0001 (0.0786)	−0.4719*** (0.0260)	−0.6117*** (0.0654)
factor	−0.2961*** (0.0370)	0.2555 (0.1874)	−0.4929*** (0.0295)	−0.6072*** (0.1558)
state	0.2061*** (0.0365)	0.1529** (0.0624)	−0.0500* (0.0293)	−0.2850*** (0.0519)
collect	−0.0874*** (0.0313)	−0.2391*** (0.0744)	−0.2333*** (0.0251)	−0.4678*** (0.0620)
legal	−0.1077*** (0.0188)	−0.1335*** (0.0464)	−0.1881*** (0.0151)	−0.4335*** (0.0386)
foreign	−0.0360** (0.0163)	−0.1247*** (0.0479)	−0.1411*** (0.0130)	−0.3154*** (0.0399)
private	−0.1695*** (0.0186)	−0.2752*** (0.0486)	−0.2022*** (0.0149)	−0.5576*** (0.0404)
常数项	5.5183*** (0.0287)	5.5298*** (0.1334)	3.7445*** (0.0230)	3.9720*** (0.1109)
样本量	36634	5551	36634	5551
adj. R^2	0.1832	0.1672	0.0559	0.0976

注：括号中数值代表标准差。***、** 和 * 分别表示系数通过 1%、5% 和 10% 的显著性检验。模型均控制了行业、地区和年份固定效应。

（三）分行业估计

参照韩燕和钱春海（2008）的做法，采用资源集约度产业分类方法，通过匹配工业部门与联合国 SITC① 行业分类标准，将工业部门分为资源密集型、劳动密集型和资本密集型 3 类。表 6-10 给出了不同要素密集度行业中全球价值链分工对企业工序调整的影响。模型（1）表明，在资源密集型行业，全球价值链嵌入程度的加深和位置的上升会促使企业降低其资本密集型工序和劳动密集型工序占比，强化对本国资源的依赖。对劳动密集型行业而言，全球价值链嵌入程度的加深和位置的上升均会显著降低企业劳动密集型工序占比，提升资本密集型工序占比，推动产业结构高度化。模型（5）、（6）表明，全球价值链嵌入对提升资本密集型行业企业的资本密集型工序作用并不显著，但可以显著降低其劳动密集型工序占比。

表 6-10　全球价值链嵌入影响产业结构的行业差异

变量	资源密集型		劳动密集型		资本密集型	
	(1) 资本密集型工序	(2) 劳动密集型工序	(3) 资本密集型工序	(4) 劳动密集型工序	(5) 资本密集型工序	(6) 劳动密集型工序
gvc_part	−0.0210** (0.0099)	−0.0454*** (0.0081)	0.0310*** (0.0045)	−0.0426*** (0.0035)	0.0013 (0.0033)	−0.0417*** (0.0027)
gvc_pos	−0.0564*** (0.0135)	−0.0474*** (0.0111)	0.0392*** (0.0054)	−0.0421*** (0.0042)	−0.0007 (0.0052)	−0.0151*** (0.0042)
rd	0.1892* (0.1124)	0.0918 (0.0928)	0.1730*** (0.0534)	−0.0819* (0.0423)	0.0489** (0.0242)	0.0335* (0.0197)
adver	0.0568 (0.1240)	0.0463 (0.1020)	0.3308*** (0.0793)	−0.1206* (0.0627)	−0.0175 (0.0460)	0.0652* (0.0375)
leverage	−1.6537*** (0.1139)	−0.0441 (0.0932)	−1.7204*** (0.0522)	0.0738* (0.0410)	−1.8865*** (0.0451)	0.1438*** (0.0367)
kmobility	−1.8292*** (0.1004)	−0.1308 (0.0825)	−1.9201*** (0.0443)	−0.1619*** (0.0349)	−2.0940*** (0.0390)	−0.1770*** (0.0318)

① SITC 是指国际贸易标准分类（Standard International Trade Classification，SITC），是用于国际贸易商品的统计和对比的标准分类方法。

续 表

变量	资源密集型		劳动密集型		资本密集型	
	(1) 资本密集型工序	(2) 劳动密集型工序	(3) 资本密集型工序	(4) 劳动密集型工序	(5) 资本密集型工序	(6) 劳动密集型工序
age	0.0142*** (0.0028)	0.0115*** (0.0023)	0.0108*** (0.0011)	0.0041*** (0.0009)	0.0124*** (0.0008)	0.0065*** (0.0007)
herfind	0.3170*** (0.1089)	−0.3948*** (0.0890)	0.5673*** (0.0631)	−0.7466*** (0.0494)	−0.1238*** (0.0408)	−0.2234*** (0.0332)
factor	−0.3403*** (0.1103)	−0.7447*** (0.0893)	−0.1084** (0.0524)	−0.2922*** (0.0408)	−0.0190 (0.0406)	−0.3908*** (0.0329)
state	0.0036 (0.1045)	0.0590 (0.0858)	0.2976*** (0.0566)	−0.0306 (0.0444)	0.1542*** (0.0398)	−0.0956*** (0.0324)
collect	−0.0710 (0.0974)	−0.1537* (0.0798)	−0.0972** (0.0449)	−0.2686*** (0.0353)	−0.1292*** (0.0429)	−0.2302*** (0.0350)
legal	−0.1082* (0.0653)	−0.1304** (0.0534)	−0.0771*** (0.0286)	−0.1783*** (0.0225)	−0.1529*** (0.0245)	−0.2374*** (0.0200)
foreign	−0.0857 (0.0586)	−0.1461*** (0.0478)	−0.0356 (0.0256)	−0.1001*** (0.0201)	−0.0679*** (0.0214)	−0.1865*** (0.0174)
private	−0.2290*** (0.0683)	−0.2449*** (0.0557)	−0.1051*** (0.0281)	−0.2235*** (0.0220)	−0.2756*** (0.0245)	−0.2569*** (0.0199)
常数项	5.5456*** (0.1053)	3.4879*** (0.0860)	5.2276*** (0.0434)	3.8562*** (0.0341)	5.7523*** (0.0376)	3.6134*** (0.0306)
样本量	3621	3621	14810	14810	21272	21272
R^2	0.1566	0.0701	0.1944	0.0726	0.1897	0.0485

注:括号中数值代表标准差。***、** 和 * 分别表示系数通过 1%、5% 和 10% 的显著性检验。模型均控制了行业、地区和年份固定效应。

(四)交互效应检验

考虑到全球价值链嵌入程度和位置的相互影响，表 6-11 在基准估计的基础上引入企业全球价值链嵌入位置和参与程度的交互项。

表 6-11 中模型（1）—（3）考察了全球价值链嵌入对企业资本密集型工序占比的影响。企业价值链嵌入位置和参与程度的系数均显著为正，进一步验证了基准估计的稳健性。同时，交叉项系数均不显著，表明全球价值链嵌入位置和程度的交互作用并不存在。具体而言，企业全球价值链嵌入位置对资本密集型工序占比的正向促进作用并不会受其参与价值链

分工程度大小的影响。而全球价值链分工参与程度对资本密集型工序占比的正向促进作用也不会因其所处价值链位置的不同而存在差异。

表 6-11　全球价值链嵌入交互效应检验

变量	资本密集型工序占比			劳动密集型工序占比		
	(1) OLS	(2) FE	(3) 面板 Tobit	(4) OLS	(5) FE	(6) 面板 Tobit
gvc_part	0.0103*** (0.0025)	0.0093*** (0.0025)	0.0095*** (0.0025)	−0.0337*** (0.0020)	−0.0316*** (0.0020)	−0.0317*** (0.0020)
gvc_pos	0.0207*** (0.0041)	0.0147*** (0.0041)	0.0152*** (0.0041)	−0.0278*** (0.0033)	−0.0249*** (0.0034)	−0.0251*** (0.0033)
gvc_part × *gvc_pos*	0.0004 (0.0016)	0.0006 (0.0016)	0.0005 (0.0016)	0.0036*** (0.0013)	0.0026** (0.0013)	0.0026** (0.0013)
rd	0.0757*** (0.0213)	0.0664*** (0.0212)	0.0670*** (0.0213)	0.0845*** (0.0171)	0.0789*** (0.0171)	0.0792*** (0.0171)
adver	0.0524 (0.0372)	0.0778** (0.0368)	0.0735** (0.0368)	0.0681** (0.0294)	0.0784*** (0.0293)	0.0767*** (0.0293)
leverage	−2.1114*** (0.0309)	−1.8337*** (0.0318)	−1.8684*** (0.0321)	−0.1222*** (0.0251)	−0.0878*** (0.0258)	−0.0912*** (0.0257)
kmobility	−2.3100*** (0.0272)	−2.0236*** (0.0274)	−2.0591*** (0.0278)	−0.4211*** (0.0226)	−0.3759*** (0.0227)	−0.3805*** (0.0227)
age	0.0125*** (0.0006)	0.0120*** (0.0006)	0.0120*** (0.0006)	0.0097*** (0.0005)	0.0092*** (0.0005)	0.0093*** (0.0005)
factor	0.2100*** (0.0284)	0.1871*** (0.0299)	0.1899*** (0.0298)	−0.4499*** (0.0261)	−0.4247*** (0.0283)	−0.4274*** (0.0281)
state	−0.3148*** (0.0331)	−0.2622*** (0.0362)	−0.2681*** (0.0358)	0.0338 (0.0237)	0.0342 (0.0244)	0.0344 (0.0243)
collect	0.2188*** (0.0301)	0.1953*** (0.0309)	0.1983*** (0.0308)	−0.2594*** (0.0225)	−0.2379*** (0.0227)	−0.2400*** (0.0227)
legal	−0.1176*** (0.0288)	−0.1107*** (0.0289)	−0.1106*** (0.0289)	−0.1929*** (0.0131)	−0.1823*** (0.0137)	−0.1835*** (0.0136)
foreign	−0.1165*** (0.0167)	−0.1143*** (0.0174)	−0.1146*** (0.0173)	−0.1422*** (0.0114)	−0.1276*** (0.0121)	−0.1291*** (0.0120)
private	−0.0561*** (0.0146)	−0.0494*** (0.0154)	−0.0504*** (0.0153)	−0.2553*** (0.0129)	−0.2322*** (0.0136)	−0.2342*** (0.0135)
常数项	5.7256*** (0.0260)	5.5339*** (0.0269)	5.5568*** (0.0270)	4.8899*** (0.2588)	4.9513*** (0.2893)	4.9507*** (0.2858)
样本量	42185	42185	42185	42139	42139	42139

注：括号中数值代表标准差。***、**和*分别表示系数通过1%、5%和10%的显著性检验。模型均控制了行业、地区和年份固定效应。

表 6-11 中模型（4）—（6）考察了全球价值链嵌入对企业劳动报酬率的影响，全球价值链分工程度与位置交互项的系数均为正值。首先，全球价值链嵌入位置的上升会弱化全球价值链分工参与程度提高对劳动密集型工序的负向作用。给定相同的全球价值链嵌入程度，全球价值链嵌入位置越高，全球价值链分工程度对劳动报酬率的逆向作用就越小。即随着企业不断向中间投入端延伸，全球价值链分工参与程度降低劳动密集型工序占比的作用程度会越来越小。其次，全球价值链分工程度的加深会抑制全球价值链嵌入位置对企业劳动密集型工序占比的逆向作用。当企业处于全球价值链的同一位置时，全球价值链嵌入程度越深，嵌入位置对劳动密集度的抑制作用就会越大。综上所述，随着参与全球价值链分工位置的上升和程度的加深，企业想要借助全球价值链实现从劳动密集型向资本密集型的升级就越困难。

五、全球价值链嵌入与企业资源配置

产业结构的优化不仅意味着主导产业从劳动密集型向技术与资本密集型转变，还意味着产业间及产业内部资源的合理配置。在二元经济模型中，发展中国家生产效率的提高往往来自其生产要素在产业内部及部门间合理且有效的移动。在中国经济逐步现代化的过程中，全球经济开放、制度变革等使得中国劳动生产效率在不断提高。然而，市场分割、行业垄断以及政府干预等诸多因素导致我国资本、劳动配置仍然存在较大扭曲，阻碍我国产业升级和结构调整（柏培文，2014）。如果对劳动和资本资源重新进行合理配置，中国制造业生产效率至少会提高 30%（Heish 和 Klenow，2009）。换句话说，资源合理配置是产业结构合理化发展的核心要素。本小节将重点探讨参与全球价值链分工是否会改善资源配置、促进产业结构合理化。借鉴 Heish 和 Klenow（2009）的做法，企业的资源配置可从要素间错配、劳动扭曲和资本扭曲 3 个方面加以衡量。

根据 Heish 和 Klenow（2009）的研究，企业均采取规模报酬不变的 C-D 生产函数。企业 i 在实际生产过程中面临的资本、劳动力的实际价格分别为 $(1+\eta_{ki})p_{ki}$ 和 $(1+\eta_{li})p_{li}$，其中 p_{ki} 和 p_{li} 分别为完全竞争市场中资本和劳动要素的价格，η_{ki} 和 η_{li} 分别为企业面临的资本和劳动要素扭曲度。企业利润最大化的条件为：$1+\eta_{ki}=\alpha PY_i/p_{ki}K_i$ 和 $1+\eta_{li}=\beta PY_i/p_{li}L_i$。据此，在采用工业企业的面板数据估算各地区和各行业劳动和资本产出弹性的基础上，计算企业自身的资本和劳动扭曲程度。借鉴 Oberfield（2011）的研究，定义企业要素间错配指数为：

$$dis=(1+\eta_{ki})^{\alpha}(1+\eta_{li})^{\beta} \tag{6-1}$$

在具体测算过程中，PY_i 为企业 i 的总产出，用企业增加值来衡量；K_i 为企业 i 的资本投入，用企业资本存量来表示；L_i 为企业 i 的劳动投入，用企业劳动人数来表示；参考 Heish 和 Klenow（2009）的设定，将 p_{ki} 设定为 10%，即 5%的实际利率和 5%的折旧率；p_{li} 用企业所在行业平均工资来衡量，即应付工资和应付福利总额与就业人数的比值。

（一）基准估计

表 6-12 评估了全球价值链嵌入对企业要素错配的影响。其中，模型（1）—（4）为 OLS 估计，模型（5）—（8）为面板固定效应模型。结果表明，估计方法的不同、有无纳入其他控制变量并不改变估计结果的一般结论。全球价值链嵌入程度和位置的系数均为负值，且通过 1%的显著性水平检验。以模型（8）为例，全球价值链嵌入位置的系数为－0.0731，嵌入程度的系数为－0.0620，且二者均在统计意义上显著。这表明，价值链分工位置每上升 1 个单位，企业面临的资源错配就会下降 0.0731 个单位。而价值链分工程度每加深 1 个单位，企业资源错配程度就会降低 0.0620 个单位。全球价值链分工程度的加深和位置的上升均会降低企业面临要素错配程度，促进产业结构资源配置合理化。该结果验证了 Bernard et al.（2010）以及 Nocke 和 Yeaple（2014）等人的研究，参与全球价值链可以利用市场规模效应、竞争效应等引导资源在企业内部优化配置，提升企业资源配置效率。

全球价值链嵌入位置的加深和程度的提高会降低企业资源错配程度。那么，这种对企业资源配置的优化作用是来自资本要素还是劳动要素的合理配置呢？本研究继续考察了全球价值链嵌入对资本扭曲和劳动扭曲的影响。

表 6-12 全球价值链嵌入影响要素错配度的基准估计

变量	被解释变量:资源错配度							
	(1) OLS	(2) OLS	(3) OLS	(4) OLS	(5) FE	(6) FE	(7) FE	(8) FE
gvc_part	−0.1351*** (0.0160)		−0.1661*** (0.0241)	−0.0611*** (0.0231)	−0.0791*** (0.0157)		−0.1211*** (0.0243)	−0.0620*** (0.0236)
gvc_pos		−0.1887*** (0.0286)	−0.1899*** (0.0286)	−0.0963*** (0.0272)		−0.1059*** (0.0283)	−0.1082*** (0.0283)	−0.0731*** (0.0276)
leverage				11.5686*** (0.2420)				8.5239*** (0.2563)
kmobility				12.2469*** (0.2129)				8.9582*** (0.2154)
age				−0.0803*** (0.0042)				−0.0785*** (0.0050)
herfind				−1.9105*** (0.2138)				−1.4900*** (0.2333)
factor				1.8198*** (0.2183)				1.4608*** (0.2674)
state				−1.6556*** (0.2085)				−1.1992*** (0.2253)
collect				−0.2965 (0.1977)				−0.4647** (0.2023)

续 表

变量	被解释变量:资源错配度							
	(1) POLS	(2) POLS	(3) POLS	(4) POLS	(5) FE	(6) FE	(7) FE	(8) FE
legal				−0.1349 (0.1280)				−0.1612 (0.1368)
foreign				−0.2456* (0.1270)				−0.1454 (0.1392)
private				0.0214 (0.1138)				0.0536 (0.1203)
常数项	5.0730*** (0.0852)	4.9098*** (0.0825)	5.1168*** (0.0877)	−1.3342*** (0.2017)	5.5254*** (0.0767)	5.1777*** (0.0784)	5.3209*** (0.0834)	0.7375*** (0.2140)
样本量	67302	35628	35628	35620	67302	35628	35628	35620
R^2	0.0133	0.0101	0.0114	0.1151	0.0132	0.0101	0.0114	0.1141

注:括号中数值代表标准差。***、** 和 * 分别表示系数通过 1%、5%和 10%的显著性检验。模型均控制了行业、地区和时间固定效应。

表 6-13 采用 OLS 估计和面板估计两种方法评估全球价值链嵌入对企业资本错配的作用大小。在采用面板控制个体异质性，引入其他可能控制变量之后，全球价值链嵌入程度和位置对企业资本错配的系数仍然为负值，且通过 1%的显著性水平检验。根据模型（8），全球价值链嵌入位置的系数为－0.0898。企业价值链分工位置每上升 1 个单位，其资本错配程度会下降 0.0898 个单位。随着企业生产的产品向上游延伸，其资本错配程度会逐步降低；全球价值链嵌入程度的估计值为－0.0617，表明企业参与全球价值链的程度每提高 1 个单位，其资本错配程度会降低 0.0617 个单位。当企业更加深度地融入全球价值链分工体系时，企业的资本错配情况会有所改善。可能的原因在于，我国的工业企业大多依赖廉价的劳动力从事附加值较低的加工和组装环节，在参与全球价值链的过程中，外部资金流入会缓解我国企业普遍面临的资本不足的困境，促进资本配置合理化。

表 6-14 实证评估了全球价值链嵌入对劳动要素配置的作用。其中，模型（1）—（4）为 OLS 估计结果，模型（5）—（8）为面板数据估计结果。所有模型均控制了行业、地区和年份效应。模型（1）—（8）中全球价值链嵌入程度的加深和位置的上升会显著加剧企业劳动扭曲度。以模型（8）为例，全球价值链嵌入位置的系数为 0.0422。企业上游度每上升 1 个单位，其劳动错配程度会上升 0.0422 个单位。接近中间投入环节的企业面临的劳动错配程度较高。全球价值链嵌入程度的系数估计值为 0.1293，表明企业参与全球价值链的程度每提高 1 个单位，其劳动错配程度会增加 0.1293 个单位。当企业更深入地参与价值链分工体系时，企业面临的劳动扭曲情况会更加严重。

综上所述，全球价值链嵌入位置的上升和程度的加深都会促进企业合理配置资源，降低企业资本扭曲度，但同时也会增加企业劳动扭曲程度。可能的原因是，一方面，中国外贸出口奇迹建立在低劳动力成本比较优势的基础上，也是政府通过出口退税、补贴等政策推动的结果，政策的实施导致了出口偏向型经济结构。各类生产要素被更多地转移到参与国际分工的部门，过度的出口竞争导致企业之间竞相削价。在此背景下，为了获

表 6-13　全球价值链嵌入影响资本扭曲度的基准估计

变量	被解释变量:资本扭曲度							
	OLS				FE			
	(1)	(2)	(3)	(4)	(5)	(6)	(7)	(8)
gvc_part	−0.1099*** (0.0183)		−0.1690*** (0.0274)	−0.0474* (0.0260)	−0.0715*** (0.0179)		−0.1318*** (0.0276)	−0.0617** (0.0267)
gvc_pos		−0.2131*** (0.0325)	−0.2144*** (0.0325)	−0.1170*** (0.0307)		−0.1192*** (0.0322)	−0.1217*** (0.0322)	−0.0898*** (0.0313)
leverage				13.7411*** (0.2729)				10.2123*** (0.2901)
kmobility				15.1022*** (0.2402)				11.2121*** (0.2440)
age				−0.0859*** (0.0048)				−0.0850*** (0.0057)
herfind				−1.9216*** (0.2412)				−1.4983*** (0.2640)
factor				2.7165*** (0.2463)				2.2821*** (0.3017)
state				−1.9666*** (0.2352)				−1.4273*** (0.2549)
collect				0.2202 (0.2231)				−0.0664 (0.2292)

续 表

变量	被解释变量:资本扭曲度							
	OLS				FE			
	(1)	(2)	(3)	(4)	(5)	(6)	(7)	(8)
legal				0.2363 (0.1444)				0.1364 (0.1548)
foreign				0.4445*** (0.1433)				0.3411** (0.1574)
private				0.1295 (0.1284)				0.1018 (0.1363)
常数项	5.5736*** (0.0969)	5.4392*** (0.0938)	5.6497*** (0.0997)	−2.6368*** (0.2275)	6.1649*** (0.0872)	5.7719*** (0.0891)	5.9277*** (0.0949)	−0.1073 (0.2421)
样本量	67333	35649	35649	35641	67333	35649	35649	35641
R^2	0.0165	0.0131	0.0141	0.1310	0.0164	0.0131	0.0142	0.1302

注:括号中数值代表标准差。***、** 和 * 分别表示系数通过 1%、5%和 10%的显著性检验。模型均控制了行业、地区和时间固定效应。

表 6-14　全球价值链嵌入影响劳动扭曲度的基准估计

变量	被解释变量:劳动扭曲度							
	OLS				FE			
	(1)	(2)	(3)	(4)	(5)	(6)	(7)	(8)
gvc_part	0.1374*** (0.0056)		0.1542*** (0.0086)	0.1581*** (0.0086)	0.0939*** (0.0056)		0.1233*** (0.0088)	0.1293*** (0.0088)
gvc_pos		0.0606*** (0.0103)	0.0617*** (0.0102)	0.0580*** (0.0101)		0.0413*** (0.0104)	0.0436*** (0.0104)	0.0422*** (0.0103)
leverage				−0.2781*** (0.0898)				−0.3336*** (0.0956)
kmobility				0.5503*** (0.0791)				0.4426*** (0.0807)
age				−0.0243*** (0.0016)				−0.0236*** (0.0019)
herfind				1.3598*** (0.0794)				1.1348*** (0.0868)
factor				1.4765*** (0.0810)				1.3246*** (0.0980)
state				−0.0757 (0.0774)				−0.0766 (0.0839)
collect				0.5932*** (0.0734)				0.4588*** (0.0757)

续 表

变量	被解释变量:劳动扭曲度							
	OLS				FE			
	(1)	(2)	(3)	(4)	(5)	(6)	(7)	(8)
legal				0.4092*** (0.0475)				0.3472*** (0.0510)
foreign				0.5594*** (0.0472)				0.4370*** (0.0517)
private				0.3638*** (0.0423)				0.2927*** (0.0449)
常数项	1.7087*** (0.0295)	1.8905*** (0.0296)	1.6983*** (0.0314)	0.8924*** (0.0749)	1.8723*** (0.0273)	1.9626*** (0.0285)	1.8140*** (0.0303)	1.1699*** (0.0796)
样本量	67302	35628	35628	35620	67302	35628	35628	35620
R^2	0.0121	0.0037	0.0126	0.0459	0.0114	0.0037	0.0125	0.0459

注:括号中数值代表标准差。***、**和*分别表示系数通过1%、5%和10%的显著性检验。模型均控制了行业、地区和时间固定效应。

得低成本的竞争优势，压低要素价格，尤其是劳动要素价格就成为常用的手段。低廉劳动力优势带动下的国际分工参与形式导致劳动力的过度使用（Costinot et al.，2013）。另一方面，要素配置本就存在于扭曲的现实世界中，发展中国家参与国际分工恰好顺应了这种扭曲。参与国际分工带来的资本偏向型技术进步（Klump et al.，2007）会使得要素收入向资本倾斜，加大劳动要素扭曲程度。在此背景下，全球价值链嵌入程度加深所带来的市场规模扩大、产能利用率提升（Baldwin 和 Yan，2014）和技术溢出（Gereffi，Humphrey 和 Sturgeon，2005；Baldwin 和 Gu，2003），以及全球价值链嵌入位置提升带来的技术复杂度和初始固定资本投资提升（Ju 和 Yu，2015）等会促进企业增加资本投资，改善资本配置状况，但同时也会加剧劳动力资源的错配。

（二）内生性处理

考虑到遗漏变量的可能性以及逆向因果关系的潜在性，本小节进一步处理内生性问题，以增强估计结果的可信度和无偏性。以全球价值链嵌入程度和位置的一阶滞后为工具变量，采用面板 GMM 估计了全球价值链嵌入程度和位置对企业资源错配、资本扭曲度和劳动扭曲度的影响，结果见表 6-15 中模型（1）、（3）和（5）。同样，考虑到企业要素间错配度和要素扭曲度的时间延续性，本研究将企业要素间错配度、资本扭曲度和劳动扭曲度的一阶滞后纳入模型，采用动态 GMM 估计对基准模型进行进一步的扩展和检验，其结果见表 6-15 中的模型（2）、（4）和（6）。无论采用面板 GMM 还是动态 GMM 估计，全球价值链嵌入程度和位置的系数和显著性均未发生显著变化。这说明，价值链嵌入程度的加深和位置的提升有助于优化企业资源配置，降低资本扭曲程度，但企业面临的劳动扭曲情况会更加严重。

表 6-15　全球价值链嵌入影响企业资源配置的内生性处理

变量	要素错配度		资本扭曲度		劳动扭曲度	
	(1)	(2)	(3)	(4)	(5)	(6)
L.Y		0.2660*** (0.0824)		0.1662** (0.0746)		0.1426*** (0.0077)
gvc_part	−0.3513*** (0.0711)	−0.3377*** (0.1190)	−0.3654*** (0.0791)	−0.2906** (0.1130)	0.2501*** (0.0268)	0.5890* (0.3268)
gvc_pos	−0.5528*** (0.0881)	−0.3585*** (0.0632)	−0.1961* (0.1169)	−0.3837*** (0.1264)	0.1984*** (0.0395)	0.2724*** (0.0581)
leverage	11.3855*** (0.3753)	7.0607*** (1.4577)	12.7023*** (0.4062)	9.1252*** (1.3820)	−0.1987 (0.1380)	27.1540*** (7.7532)
kmobility	12.1120*** (0.3321)	8.0075*** (1.3801)	13.9710*** (0.3587)	10.1549*** (1.4121)	0.5730*** (0.1218)	21.6837*** (4.9907)
age	−0.0940*** (0.0062)	−0.0841*** (0.0175)	−0.0966*** (0.0067)	−0.0918*** (0.0151)	−0.0236*** (0.0023)	−0.0234*** (0.0080)
herfind	−2.2028*** (0.3244)	−2.0358 (1.2792)	0.3027 (0.4281)	−2.6365** (1.0739)	0.5362*** (0.1455)	4.2532 (3.3530)
factor	1.5327*** (0.3305)	17.3639 (15.0263)	2.0407*** (0.3599)	9.8388 (13.4656)	1.1971*** (0.1223)	−5.4329** (2.5183)
state	−2.5435*** (0.3199)	−4.0371*** (1.4579)	−2.9961*** (0.3451)	−2.9183** (1.2796)	−0.2964** (0.1172)	−0.6558 (0.4855)
collect	−0.6970** (0.3106)	−1.0753** (0.4530)	−0.3268 (0.3340)	−0.7268 (0.4998)	0.4249*** (0.1134)	−0.9912 (0.8943)
legal	−0.5873*** (0.1931)	−1.5307** (0.6512)	−0.3971* (0.2079)	−0.6702 (0.8476)	0.2640*** (0.0705)	−0.0036 (0.7581)
foreign	−1.1825*** (0.1903)	−1.9471** (0.8399)	−0.6859*** (0.2056)	−1.1056 (0.9889)	0.4999*** (0.0695)	0.6516 (0.9351)
private	−0.1987 (0.1778)	0.0928 (0.1735)	−0.1371 (0.1919)	−0.1047 (0.2296)	0.1585** (0.0651)	0.7538*** (0.2178)
常数项	−15.5106*** (0.5318)		−23.1204*** (4.0368)		−2.0967 (1.3903)	−14.9719*** (3.9085)
AR(2)		0.476		0.428		0.503
Sargan		0.268		0.297		0.320
adj. R^2	0.1760		0.2670		0.0927	
N	14289	14365	14292	14374	14781	14858

注：括号中数值代表标准差。***、** 和 * 分别表示系数通过 1%、5% 和 10% 的显著性检验。

第四节　本章小结

全球价值链分工在推动一国经济增长和工业化进程、促进技术进步、提升企业生产效率等方面扮演着不容忽视的角色。厘清全球价值链分工对产业结构的现实影响及其影响机制对依靠廉价劳动力参与国际分工的发展中国家而言至关重要。基于此，从价值链嵌入位置和程度的双重角度出发，采用 2000—2006 年工业企业和海关合并数据，本章尝试性地研究了全球价值链嵌入对产业结构可能的影响及传导机制。主要结论如下。

首先，全球价值链嵌入程度的加深和位置的上升会显著提高企业要素密集度，增加资本密集型工序占比，降低劳动密集型工序占比。随着企业全球价值链分工程度的加深以及上游度的提升，资本密集型生产环节在整个制造业产业结构中的占比会不断上升，而劳动密集型生产环节在整个制造业产业结构中所占的比例会不断下降，整个制造业向资本密集型转变。在进一步控制内生性后，该结论依然成立。从影响机制来看，企业生产率和固定成本成为全球价值链嵌入影响产业结构的两个重要渠道。

其次，扩展分析进一步检验了全球价值链嵌入对企业资源配置的影响。结果表明，全球价值链嵌入程度的加深和位置的上升能够改善企业内部要素间配置状况，降低企业要素间的错配程度，促进产业结构合理化发展。这种资源配置效应对资本和劳动的作用完全不同，即嵌入全球价值链在降低资本扭曲度的同时也会增加劳动扭曲度。

基于上述结论，结合制造业全球价值链和产业结构的发展现状，我国应当积极制定相关优惠政策，在融资、税收以及技术等方面给予企业特殊引导和扶持，鼓励企业积极进入全球价值链分工体系，向全球价值链高端环节延伸，获取更多的国际分工利益和产业结构优化效应。同时，政府应当重点关注全球价值链分工带来的劳动错配问题，最大限度地发挥劳动力成本上升在倒逼产业结构升级时的积极作用。

第七章

全球价值链嵌入与制造业高质量发展：企业生存视角

企业进入与退出市场的过程是企业所拥有的资本、劳动和技术等要素资源在不同市场、区域或行业之间转移的过程。社会资源优化配置是通过企业进入和退出市场这一微观机理来实现的。因此，一个国家产业结构的演进与调整是无数企业不断进入或退出市场的结果。本章将实证检验全球价值链嵌入对企业生存的影响，以检验全球价值链嵌入影响产业结构的动态调整机制。

第一节　引　言

企业生存问题一直是理论界和有关政府部门关注的焦点。企业持续生存不仅是其自身谋求发展的先决条件（Klepper，2002），还是产业增长的现实基础，更关系到稳定就业和福利增进等长期政策目标的顺利实现（Holmes et al.，2010）。当前世界上大多数国家的企业普遍面临生存时间较短的问题。中国更是重复走着“一年发家，二年发财，三年倒闭”之路。具体而言，中国中小企业的平均寿命仅为 2.5 年，集团企业的平均寿命仅为 7—8 年。美国中小企业的平均寿命不到 7 年，大企业平均寿命不足 40 年。Bartelsman et al.（2005）对 OECD 国家的研究发现，20%—40%的企业在成立最初的两年内就会退出市场。因此，提高微观企业市场生存能力，降低企业生存风险，延长企业生存时间成了企业和政府迫切需要解决的现实问题。只有甄别企业生存影响因素，才能为企业发展指明方向，才能促使政府设计出切实有效的政策机制。

对中国而言，参与国际分工可能是影响企业生存的诸多因素当中极为重要的一个。自加入世界贸易组织以来，中国一直在积极地、有计划有步骤地推进贸易自由化进程，在对外贸易上取得了巨大成就。在世界贸易以 6%的平均速度增长的背景下，中国的贸易总额以年均 18%的速度扩张，成为世界上第一大出口国和第二大进口国（盛斌和毛其淋，2011）。外贸造就的增长奇迹决定了企业国际化对其生存的影响不可被忽略。随着全球分工逐渐从产品间分工转向产品内分工，产品价值链的各工序不再局限于特定国家，而是以产品内国际分工的形式由全球企业协调实现。如果继续将产品提供作为一个不可分割的整体，许多经济现象将会被曲解（葛顺奇和罗伟，2015）。基于参与国际分工对企业生存影响的不可忽略性和全球价值链分工的现实背景，本章将深入考察参与全球价值链分工对企业生存的现实影响，从而为企业战略和政府政策的制定提供一定的支持。

第二节　机理分析

鉴于企业生存问题的重要性，国内外学者对企业生存问题进行了广泛的研究，认为企业生存是内部要素和外部环境相互作用的结果（Sharma 和 Mahajan，1980）。企业内部要素，尤其企业的内部能力，是决定企业生存的关键因素。企业内部能力越强，就越能够适应外部环境的变化，改善自身的生存状态（Esteve-Pérez 和 Mañez-Castillejo，2008）。从内部来看，影响企业生存的因素主要有：企业年龄（Dunne et al.，1988；Audretsch，1991；Boyer 和 Blazy，2014）、企业规模（Mata 和 Portugal，1994；Audretsch 和 Mahmood，1995）、学习能力（Agarwal 和 Gort，2002；Alegre 和 Chiva，2008）、研发和广告投入（Cefis 和 Marsili，2006；Fontana 和 Nesta，2009）、融资约束（Görg 和 Spaliara，2009；Musso 和 Schiavo，2008；Bridges 和 Guariglia，2008）、技术创新（Buddelmeyer et al.，2010；Colombelli et al.，2013）、企业所有制结构（Görg 和 Strobl，2003；Colombo 和 Delmastro，2000；Baldwin 和 Yan，2011）。企业依赖从外部环境中获得其生存发展所需要的内部资源和要素。外部环境的不确定性会造成企业获取内部要素的不确定性，最终影响企业生存状况（Suchman，1995）。影响企业生存的外部因素有行业技术水平及研发强度（Malerba 和 Orsenigo，1999；Licht 和 Nerlinger，1998）、行业生命周期（Agarwal 和 Gort，2002）、行业进入壁垒（Geroski，1995；Aidis 和 Adachi，2008）、宏观经济环境（Fotopoulos 和 Louri，2000；Box，2008；Ejermo 和 Xiao，2014）、外商直接投资（Wang，2013；邓子梁和陈岩，2013；吴小康和于津平，2014）。由此可以看到，国内外关于企业生存问题的研究已经取得了一定进展，为我们研究企业生存问题提供了有益的借鉴。

关于参与国际分工或者贸易对企业生存影响的研究相对较少。Wagner（2011）通过将贸易细分为出口、进口和双向贸易，考察了不同类型的贸易对企业生存的影响。其结果认为，进口贸易和双向贸易均有利于企业持续生存，但出口贸易对企业生存的作用不显著。于娇等（2015）从出口倾向、出口强度和出口持续时间 3 个角度考察了出口与企业生存的关系，验证了出口对企业生存的正向作用。除此之外，大部分学者（Namini et al.，2013；Bridges 和 Guariglia，2008）虽然有考察出口，但更多关注其在融资约束等因素对企业生存状况影响中的调节作用。

为了更细致地考察全球价值链嵌入对企业生存的影响，通过梳理文献，本研究总结了全球价值链嵌入影响企业生存的潜在机制。主要有：

（1）全球价值链嵌入可以通过学习效应来提高企业的生存概率。第一，参与全球价值链分工能够帮助企业扩大市场规模，促进企业合理配置资源，将资源分配到边际要素生产率较高的部门，提高资源整体利用效率，提升企业生存概率（Feder，1982；Greenaway 和 Sapsford，1994；Greenaway 和 Kneller，2007）。第二，全球价值链嵌入有助于企业获得高质量、多种类的中间产品及资本设备，通过直接或者间接的“干中学”效应学习发达国家先进的生产方法、产品设计和组织管理经验，分散企业创新和投资风险，促进企业持续经营（Lileeva 和 Trefler，2010；Helmers 和 Rogers，2010；张杰等，2009）。第三，一般而言，外国的消费者可能比国内的消费者更为苛刻，而且具有一定的歧视性。为了拓宽国外市场，嵌入全球价值链的企业需要不断改进其工艺流程和技术标准，升级机器设备，对其职工进行持续培训，最终提高企业风险承担能力（Wang 和 Yu，2011）。

（2）全球价值链嵌入可能通过市场开放效应影响企业生存概率。首先，企业会依据其产品生命周期所处的不同阶段向不同的市场销售产品（Agarwal 和 Gort，2002）。国际市场的开放延长了企业产品生命周期，进而延长了企业生命周期。其次，国际市场开放本身会对企业生存带来双重效应。当消极的国内需求波动冲击国内市场时，企业对外销售能够缓冲国内市场波动带来的冲击，分散企业经营风险。最后，参与国际市场也可能成为国际风险因素传导至国内的潜在路径。当消极的国际需求波动发生时，该消极因素可能会对企业进而对国内市场带来冲击，增加企业生存风险。

（3）全球价值链嵌入可能通过国际市场的竞争加剧效应作用于企业生存概率。企业通过嵌入全球价值链的某个环节进入广阔的国际市场后，由于市场中存在诸多供应商，企业面临更激烈的国际竞争。相比于国内市场，国际市场的竞争会更加激烈。激烈的竞争环境增加了企业面临的不稳定因素，使企业失败风险提高 32%（Dzhumashev et al.，2011；Namini et al.，2011；Giovannetti et al.，2011）。同时，竞争会促使企业增加研发投入，持续改进产品质量、工艺流程，提升企业生存概率（Fontana 和 Nesta，2009；Colombelli et al.，2013）。

有关全球价值链嵌入对企业生存影响的研究并没有定论。本章就以下几个方面进行有益的尝试与改进：首先，在研究视角上，基于全球价值链分工日益深化的现实背景，系统地评估了全球价值链嵌入对企业持续经营的微观效应，为研究企业持续经营提供新思路和新方向。更进一步地，除了考察是否嵌入全球价值链分工对企业生存的影响之外，本研究进一步分析了企业全球价值链嵌入程度和位置对其生存的具体影响，更全面、精准地分析了企业参与全球价值链行为对其自身生存的作用，深化了对全球价值链嵌入与企业生存之间内在关系的理解。其次，在研究方法上，有效地解决了样本选择性偏差问题和数据删失问题。企业参与全球价值链分工和企业的生存会受到企业规模、生产率以及所有制结构等一系列因素的共同影响。传统回归方法估算的系数并不能够真实反映全球价值链嵌入对企业生存的影响。为此，在选取合适的匹配协变量的基础上，通过设置处理组和控制组，本研究采用倾向得分匹配方法选取最终样本，规避了样本选择性偏差，提高了估计的准确性，并采用生存分析方法巧妙地处理了右删失数据。在生存分析方法中数据右删失问题的处理可以借助结局变量的设定得到有效解决，即将 2006 年仍然存在企业的结局变量设定为 0，认为该企业在样本观测期内并没有发生特定的失败事件，能够充分挖掘样本信息。最后，考虑到不同地区、不同行业以及不同所有制企业之间的差异，进一步考察了全球价值链嵌入对企业生存作用是否会因地区、行业以及企业身份的不同而有所不同，为全球价值链嵌入对企业生存的影响提供了更为细致的研究。

第三节　数据说明、样本选取及企业生存特征

一、数据说明

研究使用样本主要来自 2000—2006 年中国工业企业数据库和海关数据库。中国工业企业数据库不仅包括全部的国有企业以及规模以上（年主营业务收入大于 500 万元）的非国有企业，并且包含企业法人代码、开

业时间、行业类别、营业利润、资产等十分丰富的企业微观层面信息。但工业企业数据库并未提供企业进出口相关的数据，需要将中国工业企业数据与海关数据库进行匹配。具体过程为：参照 Upward et al.（2013）和吕越等（2015）的处理方法，首先采用企业名称与年份对两个数据库进行匹配，之后采用各地区邮编以及企业电话后 7 位数的组合对两个数据库进行匹配，最终得到两个数据库的匹配数据；除了基本的数据匹配外，参照张杰等（2013）和葛顺奇（2015）的处理方法，对行业的代码进行调整，保证了 2000—2006 年两位行业代码的统一性；最后，对数据进行进一步的筛选整理。借鉴余淼杰（2011）的处理方法，剔除一些关键指标缺失、不符合会计准则、不符合逻辑以及固定资产合计等关键指标为 0 的数据。

为评估全球价值链嵌入对企业生存的影响，准确地界定企业生存时间以及全球价值链参与型企业至关重要。根据中国工业企业数据库的特征，将生存时间定义为企业出现在数据库中直至退出数据库所经历的时间。当企业在 t 时存在而在 $t+1$ 时退出数据库，则表明企业退出了市场（Namini et al.，2013）。值得注意的是，匹配后的数据库中存在间断性存在的企业，这些企业有的在样本期间停业又重新开张，有的则因某一年主营业务收入小于 500 万元而退出数据库，之后又因为营业收入的增长进入数据库。这类企业具有相当程度的不可观测性。借鉴于娇等（2015）的方法，本研究剔除该部分企业，仅仅保留了持续不间断存在的企业。对于全球价值链参与型企业的界定，将中间品进出口额不为 0 的企业定义为参与全球价值链的企业。现实中仍然有很多企业的中间品进出口额在某个时间段为 0，之后又重新从事中间品进出口贸易活动。本研究筛选出了持续进行中间品贸易的企业作为参与全球价值链企业进行深入研究。

采用 2000—2006 年全样本进行企业生存分析会同时面临数据左删失和右删失问题。一方面，无法获取企业在 2000 年之前的全球价值链参与状况。忽视该问题将无法准确地评估参与全球价值链对企业生存的影响。因此，本研究只选取 2000—2006 年新进入的企业作为最终分析样本，去掉左删失数据。另一方面，无法获知 2006 年之后企业的生存状况，出现右删失问题。生存分析方法能够有效解决右删失问题（Hess 和 Persson，2012；陈勇兵等，2012；许家云和毛其淋，2016）。

二、基于倾向得分匹配的样本选取

企业参与全球价值链分工的行为并非随机的，而是自我选择的结果。企业是否参与全球价值链分工和生存状况会受到自身生产率（Melitz，2003）、盈利能力（De Loecker 和 Warzynski，2012）、融资（Manova，2010；Feenstra et al.，2014）、企业规模、资本结构等众多因素的影响。我们很难区分是参与全球价值链分工改善了企业的生存状况，还是那些原本生产率和经营效率较高的企业本身就拥有较好的生存状况。这意味着样本选择有可能是内生的，会对估计结果产生不良影响。为了规避样本选择性偏差对估计结果的不良影响，本研究采用 PSM 方法对样本进行筛选，以匹配后的数据为样本，以期得到更为可信的结果。

PSM 方法的第一步是确定处理组和控制组。全球价值链分工的突出特征是中间品贸易的迅速发展。根据企业是否从事中间品进出口活动，将中国工业企业数据库和海关数据库匹配后的样本分为两类：处理组为中间品贸易额大于 0 的参与全球价值链分工的企业；控制组为中间品进出口值均为 0 的不参与全球价值链分工的企业。设定二元虚拟变量 $gvc_i = \{0, 1\}$。如果企业 i 中间品贸易额为 0，则 $gvc_i = 0$；反之，$gvc_i = 1$。企业的生存时间为 T_i。在理想状态下，全球价值链嵌入对企业生存的影响为 $T_i^1 - T_i^0$。其中，T_i^1 为企业参与全球价值链分工时的生存时间，T_i^0 为当前参与全球价值链的企业选择不参与全球价值链分工时的生存时间。企业嵌入全球价值链体系之后，其生存时间的变化可以表示为：

$$\begin{aligned}\Delta T &= E\{T_i^1 - T_i^0 \mid gvc = 1\} \\ &= E\{T_i^1 \mid gvc = 1\} - E\{T_i^0 \mid gvc = 1\}\end{aligned} \quad (7\text{-}1)$$

其中，$E\{T_i^0 \mid gvc = 1\}$ 是不可观测的。PSM 方法的基本思路是，构建一个与全球价值链参与型企业（处理组）在参与全球价值链活动之前的主要特征尽可能相似的非全球价值链参与型企业（控制组），然后将处理组中的全球价值链参与型企业与控制组中的企业进行匹配，使匹配后两个样本组的配对企业在是否参与全球价值链方面存在差异，在其他方面基本相同。匹配之后就构建了一个“反事实”的可观测数据 $E\{T_i^0 \mid gvc=0\}$，并以该数据替代 $E\{T_i^0 \mid gvc=1\}$。

在具体实施过程中，采用 PSM 方法为处理组寻找相对应的控制组企业。通过梳理相关文献，引入的匹配协变量 X_{it-1} 包括：企业规模（*scale*），用企业雇佣员工对数来衡量；劳动生产率（*lp*），用企业人均销售额取对数来衡量；资本密集度（*capital*），用企业人均固定资产的对数来衡量；企业资产负债率（*debt*），用企业负债占总资产的比值来衡量；企业所有制类型（*ownership*），是一个多值变量，反映企业的所有制结构特征。匹配过程中同时加入行业、地区和年份等特征。在上述协变量的基础上，采用 Logit 模型估算 $P=\Pr(gvc=1)=\Phi\{X_{it-1}\}$，即：

$$\text{logit}(gvc=1)=\Phi_{it-1}\{scale,lp,capital,debt,ownership,year,region,industry\} \tag{7-2}$$

通过 Logit 模型估计样本倾向得分，采用最邻近 1∶3 匹配方法寻找与参与全球价值链企业评分最为接近的控制组企业，并将实验组企业和最终入选的与实验组企业匹配的控制组企业作为进行生存分析的最终样本。

为了检验样本的匹配效果，防止出现不可观测因素的选择偏差，本研究进一步对协变量进行平衡性检验，如表 7-1 所示。表 7-1 的结果显示，除了企业规模（*scale*）外，劳动生产率（*lp*）、资本密集度（*capital*）、企业资产负债率（*debt*）以及企业所有制类型（*ownership*）在匹配前 T 检验的 P 值基本都为 0，而匹配后 T 检验的 P 值全部大于 0.1。这说明，匹配前处理组和控制组的协变量存在显著差异。匹配之后，这些变量的差异不再显著。样本匹配之后企业规模（*scale*）T 检验的 P 值为 0.002，仍然十分显著，但该变量匹配标准差的绝对值为 3.1%，小于 Rosenbaum 和 Rubin（1985）提出的 20%的参照标准，匹配效果良好。综上所述，经样本匹配后处理组和控制组均值十分接近，满足平衡性假设，匹配方法恰当，结果可靠。

表 7-1　匹配的平衡性检验

变量	样本	均值		标准偏差(%)		T 检验
		处理组	控制组	偏差	减少	P>t
scale	U	4.8849	4.4842	44.9	93.1	0.000
	M	4.8849	4.9124	-3.1		0.002
lp	U	5.4061	5.4243	-2.0	82.1	0.009
	M	5.4061	5.4094	-0.4		0.726
wage	U	2.6149	2.3838	47.2	97.2	0.000
	M	2.6149	2.6214	-1.3		0.189
capital	U	3.4104	3.5390	-10.3	89.3	0.000
	M	3.4104	3.4242	-1.1		0.290
debt	U	0.5579	0.5524	2.1	96.3	0.005
	M	0.5579	0.5581	-0.1		0.938
ownership	U	4.2766	3.7680	49.3	97.2	0.000
	M	4.2766	4.2623	1.4		0.188

三、基于 PSM 样本的企业生存特征

生存函数是生存分析法的重要工具，可用于描述生存时间分布特征。本研究通过构建 2000—2006 年新进入企业生存函数和危机函数来分析中国企业的生存特征。生存函数 $S(t)$ 为企业连续出现在样本中超过 t 年的概率；危险函数 $h(t)$ 为企业在 $t-1$ 时正常经营，而在 t 时退出市场的概率。相应的公式为：

$$S(t)=\Pr(T>t)=\prod_{i=1}^{t}(1-h_i) \tag{7-3}$$

$$h(t)=\Pr(t-1<T\leqslant t\mid T>t-1)=\frac{\Pr(t-1<T\leqslant t)}{\Pr(T>t-1)} \tag{7-4}$$

式中，T 表示企业持续存在的时间长度。生存函数和危险函数的非参数估计可以通过 Kaplan-Meier 乘积项给出，即：

$$\hat{S}(t)=\prod_{i=1}^{t}[(N_i-D_i)/N_i],\hat{h}(t)=D_t/N_t \tag{7-5}$$

式中，N_t 为 t 时期处于危险状态的持续时间段的个数，D_t 为同一时期观测到的失败对象的个数。

基于 Kaplan-Meier 乘积项，表 7-2 对企业生存函数做出了总体估计、分地区估计、分行业要素密集度估计以及分企业所有制的估计。

表 7-2　企业生存函数估计

类型		生存时间		KM 法估计的生存率			
		均值	标准差	1 年	3 年	5 年	7 年
所有样本		2.3147	1.1898	0.9225	0.7258	0.6162	0.6018
地区	东部地区	2.3338	1.1851	0.9308	0.7307	0.6172	0.6016
	中部地区	2.2493	1.1905	0.9028	0.7115	0.6154	0.6053
	西部地区	2.3237	1.2124	0.9109	0.7238	0.6131	0.5979
行业性质	资源密集型	2.2787	1.2021	0.9145	0.7227	0.6171	0.6054
	劳动密集型	2.3451	1.1996	0.9285	0.7293	0.6153	0.6000
	资本密集型	2.3244	1.1848	0.9219	0.7266	0.6185	0.6054
企业身份	外资企业	2.2433	1.1528	0.9059	0.6486	0.4925	0.4708
	非外资企业	2.3259	1.1952	0.9250	0.7377	0.6363	0.6232
价值链	非嵌入企业	1.8532	1.2207	0.9225	0.7210	0.6092	0.5946
	嵌入企业	2.3227	1.1850	0.9231	0.8261	0.7710	0.7657

由表 7-2 可知，全样本企业的平均生存时间为 2.3147 年，标准差为 1.1898。持续生存时间超过 1 年的企业约在 92.25%，有 7.75%的企业在第一年退出市场。持续生存时间超过 3 年的企业占 72.58%，有 27.42%的企业在第二年失败了。持续生存时间超过 5 年的企业占 61.62%，而持续生存时间超过 7 年的企业占 60.18%，这意味着近 40%的企业在连续生存 7 年后退出了市场。图 7-1 给出了更直观的全样本生存函数图和危险率曲线图。图 7-1（a）表明企业生存率随着持续时间的增长而降低，但降低的幅度随着持续时间的增长有所下降。随着企业生存持续时间的增长，企业的生存率趋于稳定。图 7-1（b）的危险率曲线说明，在企业生存的前两年，危险率逐步上升，在第三年左右达到顶峰。之后，企业风险率迅速下降。

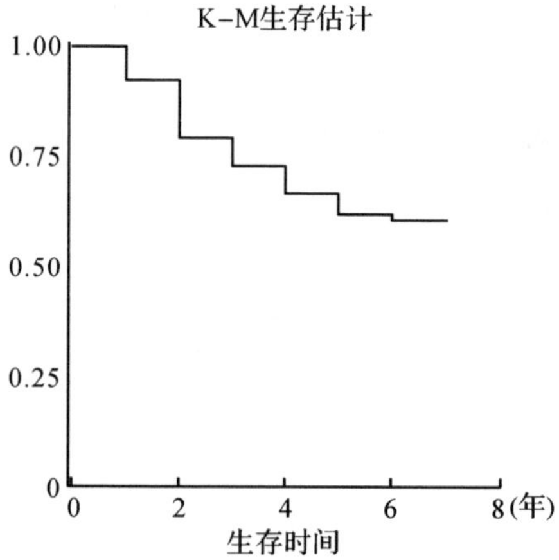

图 7-1(a)　企业生存曲线

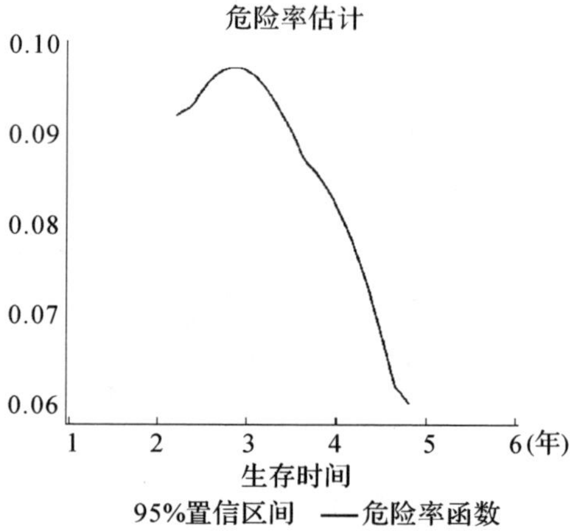

图 7-1(b)　企业危险率曲线

分样本来看，中国企业生存时间分布存在以下特点：（1）东部地区企业生存时间要高于中西部地区。从表 7-2 可以看出，东、中、西部地区企业平均生存时间为 2.3338 年、2.2493 年和 2.3237 年。东部地区生存时间持续超过 1 年的企业占 93.08%，即只有 7%左右的企业在生存 1 年后退出市场。而在中西部地区，分别有 9.72%和 8.91%的企业在生存 1 年之后退出了市场。东部地区生存率较高的原因可能是，其在相关政策的扶持下，依托于自身的地理优势，经济发展水平远远高于中西部地区，为该地区企业提供了更为有利的生存环境。（2）劳动密集型行业企业的生存时间要略高于资源密集型行业和资本密集型行业，其生存时间的平均值依次为 2.3451 年、2.2787 年和 2.3244 年。从整体上来说，不同要素密集型行业中企业的生存时间分布不存在较大差异：8.8%左右的企业在连续生存 1 年之后退出市场，28%左右的企业在连续生存 3 年之后退出市场，60%的企业连续生存时间超过 7 年。（3）从企业所有制类型来看，外资企业生存时间要低于非外资企业，且每一年外资企业退出市场的危险率均大于非外资企业。第一年，有 92.50%的非外资企业、90.59%的外资企业生存下来，二者差异不大。随着时间的推移，二者之间的差距逐渐变大。非外资和外资企业在第七年退出市场的比例分别为 37.68%和 52.92%，相差了 15.24%。

本小节同样采用 Kaplan-Meier 估计初步考察了参与全球价值链与否

与企业生存时间的关系。从表 7-2 的估计结果可以看出，第一年全球价值链参与型企业和非参与型企业退出市场的比例相近，约为 8%。随着时间推移，二者差距逐渐增大。第三年，有 27.9%的不参与全球价值链嵌入的企业退出市场，比参与全球价值链的企业高出 10.51 个百分点。第五年，非全球价值链型企业退出市场的比例为 39.08%，比参与全球价值链的企业高出 16.18 个百分点。第七年，二者差距进一步扩大到 17.11%。图 7-2 给出了参与和非参与全球价值链企业持续经营的 K-M 生存曲线和危险率曲线。图 7-2 表明，参与全球价值链的企业的生存曲线位于较高的位置。与不参与全球价值链的企业相比，参与全球价值链的企业拥有相对较低的市场退出风险，持续经营时间更长。随着企业经营持续时间的延长，参与全球价值链的企业与不参与全球价值链的企业在生存率的差异上逐渐增大。

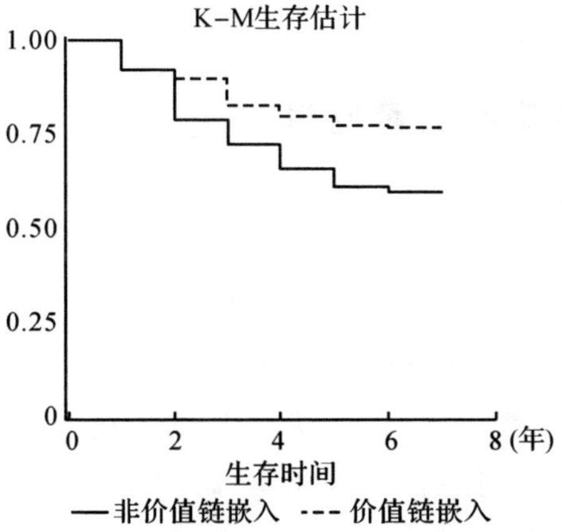

图 7-2(a) 参与、不参与企业生存曲线

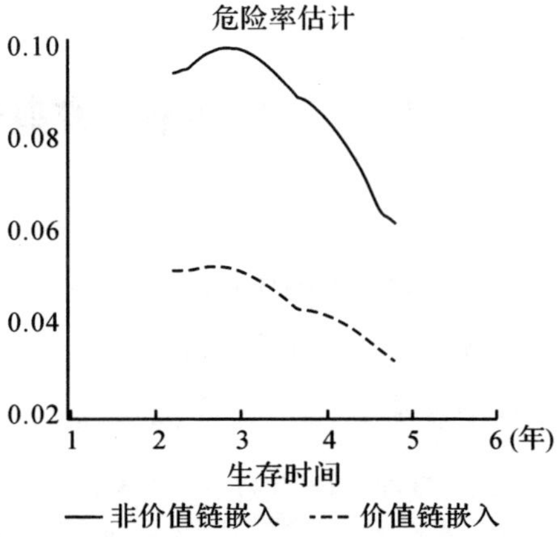

图 7-2(b) 参与、不参与企业危险率曲线

为了验证上述估计的准确性，采用对数秩检验（Log Rank Test）和威尔克森检验（Wilconxon Test）验证两种类型企业生存率是否存在显著差异。表 7-3 为对全球价值链嵌入型和非嵌入型企业生存函数进行对数秩检验和威尔克森检验的结果。对数秩检验和威尔克森检验的 p 值为 0.0000，说明两组企业的生存时间差异显著。参与全球价值链型企业实际观测到退出市场的事件为 933 件，远远小于理论预测的数值。而非全球价值链嵌入型企业的实际退出市场数则大于理论数值，这说明参与全球价值链的企业生存状态更好。

表 7-3　不同价值链嵌入倾向企业的生存时间对比

	对数秩检验		威尔克森检验	
	观测事件	预测事件	观测事件	预测事件
非嵌入型	42646	41837.29	42646	41837.29
嵌入型	933	1741.71	933	1741.71
$chi2(1)$	448.18		303.26	
$pr > chi2$	0.0000		0.0000	

K-M 生存估计初步描述了是否参与全球价值链与企业生存之间的可能关系。除是否参与全球价值链分工外，企业年龄等其他因素也会影响企业的持续经营。下节将借助实证模型进行更为严谨的评估。

第四节　模型设定与变量说明

一、计量模型构建

通过将生存时间与时间结局（企业死亡或删失）相结合，生存分析方法能够有效解决生存时间不可知、数据右删失的问题（Cleves et al., 2004），从而准确地反映全球价值链嵌入对企业生存的具体影响。在生存分析方法中，可以观测到企业 i 的向量 (t_i, δ_i, X_i)。其中，t_i 为企业生存时间；δ_i 为结局变量，代表是否发生企业退出市场的事件；$\boldsymbol{X}_i = (X_{i1}, X_{i2}, \cdots, X_{im})$ 是 m 维行向量，代表影响企业生存的协变量，也是模型设定过程中解释变量的集合。数据右删失问题的处理可以借助结局变量 δ_i 的设定得到有效解决，即将 2006 年仍然存在企业的结局变量设定为 0，认为在样本观测期间，该企业并没有发生特定的失败事件。

生存分析方法假定，企业在其生产经营过程中面临着各种风险冲击。$h_0(t)$ 为企业的基础风险函数，是样本协变量在标准状态下的风险函数，一般是未知的。$h(t, \boldsymbol{X})$ 代表企业在 t 时的危险率，其具体形式为：

$$h(t,\boldsymbol{X}) = \lim_{\Delta t \to 0} \frac{P(t \leqslant T \leqslant t + \Delta t \mid T > t)}{\Delta t}$$
$$= h_0(t)\exp(\boldsymbol{X}'\beta) \tag{7-6}$$

两边取对数，可以得到：

$$\ln h(t,\boldsymbol{X}) = \ln h_0(t) + \boldsymbol{X}'\beta \tag{7-7}$$

式中，$\beta=(\beta_1,\beta_2,\cdots,\beta_m)'$为待回归系数。在结果分析中，如果 $\beta_i > 0$，则表示该变量是危险因素，会威胁企业生存；反之，如果 $\beta_i < 0$，则意味着该变量是保护因素，会促使企业持续生存。

生存分析方法中的 Cox 比例风险模型和 PH 指数回归模型都能够对系数 β 进行估计。两者区别是：Cox 比例风险模型为半参数估计，基础风险函数 $h_0(t)$ 不要求有特定的形式。指数部分的协变量效应具有参数模型的形式。与此不同，PH 指数回归模型是一种参数回归的方法，假定基础风险函数对企业风险的影响是固定的，即 $h(t,\boldsymbol{X}) = h_0(t)\exp(\boldsymbol{X}'\beta) = \exp(\beta_0 + \boldsymbol{X}'\beta)$。其中，$\beta_0$ 为基础风险函数的指数形式，一般为常数。本小节同时采用 Cox 比例风险模型和 PH 指数回归模型，从半参数回归和参数回归两个角度深入剖析参与全球价值链分工对企业生存的具体影响。

二、变量说明

（一）全球价值链嵌入特征估计

为深入分析参与全球价值链分工对企业生存的影响，本小节从是否参与全球价值链（*gvc*）、全球价值链嵌入程度以及全球价值链嵌入位置 3 个维度刻画企业全球价值链的嵌入行为。当企业不存在中间品贸易，即当中间品贸易总额为 0 时，*gvc* 记为“0”；如果企业存在中间品进口或者出口行为，则代表企业在一定程度上参与了全球价值链的分工，则将 *gvc* 标记为“1”。

（二）控制变量

在梳理企业生存相关文献的基础上，引入以下控制变量：

（1）企业年龄（*age*）。关于企业年龄与其生存时间的研究有两种完全不同的结论：一部分学者认为，企业年龄反映了企业在经营过程中对外部环境的适应能力，企业年龄的增长意味着其存活率的上升（Agarwal 和 Gort，2002；Wagner，2012）。企业在刚刚进入市场时，还没有建立参与市场经济活动所必需的规则、关系以及必要的状态，面临较大的风险（Stinchcombe，1965）。还有一部分学者提出了与之相反的观点，认为随着企业年龄的增长，企业会越来越固化，不能更好地适应外部环境变化，存在过时的风险（Barron et al.，1994）。事实上，这两种效应同时存在，即随着时间推移，新进入市场的企业会通过“干中学”等途径积累经验，降低生存风险。同时，年龄的增长也会带来过时风险，当年龄超过一定临界点之后，这种过时风险占据主要地位，企业总体生存风险开始增大（Helfat 和 Peteraf，2003；Coad et al.，2013）。因此，借鉴于娇等（2015）、Colombelli et al.（2013）等做法，在模型中同时引入年龄（*age*）以及年龄的平方项（age^2）。

（2）企业规模（*scale*）。企业规模对企业生存而言至关重要。大多数研究认为，规模较大的企业更容易生存（Cefis 和 Marsili，2005；Esteve-P é rez 和 Mañez-Castillejo，2008）。一方面，大规模企业拥有融资优势，能够低成本、高效地获取生产经营所需资本，促进企业持续健康发展（Görg 和 Spaliara，2014）；另一方面，企业规模扩大会带来规模经济，降低企业中间品投入，促使企业充分利用生产要素组织生产（Agarwal 和 Gort，2002）。企业规模用企业员工的对数来衡量（Wagner，2012）。

（3）劳动生产率（*lp*）。劳动生产率对企业进入退出的影响是学者们研究的焦点。劳动生产率的高低会直接影响企业生产经营状况和行业地位：一方面，较高的劳动生产率意味着企业在组织生产方面存在竞争优势，市场竞争力较强，有助于提升生存概率（Esteve-P é rez 和 Mañez-Castillejo，2008）；另一方面，在给定其他条件不变的情况下，较高的劳动生产率意味着企业在生产经营过程中能够采用较少的劳动力达到相同产出，节约劳动成本，提高企业利润率，促进企业持续发展（Baldwin 和 Rafiquzzaman，1995）。借鉴 Turco 和 Maggioni（2013）的做法，采用企业人均产品销售收入的对数来衡量劳动生产率，并预测符号为负。

（4）工资水平（*wage*）。引入企业工资水平来侧面衡量企业人力资本状况。企业资源理论认为，企业内部的资源禀赋是其生存的根本条件，是直接决定企业生存状况的关键因素。众多的研究认为，企业自身资源越丰富，能力就越强，在市场竞争中生存下来的概率就越大。工资水平越高代表企业人力资本投入越大，能够帮助企业在竞争中获取更多的市场份额，增强生存能力（Colombo 和 Grilli，2005；Cefis 和 Marsili，2006；Fontana 和 Nesta，2009）。

（5）资本密集度（*capital*）。资本密集度较高的企业往往会采用比较先进的生产技术和设备，花费更多时间挑选和培训员工，进行研发和创新活动，提升企业竞争能力。采用人均固定资产的对数来衡量企业的资本密集度（Mion G 和 Zhu，2013；Wagner，2006）。

（6）企业金融状况。企业金融状况是其抵抗外部环境冲击、持续健康发展的重要因素。一方面，企业金融状况是其财务状况的重要部分，也是企业经营成果的组成部分，相比于财务状况不佳的企业，财务状况优良企业的抗风险能力更强；另一方面，企业金融状况直接决定了企业融资约束的高低，较好的金融状况意味着企业能够从资本市场中获得必需的资金支持，提高企业生存率（Görg 和 Spaliara，2014）。通过梳理相关研究，引入企业融资约束（*financial*）、资产负债率（*debt*）和销售利润率（*profit*）。企业融资约束为流动资产减去流动负债的差值与总资产的比值（Chen 和 Guariglia，2013）。当企业面临销路不畅等内部流动性约束时，通过银行、对外发行股票或者债券等外部融资方式获取资金能够帮助企业缓解资金紧张局面，平滑企业现金流，提高企业生存率（Manova，2010）。资产负债率（*debt*）是评价企业负债水平的综合指数，可侧面衡量企业整体财务状况。Bougheas et al.（2006）的研究指出，较高的资产负债率，加大了企业在公开市场上获取资本的难度，不利于企业生存。除此之外，销售利润率（*profit*）是企业运营能力的重要指标。参照 Clementi 和 Hopenhayn（2006）的研究，用企业利润总额与工业销售总产值的比例来衡量销售利润率，并预计其对企业生存时间的影响为正。

（7）行业集中度（*herfind*）。行业集中度反映了企业所处行业的竞争程度。市场竞争程度影响企业关键资源的可得性、产品价格、生产过程中要素利用能力等多个方面，最终影响企业生存。行业集中程度为销售额最高的 4 个工业企业销售总值占整个行业销售总值的比例，即：$herfind_{it} = \sum_{i=1}^{4} SV_{kt}/SV_{t}$。

此外，所有模型控制了时间、地区和行业的固定效应，以控制不可观测的外部因素对企业生存的影响。

第五节　实证分析

一、基准回归

企业生存状况现实特征分析表明，相比于不参与全球价值链分工的企业，参与全球价值链分工的企业具有更高的生存率。本节采用生存分析方法考察是否参与全球价值链分工对企业生存的具体影响。表 7-4 中模型（1）、（2）为采用 Cox 比例风险模型进行半参数估计的结果，模型（3）、（4）为采用 PH 指数回归模型进行参数估计的结果。其中，模型（1）、（3）只考察了全球价值链嵌入与否对企业生存时间的影响，模型（2）、（4）加入了企业年龄、规模等异质性因素。半参数估计和参数估计的结果基本一致。

表 7-4　是否参与全球价值链分工对企业生存的影响

变量	(1) Cox 比例风险模型	(2) Cox 比例风险模型	(3) PH 指数回归模型	(4) PH 指数回归模型
gvc	−0.6444*** (0.0331)	−0.3774*** (0.0339)	−0.5981*** (0.0331)	−0.4127*** (0.0338)
age		0.5412*** (0.0170)		0.8065*** (0.0159)
age^2		−0.0899*** (0.0023)		−0.1180*** (0.0022)

续　表

变量	(1) Cox 比例风险模型	(2) Cox 比例风险模型	(3) PH 指数回归模型	(4) PH 指数回归模型
scale		−0.0929*** (0.0062)		−0.0638*** (0.0062)
lp		−0.2746*** (0.0073)		−0.2640*** (0.0072)
wage		−0.2141*** (0.0111)		−0.1966*** (0.0111)
capital		0.0527*** (0.0052)		0.0601*** (0.0052)
financial		0.1964*** (0.0257)		0.2032*** (0.0257)
debt		0.1078*** (0.0269)		0.1103*** (0.0269)
profit		−0.3042*** (0.0494)		−0.2323*** (0.0492)
herfind		1.8469*** (0.0398)		1.7796*** (0.0398)
Log likelihood	−510650.52	−493320.71	−120008.9	−112892.97
样本量	435631	433971	435631	433971

注：括号中数值代表标准差。***、**和*分别表示系数通过1%、5%和10%的显著性检验。模型均控制了行业、地区和年份固定效应。

全球价值链嵌入与否（*gvc*）的系数显著为负。这表明，参与全球价值链分工会降低企业退出市场的风险，促使企业持续健康发展，这与企业 K-M 生存曲线的估计基本一致。参与全球价值链带来的技术创新、生产效率增进（Helmers 和 Rogers，2010；Bratti 和 Felice，2012）、分散市场需求波动（Agarwal 和 Gort，2002）等正效应要大于激烈市场竞争（Giovannetti et al.，2011）带来的负效应，有助于提升中国企业的生存概率。

控制变量的结果基本符合预期。企业年龄（*age*）的系数显著为正，其平方项的系数显著为负。这意味着，企业在成立之初，由于不熟悉市场规则，尚未形成特定的文化章程，退出市场风险较大。随着年龄增长，企业开始积累一定的生存经验，与市场中其他参与者逐步建立信任关系，因此其生存概率会有所上升。企业规模（*scale*）显著为负，验证了 Cefis 和

Marsili（2005）以及 Esteve-Pérez 和 Mañez-Castillejo（2008）等的研究结果。大规模企业往往在融资、技术等方面具有优势，规模经济效应显著，竞争力较强，因而生存率也更高。劳动生产率（lp）和工资（$wage$）的系数显著为负，表明较高的人力资本投入和技术水平有利于企业的可持续经营。企业资本密集度（$capital$）的系数显著为正，表明企业资本密集度越高，其生存概率越低。可能的解释是，企业资本密集度的提升在长期内会带来显著正向效应，但在短期内，高额技术设备投入意味着不确定性和较差的资金账面状况，使企业面临较大的生存风险。企业金融状况对企业生存的影响也与预期基本一致：首先，内部融资约束（$financial$）的系数都显著为正。资金是维持企业持续经营的关键要素。较高的融资约束意味着企业较难以合理的价格获取生产经营所需的资本以维持正常运转，企业会面临较大的退出风险，生存概率较低。其次，企业资产负债率（$debt$）的系数也显著为正，表明较高的资产负债率会降低债权人将资金交付给该企业的意愿，侧面提高企业的融资约束，不利于企业持续经营。背后的逻辑是，相比于公司股东或者经营者，债权人更关心贷给企业的款项的安全程度，即能否按期收回本金和利息。如果股东提供的资本与企业资本总额相比只占较小比例，则企业很难获得债权人的信任，其经营失败的概率就会更高。销售利润率（$profit$）与企业危险率显著负相关，即企业销售利润率的提升有助于提高企业的生存概率。利润率是企业经营状况好坏的关键指标。较高的销售利润率意味着企业在激烈的市场竞争活动中经营状况良好，综合竞争力较强。行业集中度（$herfind$）的系数显著为正。相比于竞争程度更高的行业，市场集中度更高的行业中的企业危险率更高。原因是，一方面，对处于较高集中度行业中的大型企业而言，其行为更容易僵化，不能灵活应对剧烈变化的外部环境，退出市场的风险更高；另一方面，对处于较高集中度行业中的小型企业而言，其发展面临大型企业的打压和威胁，在竞争中处于弱势地位。

嵌入全球价值链分工体系只是提升竞争力的第一步，并不意味着经济登上了升级的自动扶梯（聂鸣和刘锦英，2006；Bair 和 Peters，2006）。全球价值链嵌入特征至关重要。一方面，对参与全球价值链分工的企业而言，其参与程度存在较大差异。例如，造纸及纸制品业，化学纤维制造业，通信设备、计算机以及其他电子设备制造业等行业中企业的全球价值链嵌入程度普遍较高（吕越等，2015）。另一方面，全球价值链分工不同环节的利润分配存在巨大差异（Kaplinsky，2000；Humphrey，2003a；Gereffi et al.，2005），进而参与其中的经济体发展也会有所不同。具体到企业层面，全球价值链嵌入位置不仅会影响企业生产效率和资本密集度（Chor et al.，2014），还会影响企业最优生产决策（Antràs 和 Chor，2013）。那么，参与全球价值链分工给企业生存带来的正向效应是否会随其参与特征的不同而发生变化？接下来本节将进一步评估全球价值链嵌入特征对企业生存的影响。

表 7-5 汇报了全球价值链嵌入程度和位置对企业生存的影响。模型（1）—（3）为 Cox 比例风险模型进行半参数回归的结果，模型（4）—（6）为 PH 指数回归模型进行参数回归的结果。模型（1）、（4）考察全球价值链嵌入程度对企业生存的影响，模型（2）、（5）考察全球价值链嵌入位置对企业生存的影响，模型（3）、（6）为同时引入全球价值链嵌入位置和程度的回归结果。表 7-5 中 Cox 比例风险模型和 PH 指数模型回归的结果一致。

表 7-5 全球价值链分工特征对企业生存影响的基准估计

变量	Cox 比例风险模型			PH 指数模型		
	(1)	(2)	(3)	(4)	(5)	(6)
gvc_pos	−0.2084*** (0.0417)		−0.1456*** (0.0412)	−0.1553*** (0.0409)		−0.1041*** (0.0404)
gvc_part		0.2560*** (0.0191)	0.3254*** (0.0281)		0.2113*** (0.0194)	0.2763*** (0.0286)
age	0.1714*** (0.0189)	0.1748*** (0.0188)	0.1701*** (0.0189)	0.4076*** (0.0176)	0.4067*** (0.0175)	0.4076*** (0.0176)
age^2	−0.0230*** (0.0026)	−0.0233*** (0.0026)	−0.0229*** (0.0026)	−0.0465*** (0.0025)	−0.0463*** (0.0025)	−0.0465*** (0.0025)
scale	−0.1056*** (0.0062)	−0.1066*** (0.0062)	−0.1072*** (0.0062)	−0.0722*** (0.0061)	−0.0735*** (0.0061)	−0.0735*** (0.0061)
lp	−0.1744*** (0.0075)	−0.1741*** (0.0074)	−0.1753*** (0.0075)	−0.1501*** (0.0074)	−0.1500*** (0.0074)	−0.1508*** (0.0074)

续 表

变量	Cox 比例风险模型			PH 指数模型		
	(1)	(2)	(3)	(4)	(5)	(6)
wage	0.0389*** (0.0112)	0.0371*** (0.0111)	0.0383*** (0.0112)	0.0381*** (0.0112)	0.0361*** (0.0111)	0.0376*** (0.0112)
capital	0.0353*** (0.0053)	0.0352*** (0.0052)	0.0351*** (0.0053)	0.0369*** (0.0052)	0.0369*** (0.0052)	0.0367*** (0.0052)
financial	0.0944*** (0.0260)	0.0939*** (0.0259)	0.0934*** (0.0260)	0.1056*** (0.0260)	0.1057*** (0.0259)	0.1047*** (0.0260)
exfina	0.1566* (0.0922)	0.1736* (0.0915)	0.1591* (0.0922)	0.2234** (0.0921)	0.2395*** (0.0914)	0.2252** (0.0921)
debt	0.0069 (0.0272)	0.0071 (0.0271)	0.0066 (0.0272)	0.0139 (0.0272)	0.0146 (0.0271)	0.0138 (0.0272)
profit	−0.2829*** (0.0502)	−0.2856*** (0.0499)	−0.2827*** (0.0502)	−0.2988*** (0.0501)	−0.3002*** (0.0499)	−0.2987*** (0.0501)
herfind	0.3731*** (0.0461)	0.3705*** (0.0459)	0.3751*** (0.0461)	0.3704*** (0.0461)	0.3685*** (0.0459)	0.3720*** (0.0461)
Log likelihood	−465770.45	−470988.61	−465705.15	−88439.70	−89371.22	−88404.76
样本量	426131	433969	426129	426131	433969	426129

注：括号中数值代表标准差。***、** 和 * 分别表示系数通过 1%、5% 和 10% 的显著性检验。模型均控制了行业、地区和年份固定效应。

以 Cox 比例风险模型为例，全球价值链嵌入位置（*gvc_pos*）系数为−0.2084，同时控制了全球价值链嵌入程度后，全球价值链嵌入位置的系数为−0.1456，且均在统计意义上显著。全球价值链嵌入位置对企业退出市场的危险率有显著负效应。全球价值链嵌入位置主要衡量企业的贸易产品到达消费者的距离。该指标值越大，意味着该企业生产或者贸易的产品更接近中间投入端。全球价值链嵌入位置的显著负向效应说明，企业向全球价值链的中间投入端延伸会降低企业生存风险，提高企业生存概率。合理的解释是，一方面，企业大多实行订单贸易，随着企业向全球价值链的中间投入端延伸，这种依照订单进行生产的方式降低了市场需求波动对企业的影响，提高了企业经营的稳定性；另一方面，借鉴 Ju 和 Yu（2015）的做法，本研究测算了企业全球价值链嵌入位置与资本密集度的相关系数，其值为 0.0169，且在统计意义上显著。这说明，企业全球价值链嵌入位置越高，资本密集度越大，即我国制造业位于全球制造业价值链微笑曲线的左半边。全球价值链嵌入位置较高意味着资金、技术设备等的大量投入，这种投入在长期会带来技术水平和生产效率的提升，改进企业生产经营状况，提升企业生存概率。

全球价值链嵌入程度（*gvc_part*）的系数显著为正。这说明，全球价值链分工参与程度的提升会显著增加企业退出市场的风险，降低企业的生存概率。全球价值链分工参与程度的加深也意味着企业出口国外附加值率较高，即企业出口中有很大一部分的原材料和中间品投入依赖国外进口。显著为正的效应说明，在企业出口产品中，国外附加值比例的上升会增加企业退出市场的风险，降低企业的生存概率。背后的逻辑是，一方面，较高的全球价值链参与程度验证了企业进行两头贸易的事实。该类企业对其上游的中间品供应商和下游的服务商均存在较大程度的依赖，趋附于国际大型购买商和跨国公司，更容易受到国际市场需求波动的影响，生存风险较大。另一方面，较高的国外附加值比例意味着较低的国内附加值比例。较低的全球价值链分工地位意味着市场竞争力较弱，不利于企业持续生存。同时，较低的出口国内增加值比例削弱了企业从外部筹集资金促进自身发展的能力，阻碍了企业持续发展。

二、稳健性检验

生存分析方法中的 Cox 比例风险模型和 PH 指数模型都属于连续型时间模型。连续时间模型会引起估计系数偏差：一方面，连续时间模型不能很好地处理时间结点问题，造成有偏误的系数估计；另一方面，连续时间模型难以控制不可观测的异质性，引起谬误的时间依存和参数估计偏差。因此，借鉴陈勇兵等（2012）以及 Hess 和 Persson（2012）的做法，采用离散的 Logit 和 Probit 模型进行稳健性检验。此外，本小节还采用生存分析方法中的互补双对数（Cloglog）模型进行了进一步检验。该方法不仅有生存分析的传统优势，还能在控制不可观测的异质性问题的同时有效地解决大样本数据结点问题。表 7-6 分别给出了采用离散型的 Logit、Probit 模型和生存分析 Cloglog 模型进行稳健性检验的结果。

表 7-6　全球价值链嵌入与否对企业生存影响的稳健性检验

变量	(1) Logit	(2) Probit	(3) Cloglog
gvc	−0.1157*** (0.0277)	−0.0621*** (0.0140)	−0.1066*** (0.0262)
age	0.8169*** (0.0160)	0.4125*** (0.0080)	0.7769*** (0.0153)
age^2	−0.1217*** (0.0022)	−0.0614*** (0.0011)	−0.1159*** (0.0021)
scale	−0.0468*** (0.0064)	−0.0215*** (0.0032)	−0.0466*** (0.0060)
lp	−0.2972*** (0.0075)	−0.1519*** (0.0038)	−0.2806*** (0.0070)
wage	−0.2019*** (0.0114)	−0.0981*** (0.0058)	−0.1939*** (0.0108)
capital	0.0744*** (0.0054)	0.0384*** (0.0028)	0.0698*** (0.0051)
financial	0.2528*** (0.0267)	0.1323*** (0.0139)	0.2355*** (0.0250)
debt	0.1243*** (0.0280)	0.0640*** (0.0145)	0.1167*** (0.0262)
profit	−0.3073*** (0.0507)	−0.1553*** (0.0257)	−0.2918*** (0.0480)
herfind	1.9791*** (0.0420)	1.0595*** (0.0226)	1.8282*** (0.0386)
Log likelihood	−141352.15	−141330.68	−141356.15
样本量	446424	446424	446424
边际效应			
gvc	−0.0103*** (0.0025)	−0.0106*** (0.0024)	−0.0101*** (0.0025)

注：括号中数值代表标准差。***、** 和 * 分别表示系数通过 1%、5% 和 10% 的显著性检验。模型均控制了行业、地区和年份固定效应。

离散模型结局二分变量为被解释变量。综合表 7-6 和表 7-4 的结果，相比于连续模型，离散模型中是否参与全球价值链分工的系数绝对值有所降低，但一直显著为负。由于 Probit、Logit 和 Cloglog 等二值模型的估计系数并未直接反映边际效应，表 7-6 进一步测算了全球价值链嵌入与否的边际效应（见表 7-6 边际效应部分）。以 Cloglog 模型为例，相比于不参与全球价值链的企业，参与全球价值链分工企业的危险率为 1.066%。采用生存分析法的半参数估计 Cox 比例风险模型和参数估计 PH 指数模型的结果稳健，即参与全球价值链会降低企业退出市场风险，促进企业持续发展。

表 7-7 采用离散型的 Logit、Probit 和 Cloglog 模型对全球价值链嵌入特征的生存分析结果进行稳健性检验。

表 7-7　全球价值链嵌入特征对企业生存影响的稳健性检验

变量	(1) Logit	(2) Probit	(3) Cloglog
gvc_pos	−0.2715*** (0.0400)	−0.1574*** (0.0225)	−0.2279*** (0.0320)
gvc_part	0.6306*** (0.0393)	0.3614*** (0.0208)	0.3765*** (0.0199)
age	0.4380*** (0.0188)	0.2472*** (0.0104)	0.3938*** (0.0169)
age^2	−0.0513*** (0.0026)	−0.0288*** (0.0015)	−0.0460*** (0.0024)
scale	−0.0678*** (0.0067)	−0.0381*** (0.0037)	−0.0609*** (0.0060)
lp	−0.1885*** (0.0082)	−0.1083*** (0.0045)	−0.1658*** (0.0073)
wage	0.0673*** (0.0123)	0.0382*** (0.0069)	0.0567*** (0.0109)
capital	0.0497*** (0.0058)	0.0289*** (0.0032)	0.0439*** (0.0052)
financial	0.1515*** (0.0288)	0.0869*** (0.0160)	0.1330*** (0.0255)
exfina	0.2577** (0.1019)	0.1512*** (0.0565)	0.2308** (0.0904)
debt	0.0132 (0.0301)	0.0149 (0.0167)	0.0056 (0.0267)

续 表

变量	(1) Logit	(2) Probit	(3) Cloglog
profit	−0.4487*** (0.0549)	−0.2411*** (0.0299)	−0.4055*** (0.0493)
herfind	0.4704*** (0.0514)	0.2642*** (0.0289)	0.4053*** (0.0450)
Log likelihood	−111683.50	−111616.01	−111737.02
样本量	291138	291138	291138
gvc_pos	−0.0323*** (0.0047)	−0.0334*** (0.0048)	−0.0306*** (0.0043)
gvc_part	0.0749*** (0.0047)	0.0767*** (0.0044)	0.0505*** (0.0027)

注:括号中数值代表标准差。***、** 和 * 分别表示系数通过 1%、5%和 10%的显著性检验。模型均控制了行业、地区和年份固定效应。

在离散模型的估计下，全球价值链嵌入位置（*gvc_pos*）的系数显著为负，全球价值链分工参与程度（*gvc_part*）的系数显著为正，与连续模型估计结果完全一致，验证了基准模型估计结果的稳健性。 表 7-7 同样测算了核心解释变量的边际效应。 以 Cloglog 模型为例，企业全球价值链嵌入位置每上升 1 个标准差，企业退出市场的危险率会降低 3.06%；而全球价值链嵌入程度每上升 1 个标准差，企业退出市场的概率会上升 5.05%。综上所述，随着企业向全球价值链中间品投入端延伸，创造更多的国内增加值，企业退出市场风险会降低，生存概率有所提升。

三、进一步分析

(一)基于东、中、西部地区的分类检验

鉴于中国经济区域发展的不平衡，按照经济带地域，本小节将企业分为了东、中、西部三大经济带。 表 7-8 给出了不同地区企业是否参与全球价值链分工对企业生存影响的回归结果。 连续模型采用 Cox 比例风险模型，离散模型选用 Cloglog 模型。 无论是连续模型还是离散模型，表 7-8 中的估计结果表明，全球价值链分工嵌入与否对企业退出市场的危险率均

有显著负效应。为了考察不同地区全球价值链嵌入与否对企业生存的影响大小，本小节估计了离散二值 Cloglog 模型的边际效应。对东部地区而言，相比于不参与全球价值链的企业，参与全球价值链分工企业退出市场的危险率会下降 1.21%。而在中、西部地区，参与全球价值链分工对企业生存的正效应则相对较大，其值分别为 2.39%和 3.89%。相比于中、西部地区，东部地区最早实施对外开放政策，且临近港口等地理优势加速了东部地区企业的国际化进程。对中、西部地区企业而言，参与全球价值链转向国际市场是一项相对稀缺的技能，对企业生存的影响更大。

表 7-8　全球价值链嵌入与否对企业生存的影响(分地区)

变量	东部地区		中部地区		西部地区	
	(1) 连续模型	(2) 离散模型	(3) 连续模型	(4) 离散模型	(5) 连续模型	(6) 离散模型
gvc	−0.3827*** (0.0363)	−0.1277*** (0.0283)	−0.2379** (0.1180)	−0.2806** (0.1178)	−0.9005*** (0.1734)	−0.4069*** (0.1168)
age	0.5295*** (0.0211)	0.7709*** (0.0187)	0.5727*** (0.0371)	0.8201*** (0.0348)	0.7403*** (0.0502)	0.8899*** (0.0460)
age^2	−0.0862*** (0.0028)	−0.1118*** (0.0025)	−0.1058*** (0.0053)	−0.1337*** (0.0051)	−0.1143*** (0.0069)	−0.1318*** (0.0064)
scale	−0.0692*** (0.0078)	−0.0144* (0.0074)	−0.1699*** (0.0135)	−0.1452*** (0.0133)	−0.0900*** (0.0173)	−0.0599*** (0.0169)
lp	−0.2547*** (0.0092)	−0.2603*** (0.0088)	−0.3163*** (0.0150)	−0.3055*** (0.0149)	−0.2777*** (0.0206)	−0.2839*** (0.0201)
wage	−0.1685*** (0.0135)	−0.1451*** (0.0131)	−0.3746*** (0.0248)	−0.3487*** (0.0247)	−0.2250*** (0.0333)	−0.2094*** (0.0325)
capital	0.0491*** (0.0066)	0.0696*** (0.0063)	0.0370*** (0.0110)	0.0424*** (0.0110)	0.0811*** (0.0145)	0.0910*** (0.0143)
financial	0.2331*** (0.0326)	0.2823*** (0.0315)	0.1137** (0.0521)	0.1244** (0.0521)	−0.0005 (0.0728)	0.0103 (0.0711)
exfina	0.3298*** (0.1110)	0.4496*** (0.1075)	0.4739** (0.1959)	0.5204*** (0.1959)	0.9043*** (0.2750)	1.0823*** (0.2689)
debt	0.0281 (0.0346)	0.0403 (0.0335)	0.2919*** (0.0528)	0.2997*** (0.0527)	0.0997 (0.0740)	0.0903 (0.0724)
profit	−0.4820*** (0.0605)	−0.4310*** (0.0584)	0.2450** (0.1001)	0.2661*** (0.0999)	−0.3056* (0.1676)	−0.3093* (0.1638)

续 表

变量	东部地区		中部地区		西部地区	
	(1) 连续模型	(2) 离散模型	(3) 连续模型	(4) 离散模型	(5) 连续模型	(6) 离散模型
herfind	1.7827*** (0.0499)	1.7210*** (0.0481)	2.0239*** (0.0820)	1.9730*** (0.0819)	1.7882*** (0.1164)	1.7940*** (0.1134)
Log likelihood	−317838.47	−96149.64	−92402.91	−24070.86	−46590.682	−16021.12
样本量	293515	303872	90787	90787	49669	50591
边际效应						
gvc		−0.0121*** (0.0027)		−0.0239* (0.0124)		−0.0389*** (0.0112)

注:括号中数值代表标准差。***、** 和 * 分别表示系数通过 1%、5% 和 10% 的显著性检验。模型均控制了行业和年份固定效应。

表 7-9 汇报了不同地区企业全球价值链嵌入特征对其生存影响的估计结果。限于篇幅,表 7-9 仅列出了以 Cox 比例风险模型和 Cloglog 模型为代表的连续模型和离散模型的估计结果。由模型(2)边际效应可知,在东部地区,全球价值链嵌入位置每上升 1 个标准差,企业退出市场的风险会下降 2.96%;全球价值链嵌入程度每上升 1 个标准差,企业退出市场的风险会增加 4.9%。相比于位于全球价值链消费品环节的企业,位于全球价值链中间产品端的东部企业具有更高的生存率;与依赖国外进口品的企业相比,依托自身优势参与全球价值链的企业也具有更高的生存率。模型(3)—(6)表明,对中、西部地区而言,全球价值链嵌入位置对企业生存的影响并不显著,即企业是位于全球价值链的中间品投入端还是最终产品端对企业生存并无显著影响;全球价值链嵌入程度对企业危险率的影响显著为正,即国外附加值占出口的比例越大,企业退出市场的风险就越大。原因在于,较早接触国际市场的东部地区聚集了一大批优秀的出口企业,此类企业或通过创建自身品牌或依托先进设备已经在国际市场占领一定的地位。而中、西部地区的全球价值链分工参与型企业更多从事技术附加值较低的订单贸易,其生产产品所处的价值链环节对其生存的影响不大。

表 7-9　全球价值链嵌入特征对企业生存的影响(分地区)

变量	东部地区		中部地区		西部地区	
	(1) 连续模型	(2) 离散模型	(3) 连续模型	(4) 离散模型	(5) 连续模型	(6) 离散模型
gvc_pos	-0.1410*** (0.0426)	-0.2225*** (0.0333)	-0.3005 (0.1946)	-0.3809** (0.1567)	-0.0509 (0.2519)	-0.1215 (0.2132)
gvc_part	0.3183*** (0.0293)	0.3687*** (0.0213)	0.3242** (0.1574)	0.2447** (0.1147)	0.4737*** (0.1304)	0.9333*** (0.1768)
age	0.1352*** (0.0237)	0.3582*** (0.0209)	0.2501*** (0.0399)	0.5063*** (0.0365)	0.3966*** (0.0550)	0.6335*** (0.0555)
age^2	-0.0172*** (0.0032)	-0.0396*** (0.0029)	-0.0433*** (0.0059)	-0.0722*** (0.0055)	-0.0494*** (0.0077)	-0.0756*** (0.0079)
scale	-0.0874*** (0.0077)	-0.0288*** (0.0074)	-0.1647*** (0.0133)	-0.1456*** (0.0133)	-0.1127*** (0.0170)	-0.0993*** (0.0189)
lp	-0.1636*** (0.0094)	-0.1460*** (0.0091)	-0.1904*** (0.0155)	-0.1947*** (0.0155)	-0.1829*** (0.0211)	-0.2092*** (0.0235)
wage	0.0593*** (0.0136)	0.0796*** (0.0132)	-0.0657*** (0.0247)	-0.0583** (0.0246)	0.0870** (0.0338)	0.1270*** (0.0376)
capital	0.0272*** (0.0066)	0.0347*** (0.0064)	0.0390*** (0.0110)	0.0499*** (0.0110)	0.0523*** (0.0146)	0.0707*** (0.0163)
financial	0.1066*** (0.0330)	0.1539*** (0.0321)	0.0518 (0.0526)	0.0840 (0.0524)	-0.0689 (0.0742)	-0.0823 (0.0825)
exfina	0.1085 (0.1128)	0.1880* (0.1099)	0.1359 (0.1978)	0.1595 (0.1973)	0.5358* (0.2772)	0.7563** (0.3095)
debt	-0.0921*** (0.0351)	-0.0951*** (0.0342)	0.1992*** (0.0530)	0.2434*** (0.0528)	0.0496 (0.0750)	0.0320 (0.0835)
profit	-0.4623*** (0.0615)	-0.5939*** (0.0601)	0.2730*** (0.1019)	0.1987* (0.1017)	-0.3521** (0.1712)	-0.4766** (0.1875)
herfind	0.4045*** (0.0570)	0.4182*** (0.0554)	0.2275** (0.0983)	0.2806*** (0.0974)	0.3231** (0.1374)	0.3950** (0.1535)
Log likelihood	-298446.17	-75234.25	-87279.33	-23146.00	-43847.068	-12906.06
样本量	286995	197967	89983	59769	49159	33399
边际效应						
gvc_pos		-0.0296*** (0.0044)		-0.0519** (0.0213)		-0.0145 (0.0254)
gvc_part		0.0490*** (0.0028)		0.0333** (0.0156)		0.1114*** (0.0211)

注：括号中数值代表标准差。***、** 和 * 分别表示系数通过 1%、5% 和 10% 的显著性检验。模型均控制了行业和年份固定效应。

(二)基于行业要素密集度的分类检验

参照韩燕和钱春海（2008）的做法，采用资源集约度的产业分类方法，通过对照工业部门与联合国 SITC 行业分类标准，将工业部门分为资源密集型、劳动密集型和资本密集型 3 类。表 7-10 给出了不同要素密集型行业中全球价值链嵌入对企业生存的影响。模型（1）—（6）表明，嵌入全球价值链对企业生存的正向效应并不随行业要素密集度的变化而改变。无论是在资源密集型行业、劳动密集型行业还是资本密集型行业，参与全球价值链分工均有助于企业持续生存。依据边际效应的测算，在资源密集型行业，参与全球价值链会使企业面临的危险率下降 0.73%。而在劳动和资本密集型行业，参与价值链分工对企业生存的正效应相对较大，分别为 3.26%和 1.06%。这意味着，参与全球价值链分工对延长资本密集型行业中企业寿命的作用最小。

表 7-10　全球价值链嵌入与否对企业生存的影响(分行业要素密集度)

变量	资源密集型行业		劳动密集型行业		资本密集型行业	
	(1) 连续模型	(2) 离散模型	(3) 连续模型	(4) 离散模型	(5) 连续模型	(6) 离散模型
gvc	−0.3179*** (0.1015)	−0.0823* (0.0032)	−0.1707*** (0.0532)	−0.2129*** (0.0529)	−0.4459*** (0.0535)	−0.1117*** (0.0397)
age	0.5712*** (0.0423)	0.8119*** (0.0383)	0.5763*** (0.0320)	0.8559*** (0.0300)	0.5177*** (0.0241)	0.7665*** (0.0218)
age^2	−0.0983*** (0.0059)	−0.1253*** (0.0055)	−0.0941*** (0.0043)	−0.1228*** (0.0041)	−0.0864*** (0.0032)	−0.1146*** (0.0030)
scale	−0.1335*** (0.0151)	−0.1066*** (0.0148)	−0.0863*** (0.0121)	−0.0511*** (0.0119)	−0.0664*** (0.0086)	−0.0224*** (0.0083)
lp	−0.2219*** (0.0162)	−0.2272*** (0.0158)	−0.3108*** (0.0144)	−0.2981*** (0.0142)	−0.2683*** (0.0100)	−0.2749*** (0.0096)
wage	−0.3111*** (0.0257)	−0.3146*** (0.0252)	−0.2685*** (0.0216)	−0.2535*** (0.0216)	−0.1608*** (0.0153)	−0.1380*** (0.0150)
capital	−0.0201* (0.0119)	−0.0168 (0.0117)	0.0385*** (0.0097)	0.0480*** (0.0097)	0.0559*** (0.0073)	0.0729*** (0.0071)
financial	−0.0038 (0.0602)	−0.0050 (0.0593)	0.2191*** (0.0482)	0.2344*** (0.0482)	0.2718*** (0.0371)	0.3047*** (0.0361)

续　表

变量	资源密集型行业		劳动密集型行业		资本密集型行业	
	(1) 连续模型	(2) 离散模型	(3) 连续模型	(4) 离散模型	(5) 连续模型	(6) 离散模型
exfina	0.5778*** (0.2251)	0.7483*** (0.2212)	0.4733*** (0.1701)	0.5766*** (0.1700)	0.2063 (0.1296)	0.2585** (0.1267)
debt	0.1937*** (0.0610)	0.1981*** (0.0601)	0.0184 (0.0505)	0.0258 (0.0505)	0.1293*** (0.0392)	0.1326*** (0.0381)
profit	0.3082*** (0.1107)	0.2959*** (0.1090)	−0.4157*** (0.0935)	−0.3326*** (0.0932)	−0.5222*** (0.0723)	−0.4957*** (0.0703)
herfind	1.8438*** (0.0851)	1.8774*** (0.0835)	1.4137*** (0.0737)	1.3341*** (0.0737)	1.6464*** (0.0487)	1.6468*** (0.0473)
Log likelihood	−65754.54	−21826.07	−128460.39	−32933.69	−229548.57	−69948.50
样本量	69068	70254	127382	127382	215345	221236
边际效应						
gvc		−0.0073* (0.0002)		−0.0326*** (0.0112)		−0.0106*** (0.0038)

注：括号中数值代表标准差。***、**和*分别表示系数通过1%、5%和10%的显著性检验。模型均控制了地区和年份固定效应。

表7-11进一步汇报了不同要素密集型行业中全球价值链嵌入特征对企业生存的影响。模型（1）、（2）表明，在资源密集型行业，全球价值链嵌入位置会降低企业危险率，但这种作用并不显著。Cox比例风险模型的估计结果认为，全球价值链嵌入程度会提高企业危险率，但这种提升作用同样不显著。Cloglog模型认为，较高的全球价值链嵌入程度对企业危险率的提升作用是显著的。这种差异性主要是由不同度量方法对企业退出状态的界定不同而引起的。在劳动和资本密集型行业中，全球价值链嵌入位置对企业生存具有显著正效应，全球价值链嵌入程度对企业生存具有显著负效应。从边际效应来看，全球价值链嵌入位置每上升1个标准差，企业生产向着中间投入端延伸1个标准差，劳动密集型行业中企业面临的退出市场的风险就下降3.72%；全球价值链嵌入程度每上升1个标准差，即企业出口中的国外附加值占比每上升1个标准差，劳动密集型行业中企业的生存概率就会下降5.45%。对资本密集型行业企业而言，全球价值链嵌入位置每上升1个标准差，其面临的退出市场的风险下降

3.35%；全球价值链分工参与程度每上升1个标准差，其面临的退出市场概率就会上升5.05%。

表7-11　全球价值链嵌入特征对企业生存的影响(分行业要素密集度)

变量	资源密集型行业		劳动密集型行业		资本密集型行业	
	(1) Cox	(2) Cloglog	(3) Cox	(4) Cloglog	(5) Cox	(6) Cloglog
gvc_pos	−0.0052 (0.1652)	−0.0641 (0.1280)	−0.2135*** (0.0594)	−0.2794*** (0.0480)	−0.1715** (0.0671)	−0.2519*** (0.0502)
gvc_part	0.1314 (0.1464)	0.3177*** (0.0788)	0.3121*** (0.0437)	0.4091*** (0.0329)	0.3598*** (0.0400)	0.3796*** (0.0278)
age	0.1861*** (0.0470)	0.4529*** (0.0424)	0.1785*** (0.0358)	0.3844*** (0.0314)	0.1644*** (0.0268)	0.3891*** (0.0241)
age^2	−0.0257*** (0.0067)	−0.0544*** (0.0062)	−0.0250*** (0.0049)	−0.0453*** (0.0044)	−0.0211*** (0.0037)	−0.0444*** (0.0034)
scale	−0.1315*** (0.0150)	−0.1052*** (0.0149)	−0.1024*** (0.0123)	−0.0398*** (0.0119)	−0.1021*** (0.0086)	−0.0587*** (0.0084)
lp	−0.1721*** (0.0172)	−0.1776*** (0.0170)	−0.1929*** (0.0151)	−0.1734*** (0.0148)	−0.1798*** (0.0105)	−0.1704*** (0.0103)
wage	0.0213 (0.0271)	0.0378 (0.0268)	−0.0034 (0.0220)	0.0062 (0.0214)	0.0716*** (0.0157)	0.0973*** (0.0153)
capital	0.0199 (0.0127)	0.0228* (0.0127)	0.0430*** (0.0102)	0.0586*** (0.0100)	0.0384*** (0.0074)	0.0456*** (0.0073)
financial	0.0066 (0.0609)	0.0058 (0.0604)	0.1416*** (0.0491)	0.2115*** (0.0478)	0.1140*** (0.0377)	0.1459*** (0.0369)
exfina	0.1801 (0.2299)	0.2647 (0.2278)	0.3110* (0.1739)	0.4208** (0.1692)	0.0462 (0.1310)	0.0601 (0.1288)
debt	0.1316** (0.0619)	0.1596*** (0.0613)	−0.0382 (0.0515)	−0.0172 (0.0502)	0.0020 (0.0398)	−0.0170 (0.0390)
profit	0.3796*** (0.1138)	0.3401*** (0.1133)	−0.3138*** (0.0961)	−0.4282*** (0.0938)	−0.4761*** (0.0736)	−0.6126*** (0.0723)
herfind	0.1185 (0.1222)	0.1486 (0.1200)	0.5523*** (0.1035)	0.6031*** (0.1009)	0.3522*** (0.0602)	0.3608*** (0.0588)
Log likelihood	−61530.57	−17407.36	−120036.63	−32928.51	−216534.87	−55283.46
样本量	67994	45460	124706	86282	212073	145045
边际效应						
gvc_pos		−0.0085 (0.0170)		−0.0372*** (0.0064)		−0.0335*** (0.0067)

续　表

变量	资源密集型行业		劳动密集型行业		资本密集型行业	
	(1) Cox	(2) Cloglog	(3) Cox	(4) Cloglog	(5) Cox	(6) Cloglog
gvc_part		0.0423*** (0.0105)		0.0545*** (0.0044)		0.0505*** (0.0037)

注：括号中数值代表标准差。***、** 和 * 分别表示系数通过 1%、5% 和 10% 的显著性检验。模型均控制了地区和年份固定效应。

(三)基于企业所有制类型的分类检验

在经济转型期间，中国经济发展的一大特征就是企业产权制度的多样化。相比于非外资企业，外资企业更倾向在全球范围内配置资源和组织其生产活动。本小节考察了外资与非外资企业价值链嵌入行为对其生存的影响。表 7-12 汇报了不同所有制类型企业价值链分工嵌入与否对其自身生存的影响。结果表明，无论是外资企业还是非外资企业，参与全球价值链分工均会显著正向地作用于企业生存概率。从效应值来看，相比于非全球型企业，参与全球价值链的非外资企业面临退出市场的概率要小 1.11%，参与全球价值链的外资企业面临退出市场的概率要小 4.61%。

表 7-12　全球价值链分工倾向对企业生存的影响(分企业所有制)

	非外资企业		外资企业	
	(1) Cox	(2) Cloglog	(3) Cox	(4) Cloglog
gvc	−0.3665*** (0.0452)	−0.1257*** (0.0352)	−0.6251*** (0.0523)	−0.3449*** (0.0399)
age	0.5370*** (0.0187)	0.8031*** (0.0169)	0.5628*** (0.0425)	0.6958*** (0.0360)
age^2	−0.0915*** (0.0025)	−0.1211*** (0.0024)	−0.0826*** (0.0055)	−0.0939*** (0.0047)
scale	−0.1226*** (0.0071)	−0.0791*** (0.0069)	−0.1628*** (0.0143)	−0.1318*** (0.0134)
lp	−0.2996*** (0.0080)	−0.3067*** (0.0078)	−0.1767*** (0.0174)	−0.1924*** (0.0162)

续 表

	非外资企业		外资企业	
	(1) Cox	(2) Cloglog	(3) Cox	(4) Cloglog
wage	−0.3105*** (0.0125)	−0.2971*** (0.0123)	−0.1264*** (0.0258)	−0.1362*** (0.0243)
capital	0.0467*** (0.0058)	0.0639*** (0.0057)	0.0126 (0.0123)	0.0258** (0.0116)
financial	0.2085*** (0.0281)	0.2365*** (0.0275)	−0.1779*** (0.0645)	−0.1152* (0.0605)
exfina	0.7399*** (0.0966)	0.8646*** (0.0948)	−0.0054 (0.2704)	0.4884** (0.2490)
debt	0.1426*** (0.0294)	0.1571*** (0.0289)	0.0712 (0.0680)	0.1097* (0.0637)
profit	−0.1372** (0.0541)	−0.1062** (0.0531)	−0.3503*** (0.1175)	−0.2723** (0.1087)
herfind	1.9883*** (0.0433)	1.9897*** (0.0423)	0.9221*** (0.1037)	0.8792*** (0.0968)
Log likelihood	−402018.50	−116588.27	−70809.19	−23675.91
样本量	379795	388127	54176	58297
边际效应				
gvc		−0.0111*** (0.0031)		−0.0461*** (0.0053)

注:括号中数值代表标准差。***、** 和 * 分别表示系数通过 1%、5%和 10%的显著性检验。且模型均控制了行业、地区和年份固定效应。

全球价值链嵌入特征对其生存的影响是否会因为企业所有制的不同而不同？ 表 7-13 给出了相关的估计结果。 全球价值链嵌入位置对其退出市场危险率的负效应以及全球价值链嵌入程度对其退出市场危险率的正效应并不随着企业所有制类型的变化而变化。 从效应值的大小来看，对非外资企业而言，全球价值链嵌入位置每上升 1 个标准差，即企业生产向着中间投入端延伸 1 个标准差，其面临的退出市场危险率就下降 3.30%；同时，全球价值链分工参与程度每上升 1 个标准差，即企业出口中的国外附加值占比每上升 1 个标准差，企业的生存概率就会下降 4.75%。 对外资企业而言，全球价值链嵌入位置的作用相对较小，而全球价值链分工参与程度的作用则相对较大，即全球价值链嵌入位置每上升 1 个标准差，将会导致外资企业退出市场概率降低 1.45%；全球价值链分工参与程度每上升 1 个标准差，外资企业退出市场的概率则会增加 5.96%。

表 7-13　全球价值链嵌入特征对企业生存的影响(分企业所有制)

	非外资企业		外资企业	
	(1) Cox	(2) Cloglog	(3) Cox	(4) Cloglog
gvc_pos	−0.1178* (0.0613)	−0.2615*** (0.0490)	−0.0934*** (0.0303)	−0.0816** (0.0412)
gvc_part	0.3561*** (0.0438)	0.3761*** (0.0310)	0.3687*** (0.0304)	0.3352*** (0.0267)
age	0.1371*** (0.0207)	0.3970*** (0.0187)	0.2570*** (0.0275)	0.3456*** (0.0399)
age^2	−0.0184*** (0.0029)	−0.0458*** (0.0027)	−0.0296*** (0.0038)	−0.0406*** (0.0054)
scale	−0.1390*** (0.0070)	−0.0967*** (0.0069)	−0.0897*** (0.0094)	−0.1233*** (0.0135)
lp	−0.1916*** (0.0082)	−0.1844*** (0.0082)	−0.0721*** (0.0116)	−0.0999*** (0.0169)
wage	−0.0184 (0.0126)	−0.0110 (0.0124)	−0.0163 (0.0174)	0.0005 (0.0251)
capital	0.0360*** (0.0058)	0.0461*** (0.0057)	−0.0072 (0.0082)	−0.0165 (0.0118)
financial	0.0949*** (0.0285)	0.1284*** (0.0281)	−0.1208*** (0.0432)	−0.2027*** (0.0617)
exfina	0.4384*** (0.0980)	0.5464*** (0.0967)	0.2191 (0.1804)	0.2089 (0.2577)
debt	0.0318 (0.0298)	0.0429 (0.0294)	0.0042 (0.0454)	−0.0336 (0.0651)
profit	−0.1047* (0.0551)	−0.1905*** (0.0547)	−0.3138*** (0.0767)	−0.5014*** (0.1128)
herfind	0.3262*** (0.0507)	0.3716*** (0.0499)	0.2810*** (0.0750)	0.3935*** (0.1069)

续 表

	非外资企业		外资企业	
	(1) Cox	(2) Cloglog	(3) Cox	(4) Cloglog
Log likelihood	−380032.10	−93166.87	−65307.06	−17213.03
样本量	374089	252905	52040	38232
边际效应				
gvc_pos		−0.0330*** (0.0062)		−0.0145*** (0.0073)
gvc_part		0.0475*** (0.0039)		0.0596*** (0.0047)

注：括号中数值代表标准差。***、** 和 * 分别表示系数通过 1%、5%和 10%的显著性检验。模型均控制了行业、地区和年份固定效应。

第六节 本章小结

如何提升微观企业持续生存能力是企业和政府迫切需要解决的现实问题。外贸造就的经济增长奇迹决定了国际化对企业生存的影响不可被忽略。基于参与国际分工对企业生存影响的不可忽略性和全球价值链分工的现实背景，本章采用中国工业企业数据库和海关数据库的合并数据，深入评估了嵌入全球价值链分工对企业生存的现实影响。进一步地，为了克服样本选择性偏差和数据删失问题，采用 PSM 方法为参与全球价值链的企业寻找到合适的非全球价值链参与型企业进行匹配。在此基础上，基于匹配样本，采用生存分析法评估了全球价值链嵌入对企业生存的影响。主要得出如下结论：

首先，相比于不参与全球价值链的企业，参与全球价值链的企业具有更高的生存概率。具体来说，参与全球价值链分工能够使企业面临的生存风险降低 1.01%，提高自身持续经营的能力。其次，全球价值链嵌入特征对企业生存风险的影响存在差异。以企业综合上游度为指标的全球价值链嵌入位置的提升会降低企业的生存风险。原因在于，企业生产或者贸易的产品越接近中间投入端，资金、技术设备等的大量投入会带来技术水平和生产效率的改进，有助于改善生产经营状况，提升企业生存概率。而以企业国外附加值占比为指标的全球价值链嵌入程度的加深则会增加企业生存风险。背后的逻辑是，较高的国外附加值占比意味着企业对其上游的中间品供应商和下游的服务商均存在较大程度的依赖，趋附于国际大型购买商和跨国公司，其生存更容易受到国际市场需求波动的影响，生存风险较大。最后，全球价值链嵌入特征对企业生存的影响会因地区、行业以及企业所有制的差异而发生变化，但全球价值链嵌入位置对西部地区和资源密集型行业企业的作用并不显著。

上述研究结论对微观企业的实践活动和政府政策的制定都有启示意义。首先，在参与全球价值链分工会提高企业生存概率的现实背景下，企业应当重视自身的国际化进程，适时参与国际市场有助于增加企业的生存时间。政府要制定各种政策，鼓励企业参与全球价值链分工。其次，企业出口国内增加值率的提高以及全球价值链嵌入位置的上升均有助于企业生存状况的持续改善。企业应该不断优化自身的贸易结构，通过嵌入全球价值链改进自身工艺，提高自身研发投入和技术水平，从而提高出口产品的国内附加值。同时，企业应当适时将企业生产产品向上游延伸，逐步涉猎研发、设计等高附加值环节。相应地，政府在制定各种政策鼓励引导企业参与全球价值链分工的同时，还应当对企业的整体情况进行系统考察，鼓励企业适当向研发设计等环节延伸，强化企业对全球价值链整体的治理能力，从而提升其在全球价值链中所处的地位。一味地鼓励企业参与全球价值链而忽视企业全球价值链嵌入特征可能会掉入陷阱。例如，长期以来，以加工贸易参与全球价值链的方式造成了我国企业价值链分工地位较低的现状。由于自主品牌和创新技术的缺失，加工贸易企业更容易受到外部冲击。加快中国贸易转型升级的节奏，促进加工贸易向一般贸易转变，不仅能够使企业获得更多利润和国内附加值，还有助于我国企业持续健康发展。

第八章 新发展格局下推动制造业高质量发展的路径

第一节 引 言

以中间品贸易为特征的全球价值链分工为中国参与国际市场，推动自身产业升级提供了良好的发展机遇。前述章节研究发现，参与全球价值链分工会对中国产业结构产生显著、稳健的影响。一方面，参与全球价值链是中国企业获取外部知识和技术溢出的重要渠道，促进中国产业结构从劳动密集型向资本密集型转变；另一方面，国际分工的技术和知识溢出效益可能十分有限，加上跨国公司的刻意挤压，最终导致中国沦为跨国公司“加工厂”，被锁定在价值链的低端环节。因此，如何把握全球价值链的发展机遇，借助国际分工实现产业结构的优化成为我国亟待解决的重大课题。

诸多学者研究了借助国际分工实现产业结构升级的路径。此类研究大多是从要素结构、技术进步以及消费结构升级等角度出发，探讨了产业结构升级的相关路径。本书第五、六章的研究发现，全球价值链嵌入程度的加深和位置的提升有助于增加企业资本密集型工序占比，提升企业资本密集度，促进企业资源优化配置和产业结构优化升级。为充分发挥参与全球价值链分工对产业结构升级的优化作用，厘清全球价值链分工地位的影响因素至关重要。在全球价值链分工地位相关的研究中，有两个核心问题逐渐引起研究者以及国家政策制定者的重视：一是高标准贸易网络的构建。全球生产网络是由若干个区域网络组成的统一体，是依托个体关联的区域间的块状关联（张会清，2009）。一国参与分工会因为其他国加入而获得经济外部性。在此背景下，借助与其他国家建立贸易关联实现技术和知识溢出，成为一种兼具效率和成本优势的合理路径。二是政府政策的作用。发展中国家在参与由跨国公司主导的全球价值链的过程中，会受到来自发达国家大买家或跨国公司所拥有的不对称垄断市场势力的纵向压榨，此时，政府的政策扶持可以在一定程度上帮助企业对抗来自发达国家中高端回流和发展中国家低端竞争的双重挤压。本研究不再把视角拘囿于劳动、技术等要素比较优势的层面，而是另辟蹊径，从中国与其他国家的贸易关联和政府扶持两个层面来考察其对中国价值链分工地位攀升的影响。

立足全球价值链嵌入对产业结构的重要影响，本章将从产业和企业两个层面考察全球价值链分工地位的影响因素。首先，在行业层面，从国家间贸易关系出发考察其对全球价值链分工地位的影响。国家间贸易关系的建立会对特定行业整体产生显著影响，但不会导致同一行业内企业间显著差异。对贸易关系网络的研究更适合采用行业层面数据进行检验。鉴于前述章节对制造业的深入研究以及农业至关重要的地位，本章将选取农业行业为样本。其次，政府改变全球价值链分工地位的手段主要包括政府补贴以及税收，这些政策被直接落实在企业层面。本研究将选取企业层面数据来考察政府补贴的影响。

本章研究的创新点在于：在行业层面，借助社会网络分析方法测量全球贸易网络的整体概况及各国的贸易网络特征，以立体、全面地刻画一国贸易状况，并在此基础上，实证考察贸易网络特征对全球价值链分工地位的作用程度，为提升全球价值链地位提供一个较直接的证据；在微观层面，基于中国工业企业和海关进出口合并数据，实证检验政府政策在价值链地位提升中所发挥的作用。

本章主要包括两个部分：一是聚焦于行业层面，检验贸易网络特征对我国全球价值链分工地位的现实影响；二是依托企业微观数据，实证考察政府补贴这一政策对企业参与全球价值链分工的作用程度。

第二节　产业层面：从市场竞争到贸易关系网络构建

随着经济全球化的深入，全球农业实现了由传统农业向现代农业的转变，并在此基础上获得了新发展。在科技进步和市场竞争的推动下，国际分工形式发生了重大改变，已经从基于比较优势的产业间分工演变为全球价值链分工。在全球农业价值链内部，越来越多的发达国家涉农跨国公司在中国布局，利用中国优越的自然、丰富的物产、廉价的人力资源以及广阔的市场进行农产品生产、加工、配送和销售，进一步加强他们对全球价值链的掌控。中国的农产品生产者、加工者和销售者在加入农产品价值链时，处于价值链低端，容易受到价格、成本波动的冲击，最终可能面临被“挤出”的风险（刘林青和周潞，2011）。在此背景下，从农产品贸易的现实状况出发，考察全球农业价值链分工地位的影响因素对提升我国农业国际地位具有十分重要的战略意义。

全球农业价值链提升是一个复杂的系统工程，需要多方面基础条件的支持，例如人力资源的积累、服务能力的改善、制度环境的激励等。但究其根本，全球价值链分工地位是由国际贸易的现实状况直接决定的。在全球产业分工复杂化和国家间贸易关联多样化的背景下，贸易内涵越来越丰富。耿伟（2014）认为，贸易广度、贸易强度、贸易质量以及贸易对象分布等都是考察一国贸易模式优劣的重要维度。学术界采用一系列的统计指标来反映一国的贸易强度、贸易质量等各个贸易维度。需要指出的是，这些贸易指标只能反映两国之间直接贸易的某个侧面（Fagiolo et al.，2009，

2010）。为了全面剖析一国农产品贸易特征，就必须将各国之间错综复杂的贸易关系纳入考察范围。但关系数据不能满足常规统计学意义上的“变量独立性假设”，常用的多元统计分析方法也不能用来分析关系数据。社会网络分析方法作为近十年来研究经济网络的新型工具，恰恰是从“关系”的角度出发研究社会现象与社会结构，能够更加全面地反映参与国在全球国际贸易网络中的相对地位和网络特征（Serrano 和 Boguñá，2003）。采用社会网络分析方法测量全球农产品贸易网络的整体概况及各国的贸易网络特征能够更加立体、全面地刻画全球农产品贸易状况。基于此，本研究将实证考察贸易网络特征对农业全球价值链地位提升的作用程度，为一国的农业价值链地位提升提供一个较直接的证据。

一、假设提出

（一）社会网络分析：研究国际贸易的新型经济工具

“社会网络”一词最早出现在 20 世纪 30 年代，被定义为一群行动者和他们之间的联系，有“节点”和“行动者”两个基本要素。其中，“节点”是社会网络中的行动者，可以是独立的个体，也可以是各种不同的社会组织；“联系”代表节点之间的联结关系（Scott，2007），如朋友关系、上下级关系、城市之间的距离关系以及贸易关系等。社会网络分析的核心在于，从“关系”的角度出发研究社会现象与社会结构（Borgatti 和 Foster，2003）。

社会网络分析在经济学领域的应用主要是受到社会学家 Granovetter（1973，1985）的启发。他认为，现实经济中很多高交易成本行为仍然通过市场交易的关键在于买卖双方均嵌入一种长期的商业关系网络当中，即买卖双方都不愿失去他们已经在相互交易中建立的信任关系。在此基础上，Arthur et al.（1997）认为，现实经济系统具备了社会网络的本质特征，即现实经济中充满分散的相互作用，全局现象是由许多分散的异质体相互作用产生的，且这些异质性主体之间呈现出分工、合作、贸易等多重关系。整个系统通过相互协调和信息交换实现不断的自适应。这意味着，现实经济系统具有社会网络的本质特性。在此之后，社会网络分析逐渐受到经济学家的重视，被广泛应用在产业经济学、金融、国际贸易等诸多领域。

随着经济全球化的发展，国家之间密切的经济联系使全球贸易关系成为一个有机整体，不断增长的国际贸易正成为塑造全球经济和政治格局的关键。采用社会网络的分析方法研究国际贸易网络的特征规律已经成为一个新兴的研究方向。延续社会网络的相关概念，可以发现，全球经济中的各个国家通过贸易关系组成了国际贸易网络，且该网络具有社会网络的基本特性：①网络节点的异质性，即全球贸易网络中国家数目众多，且贸易行为存在很大差异；②网络结构的复杂性，贸易网络中相邻的几个国家通过贸易关系连接形成的微观结构是国际贸易网络的基本构成单元和拓扑结构，不仅连接结构错综复杂，还具有方向性和贸易额权重等不同特征；③网络动态变化，国际贸易网络并不是一成不变的，很容易受到各种各样因素的影响，处于动态变化当中。综上所述，根据诸多学者研究，国际贸易网络是一个典型的社会网络，其结构和特征特别适合用社会网络的理论和方法来研究（Greif，1989；Rauch，2001；Fagiolo et al，2009）。此外，Abeysinghe 和 Forbes（2005）的研究认为，单纯的双边贸易数据仅仅反映了直接进行贸易的国家间关联，传统的贸易指标并不能够全面反映全球各国之间错综复杂的贸易关系。通过对网络的拓扑结构进行详细刻画，社会网络分析方法恰好弥补了传统贸易指标的不足，能够对国家贸易网络特征进行科学的整合分析（Albert 和 Barabási，2002）。

鉴于社会网络分析在国家贸易领域的适用性和科学性，诸多学者对此进行了研究。Serrano 和 Boguñá（2003）最先将社会网络分析法应用到全球贸易网络经验特征的分析当中。他们认为，全球贸易的实证基础是各国的贸易关系，传统研究方法难以描述国家贸易分布及凝聚度等特征。基于 2000 年国家层面贸易数据，通过构建全球贸易网络，他们发现国际贸易网络具有无标度和小世界属性等特征。之后，众多学者开始采用该方法对全球贸易网络的结构特征进行描述。Li et al（2003）采用 2000 年 100 万美元以上的贸易数据，进一步验证了全球贸易网络的无标度属性，并重点探讨了该属性与经济周期之间的相互影响。Garlaschelli 和 Loffredo（2005）将有向加权网络引入对全球贸易网络动态演变当中。相比于无权贸易网络，有向加权网络的应用能够对全球贸易网络的关键属性进行更为完整的描述（Squartini et al，2011）。Fagiolo et al.（2010）采用加权网络方法研究了 1981—2000 年期间 159 个国家的世界贸易网络的统计特征及其动态变化。其研究表明，大多数国家的贸易关系很弱，而有一些国家具有很强的贸易关系，贸易关系紧密的国家倾向与贸易关系松散的国家发生贸易关系，富裕的国家贸易强度大且聚集系数高。部分学者还对全球贸易格局的演化进行了分析。段文奇等（2008）系统分析了 1950—2000 年间国际贸易网络的拓扑结构特征，认为国际贸易网络拓扑结构的异质性在不断下降。胡平等（2012）则建立了有向加权网络演化模型，并据此分析了国际贸易网络的演化机制。需要指出的是，全球贸易格局的演化是一个循序渐进的过程，贸易网络的结构性质多年来一直保持稳定，随着各国贸易往来的日渐紧密，国际贸易网络结构对随机性“误差”具有较好的抵抗力（Folti et al.，2013）。

（二）贸易网络特征：全球价值链地位提升的创新视角

全球价值链分工模式实现了资本、人力等资源在全球范围内的有效整合。参与全球价值链分工能够促使参与国深度融入全球生产体系并实现自身产业结构优化升级。随着价值链分工程度的不断加深，各国在全球价值链分工中的地位及其影响因素日益得到学者的关注。Hummels（2001）从贸易壁垒的角度进行了分析，认为贸易壁垒的降低为具有不同资本劳动比的价值链环节在全球的分配提供了激励，导致价值链分工的不断深入。Grossman 和 Helpman（2002）则认为，较大的市场空间能够降低交易成本，有助于企业获得所需的中间产品。因此，基础设施的改进有助于提升一国全球价值链分工地位。基于跨国样本数据，祝树金等（2010）分析了国际贸易、要素禀赋等对全球价值链分工地位的决定作用；Wang 和 Yu（2011）则采用分城市、分产品、分贸易方式、分企业性质的八分位出口数据，重点研究了不同的贸易方式对全球价值链分工地位的影响。值得注意的是，随着经济全球化的日趋深入，国与国之间的贸易关系，尤其是农产品贸易关系日渐错综复杂，仅仅从出口或者不同贸易方式出发考察全球价值链地位攀升是不够的，对一国贸易状况的分析必须将其置身于与其他国家的贸易关系网络中。因此，本研究将尝试从全球贸易网络特征出发，全面考察其对价值链分工地位的影响。同时，鉴于农业在一国经济中的战略地位，本研究的焦点集中在农业行业。

全球贸易网络拓扑结构的性质本质上取决于网络中节点的特征（Garlaschelli 和 Loffredo，2004；Garlaschelli et al.，2007）。网络节点特征是社会网络关系交互的最终结果（Tasi，2001），在社会网络分析中也是一个极具关键性的研究课题。同样，国家贸易网络的特征是一国基于比较优势、规模经济等进行贸易的最终结果。在全球农产品贸易网络中，具有不同贸易网络特征意味着该国进行农产品贸易的不同比较优势，在一定程度上决定了该国农业价值链分工的地位。通过梳理相关的文献可以发现，学术界普遍认为节点在社会网络中的特征表现为 3 个维度：网络中心度、网络联系强度以及网络异质性（Granovetter，1973；Freeman，1979；McEvily 和 Zaheer，1999；Brown 和 Konrad，2001）。延续前人研究，本研究也将从这 3 个维度来刻画参与国家贸易网络特征，深入考察网络特征对全球价值链分工地位的影响，并据此提出相应的假设。

网络中心度是衡量网络节点在网络中重要程度的关键变量，可用以考察行动者在网络中枢纽程度和对资源获取与控制的程度（Burt，1992；Wasserman 和 Faust，1994），直接反映了节点在网络中的控制能力以及中心地位。在中心度的测量方面，Freeman（1979）提出了度数中心度、中间中心度、接近中心度、流度中心度等指标。这些指标均能在一定程度上反映节点在社会网络中的地位及所起的作用。具体到全球农产品贸易网络，网络中心度高意味着参与国与较多国家发生了贸易关系，充当其他国家对外贸易枢纽的角色，对整个贸易网络具有较高的控制力，在全球农产品贸易中处于中心位置。一般而言，网络中心度越高，全球价值链分工地位也较高：首先，高中心度意味着参与国的贸易伙伴分布广泛，与多国存在农产品贸易关系。Kali et al.（2007）、Arora 和 Vamvakidis（2005）

等的研究表明，贸易伙伴数量的多寡与一国产业竞争力呈正相关，这可能是更频繁地与先进技术接触、更广阔的市场前景以及更激烈的市场竞争所带来的好处。其次，中心度越高，其他国家对参与国的贸易依赖性就越高，该国在贸易网络中就处于核心位置。高中心度的国家可以在众多的贸易伙伴中选出最能优化农产品结构的伙伴，并通过与价值链高端的国家建立贸易关联获取知识溢出，有助于其综合地位和国际分工地位的提升（Reyes et al.，2008）。故本研究提出，

假设一：一国的网络中心度越大，其全球农业价值链分工地位就越高。

网络联系强度是指社会网络中节点间在时间长度、情感强度以及亲密性等方面互惠活动的综合（Granovetter，1973），反映了社会网络中节点间关系的强弱。一般来讲，联系的紧密度、持续时间、频率和关系范围都是网络关系强度的重要组成部分。为找到评估关系强度的指标和因素，众多社会网络学者做了大量分析，代表性的有 Benassi et al.（1999）等的频度指标、Perlman 和 Fehr（1987）对亲密度/亲近度的测量，Wellman 和 Wortley（1990）等对关系支持强度的测算。对全球农产品贸易网络而言，网络联系强度侧面反映了一国在全球农产品贸易网络中的贸易强度。网络联系强度较高意味着一国在全球农产品贸易网络中的贸易额比重较大。一方面，根据传统的比较优势理论，每个国家都将根据“两利相权取其重，两弊相权取其轻”的原则，集中生产并出口其具有“比较优势”的产品，进口其具有“比较劣势”的产品。另一方面，大部分新古典经济学家也认为，对外贸易的增长能够加快一国资本积累的速度，增加规模经济的可能性，加快对外贸易国家技术进步，提升其价值链地位。因此，一国农产品的进出口量越大，其生产分工地位就越高。故本研究提出，

假设二：一国的网络联系强度越大，其全球农业价值链分工地位就越高。

网络异质性指网络中是否存在结构洞或弱联系。在社会网络中，节点之间的联系有可能是多余的、不经常的、关系不太密切的，这会导致网络异质性的存在（Burt，1993）。较高的网络异质性意味着节点可以接近

不同关联主体，获得多样化的信息流和非冗余信息，保持自身的优势。对全球农产品贸易网络而言，网络异质性侧面反映了一国进行农产品贸易时的地理集中程度。一方面，对贸易网络而言，贸易关系最好是非重复的，最小化贸易伙伴之间冗余联系的关系。较高的网络异质性意味着一国拥有非冗余贸易关联，能够对具有不同比较优势的贸易伙伴进行筛选整合，设计最优的贸易产品结构（Gnyawali 和 Madhavan，2001）。另一方面，Adams 和 Behrman（1982）、王业强和魏后凯（2007）等的研究表明，贸易的地理集中可能会导致对外贸易的不稳定性，造成产业增长的频繁波动，不利于一国经济健康发展。可见，贸易分布多元化有助于降低贸易集团冲击对一国农产品贸易的负面影响，避免一国由于对某些国家贸易依赖而面临的对外贸易风险。故本研究提出，

假设三：一国的网络异质性越高，其全球农业价值链分工地位就越高。

二、贸易关系网络的现实状况

（一）全球农产品贸易网络构建方法与数据来源

从拓扑结构出发，全球农产品贸易系统是一个极其复杂的网络，并不止贸易主体的简单集合，还包含了贸易主体之间错综复杂的贸易关联。从社会网络分析的角度，将贸易主体记为节点，它们之间的贸易流动关系作为节点间的连边，则农产品的贸易流动系统 G 可用一个有序四元组来表示，即

$$G = (V, E, F) \tag{8-1}$$

式中，$V = \{v_1, v_2, \cdots, v_n\}$ 为节点集，元素 v_i 表示参与全球农产品贸易网络的国家；$E = \{e_{ij}\}$ 为边集，表示主体之间的贸易流动关系，且 E 中的每条边 e_{ij} 都有 V 中一对节点 (v_i, v_j) 与之对应；$F = \{f_1, f_2, \cdots, f_n\}$ 为贸易集合，元素 f_i 是指网络中流动的农产品。

在上述农产品贸易系统的基础上，选取 1996—2013 年共 18 年的各国之间农产品进出口数据来构建全球农产品贸易网络。为了全面考察农产品贸易网络的动态演进过程，考虑到数据的可得性以及对比性，样本包含

了联合国商品贸易统计数据库中的 71 个国家或地区。

特别地，为了更好地研究全球农产品贸易的复杂网络特质，本研究构建了无权贸易网络和加权贸易网络。借鉴 Fagiolo et al.（2009）的相关研究，矩阵 $\boldsymbol{A}^t$ 描述 t 时期的无权贸易网络，$\boldsymbol{W}^t$ 描述 t 时期的加权贸易网络，其中 $t=1996$，1997，…，2013。对于矩阵 $\boldsymbol{A}^t$ 中的元素 a_{ij}^t，如果两国之间存在农产品贸易往来，即 i 国对 j 国的出口或者 i 国对 j 国的进口大于 0，则 $a_{ij}^t=1$；如果 i 国对 j 国的进出口值均为 0，则 $a_{ij}^t=0$。加权网络矩阵 $\boldsymbol{W}^t$ 中的元素 w_{ij}^t 用 i 国与 j 国之间的进出口贸易值来表示，即 $w_{ij}^t=\frac{1}{2}(e_{ij}^t+m_{ij}^t)$，其中 e_{ij}^t 为 t 时期 i 国对 j 国的出口值，m_{ij}^t 为 t 时期 i 国对 j 国的进口值。为了使得所有的 $w_{ij}^t\in[0,1]$，本研究各加权矩阵中所有的值都除以矩阵 $\boldsymbol{W}^t$ 中的最大值，该处理并不影响最终结果。另外，由于各国的统计口径存在差异，根据联合国商品贸易统计数据库计算出来的 $\boldsymbol{W}^t$ 不对称，但是 w_{ij}^t 与 w_{ji}^t 相差很小，所以本研究对矩阵 $\boldsymbol{W}^t$ 按照最大值法做了对称化处理。

基于社会网络分析构建全球农产品贸易网络不仅可以直观地呈现全球农产品贸易的整体格局，还可以通过节点属性全面地反映一国在农产品贸易对象、贸易强度和贸易集中度等方面的特征。

（二）全球农产品贸易网络的整体特征

首先，对 1996—2013 年全球农产品贸易网络的整体格局进行统计分析。密度被用来测量网络中各个节点之间联络的紧密程度，是网络中实际存在的关系总数与理论上可能存在的关系总数的比值，其测算结果如表 8-1所示。从表 8-1 中可以看到：自 1996 年以来，全球农产品贸易网络的网络密度总体上呈现上升趋势，网络中各国之间的农产品贸易联系日渐紧密。其中出现的两次下降分别是 1997 年和 2007 年，这可能是分别受到 1997 年亚洲金融危机和 2007 年次贷危机影响的结果。以 2007 年为例，全球农产品贸易网络关系网络密度从 0.6338 下降到 0.5964。美国次贷危机对全球农产品贸易的影响很迅速，且程度很深。但是到了 2008 年及

2009 年，网络密度又恢复到危机前的水平，且还在持续上升，这表明世界各国的农产品贸易关系恢复迅速。

表 8-1　1996—2013 年全球农产品贸易网络密度

年份	1996	1997	1998	1999	2000	2001	2002	2003	2004
密度	0.6010	0.5372	0.5718	0.598	0.5903	0.5887	0.5996	0.5360	0.6117
年份	2005	2006	2007	2008	2009	2010	2011	2012	2013
密度	0.6266	0.6338	0.5964	0.6487	0.6290	0.6398	0.6318	0.6237	0.6398

注：密度值是采用 Ucinet 6 软件对 1996—2013 年每年的无权网络矩阵 $\boldsymbol{A}^t$ 进行测算的结果。

采用二次指派程序（Quadratic Assignment Procedure，QAP）进一步刻画全球农产品贸易网络的动态演变过程。QAP 是一种对两个矩阵的相似性进行比较的方法，给出两个矩阵之间的相关系数，同时对系数进行非参数检验，能够反映不同时期全球农产品贸易网络的结构变化。表 8-2 汇报了 1996—2013 年 18 期全球农产品贸易网络两两 QAP 分析的结果。由表 8-2 可知：首先，1996—2013 年之间全球农产品贸易网络结构发生了显著变化。2013 年与 2012 年农产品贸易网络的相关性为 0.864，而 2013 年与 1996 年贸易网络的相关性仅为 0.7，相较于 2012 年有所下降。这表明，经过近 20 年的发展，全球农产品贸易网络的结构已经发生了一定的变化。其次，1996—2013 年全球农产品贸易网络结构的演化是一个渐进的过程。对任何一期的全球农产品贸易网络而言，随着时间的推移，其与以后各期的农产品贸易网络的相关系数呈现递减的趋势。以 2013 年的农产品贸易网络为例，其与 2012 年贸易网络的相关性为 0.864，与 2011 年贸易网络的相关系数为 0.839，到 2000 年，其相关系数已经下降至 0.742。这从侧面说明，全球农产品贸易网络保持着较强的自稳定性，其演化是一个渐变的过程。

（三）一国农产品贸易网络的国别特征

参照 Granovetter（1973）、Brown 和 Konrad（2001）以及 Burt（1992）等的相关研究，参与国贸易网络特征主要体现在以下 3 个层面：网络中心

表 8-2　全球农产品贸易网络的 QAP 结果

	2013	2012	2011	2010	2009	2008	2007	2006	2005	2004	2003	2002	2001	2000	1999	1998	1997
2012	0.864																
2011	0.839	0.88															
2010	0.832	0.838	0.873														
2009	0.828	0.833	0.862	0.894													
2008	0.805	0.796	0.807	0.84	0.866												
2007	0.799	0.804	0.812	0.828	0.865	0.85											
2006	0.813	0.794	0.798	0.825	0.849	0.84	0.873										
2005	0.797	0.779	0.79	0.802	0.839	0.828	0.864	0.898									
2004	0.787	0.762	0.777	0.776	0.802	0.818	0.834	0.86	0.896								
2003	0.741	0.735	0.742	0.732	0.763	0.732	0.809	0.782	0.801	0.818							
2002	0.768	0.754	0.747	0.752	0.784	0.775	0.828	0.833	0.853	0.866	0.85						
2001	0.748	0.745	0.74	0.746	0.769	0.769	0.813	0.809	0.827	0.841	0.844	0.903					
2000	0.742	0.741	0.735	0.723	0.753	0.75	0.789	0.795	0.818	0.831	0.82	0.871	0.895				
1999	0.725	0.725	0.718	0.71	0.746	0.746	0.771	0.775	0.791	0.807	0.794	0.836	0.846	0.879			
1998	0.708	0.713	0.7	0.699	0.737	0.728	0.767	0.764	0.776	0.784	0.79	0.817	0.829	0.849	0.85		
1997	0.689	0.702	0.692	0.684	0.701	0.69	0.745	0.712	0.725	0.741	0.789	0.764	0.792	0.806	0.796	0.841	
1996	0.7	0.701	0.709	0.709	0.721	0.731	0.752	0.754	0.759	0.781	0.757	0.789	0.799	0.826	0.824	0.835	0.807

注：以上相关系数均在 1%的显著性水平下显著。

度、网络联系强度以及网络异质性。

网络中心度衡量网络节点在网络中直接或者间接联系的量以及权力地位，是一种重要的结构变量。对全球农产品贸易网络而言，较高的中心性意味着一国在贸易网络中占据着至关重要的策略性地位。延续 Freeman（1979）的方法，我们采用点度数（*degree*）来反映国家个体在全球农产品贸易网络中的中心性。点度数据与该国存在贸易往来的国家数，侧面反映了该国对外农产品贸易的广度。绝对点度数计算公式为 $degree_i = \sum_j a_{ij}$。本研究采用相对点度数，即绝对点度数与网络中最大可能的度数（N－1）之比来衡量点度数，以消除网络规模的影响。

网络联系强度主要衡量网络中联系的时间长度、感情强度、亲密性以及代表联系特征的互惠活动的综合影响。对全球农产品贸易网络而言，网络联系强度是指一国与网络中其他国家进行贸易的强度大小。网络联系强度可用点强度（*strength*）进行衡量，它既考虑了节点的近邻数，又考虑了该节点与近邻之间的权重。其计算公式为 $strength_i = \sum_j w_{ij}$。

网络异质性是指网络中是否存在结构洞或弱联系（Burt，1992）。对全球农产品贸易网络而言，网络异质性体现了一国对外农产品贸易在不同国家的分布特征。用节点的差异性（*disparity*）来测量，刻画了与节点 i 相连的边上权重分布的离散程度，反映了一国对外农产品贸易是集中在少数几个国家还是分散于很多国家。差异性的计算公式为 $disparity_i = \dfrac{(N-1)\sum_j \left(\dfrac{w_{ij}}{s_i}\right)^2 - 1}{N-2}$。对于节点 i 的 d_i 条边，如果权重相差不大，权边分布比较均匀，那么 *disparity* 的值接近 0；如果只有一条边的权重起主要作用，则 *disparity* 的值接近 1。该指标的值越大，说明节点的网络异质性越小。

基于上述指标测算方法，本研究对 1996—2013 年全球农产品贸易网络中各国的网络中心度、网络联系强度和网络异质性进行了测算。图 8-1、图 8-2 和图 8-3 分别为 1996—2013 年每隔一年的全球农产品贸易网络中参与国的网络中心度、网络联系强度和网络异质性的核密度分布。全球农产品贸易网络呈现出如下特点：第一，网络中心度指标——点度数（*degree*）的核密度估计图呈现左偏分布。这表明，全球农产品贸易的地区分布较分散，大多数国家贸易伙伴比较多，几乎跟所有其他国家产生贸易关系，只有少数国家的贸易伙伴数量很少。在这 18 年间，中心度峰度在 0.15 左右。随着时间推移，整体分布逐渐向右侧收拢，国家之间农产品贸易关系更加紧密。第二，网络联系强度指标——点强度（*strength*）的核密度估计呈现右偏分布。这说明，大多数国家的贸易强度很小，只有少数几个贸易大国的贸易强度很大。随着时间的推移，核密度峰值有所下降，贸易强度很小的国家数目在不断减少，贸易小国与贸易大国之间的差距也持续缩小。第三，网络异质性指标——节点的差异性（*disparity*）的核密度估计呈现右偏分布。这说明，大多数国家的贸易分散在各国，只有少数几个国家农产品的贸易集中度比较高。随着时间的推移，核密度峰值上升，更多的国家将农产品贸易分散到不同的国家。

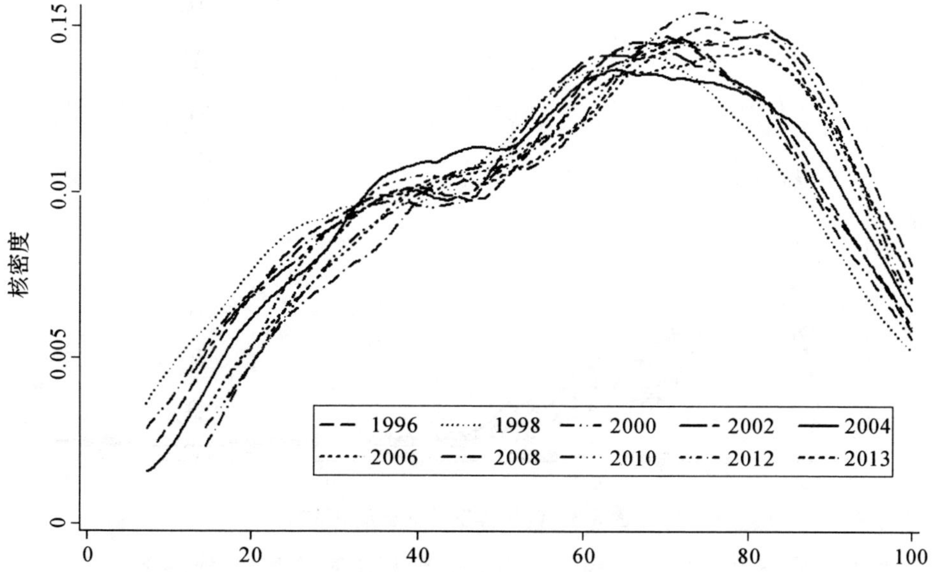

图 8-1　网络中心度核密度分布

为了更直观地考察全球农产品贸易网络中国家的贸易网络特征，图 8-4和 8-5 汇报了 1996—2013 年全球农产品贸易网络的结构图。两个国家之间存在连线意味着两国之间的进出口总额超过了门槛值，即超过了当年

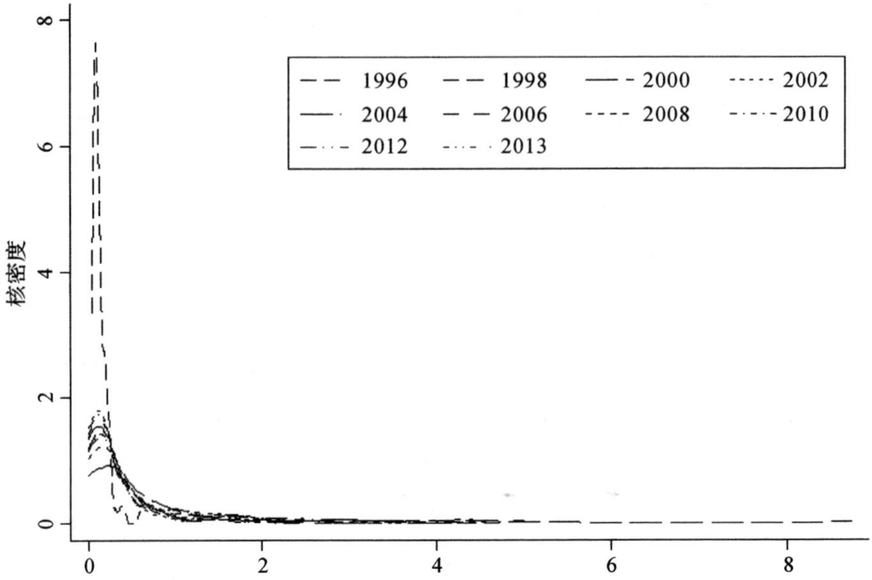

图 8-2　网络联系强度核密度分布

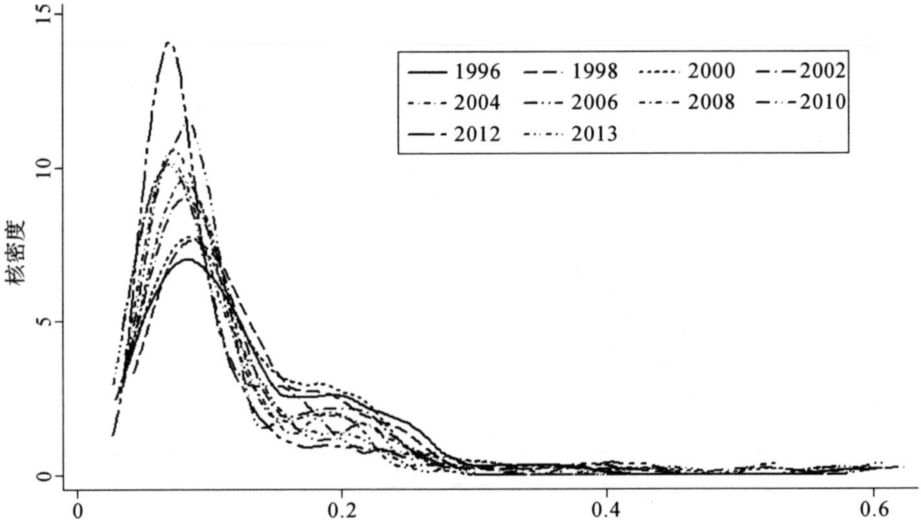

图 8-3　网络异质性核密度分布

各国双边农产品贸易最大额的 0.0075，贸易联系紧密。连线的粗细与国家农产品贸易网络的网络联系强度成正比，连线越粗代表两国之间的贸易额就越大。网络节点大小与一国的贸易网络中心度成正比，节点越大代表这个国家农产品贸易网络的中心性高。对比图 8-4 和图 8-5 可知，随着时间的推移，全球农产品贸易网络中国家间的关系变得更加紧密。美国、新西兰、法国、德国等农业大国一直位于全球农产品贸易网络的核心地位。 相较于 1996 年，2013 年各国贸易网络差异性有所增大，大部分国家选择将农产品贸易分布在多个国家。

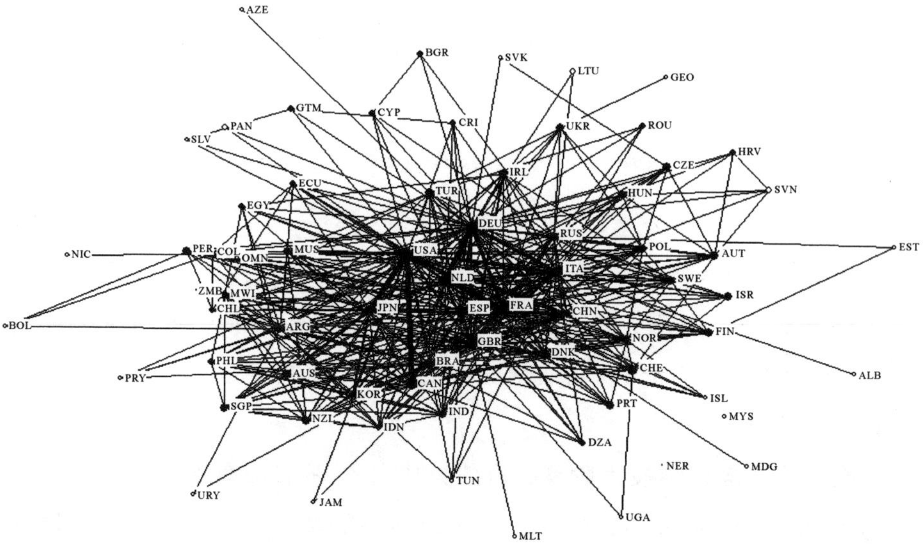

图 8-4　1996 年全球农产品贸易网络

注:图 8-4 和下图 8-5 中英文字母为联合国注册国家代码,如 CHN 代表中国,USA 代表美国,NLD 代表新西兰等。详细请参见 ISO 3166-1 中国家的 3 位英文字母代码。

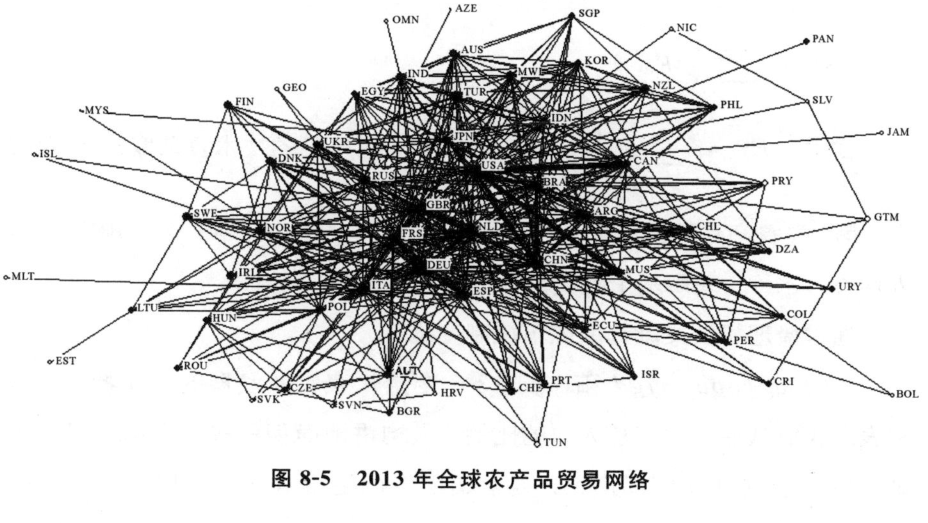

图 8-5　2013 年全球农产品贸易网络

三、实证分析

(一)模型设定与变量说明

借鉴 Allen(2005)以及 Nunn(2007)等的研究，构建以下计量模型：

$$lntsi_{it} = \alpha_0 + \alpha_1 lndegree_{it} + \alpha_2 lnstrength_{it} + \alpha_3 lndisparity_{it} + \sum_j \beta_j X_{ijt} + \lambda_i + \gamma_t + \varepsilon_{it} \quad (8\text{-}2)$$

式中，i 表示国家，t 表示时间，λ_i 表示国家固定效应，γ_t 表示时间固定效应，ε_{it} 为服从标准分布的随机干扰项，*degree*、*strength* 和 *disparity* 均为农产品贸易网络特征指标，$\boldsymbol{X}$ 为控制变量，*lntsi* 为全球价值链分工地位。

全球价值链也称技术阶梯，价值链中每个环节都有不同的技术层级(Humphrey 和 Schmitz，2004)。出口商品的技术特性能够反映一国在全球价值链分工中的地位，即一国出口商品的技术越复杂，其全球价值链分工地位也越高(Lall et al.，2005)。借鉴 Ricardo Hausmann(2003)的方法，本研究用出口技术复杂度(Technological Sophistication Index，TSI)衡量一国的农业价值链分工地位。其计算公式如下：

$$TSI_j = \sum_i \frac{x_{ji}}{X_j} ES_i \quad (8\text{-}3)$$

式中，$ES_i = \sum_j \frac{x_{ji}/X_j}{\sum_j (x_{ji}/X_j)} Y_j$ 为 i 类农产品的技术复杂度；x_{ji} 为国家 j 第 i 类农产品的出口额；X_j 为国家 j 农产品出口总额；Y_j 为国家 j 的人均收入水平，采用基于购买力评价指标的人均表示。

通过梳理相关文献选取如下控制变量：

(1) *agpopu*、*rjgd* 和 co_2 这 3 个变量代表农业发展的总体特征，分别表示农业从业人口占总人口的比例、人均耕地面积和农业人均二氧化碳排放量。按照传统贸易理论，要素禀赋特征是影响一国出口比较优势的重要因素。劳动充裕型国家和资源充裕型国家具有不同的出口比较优势，从而具有不同的出口结构。因此，选取 *agpopu* 和 *rjgd* 这两个代表农业要素禀赋的指标。co_2 是指一国农业的人均二氧化碳排放量。在农业领域，人均二氧化碳排放量越多，说明化肥、农药和农业机械等农业资源的消耗越大，侧面说明农业能源利用效率低下（漆雁斌等，2010）。Nordhaus（2002）、Wing（2003）、Kemfert（2005）和 Gerlagh（2007）关于二氧化碳排放、经济产出和农业技术水平的研究表明，高人均二氧化碳排放量在一定程度上意味着农业技术水平较低，或者说是肮脏技术。短期内，肮脏技术以牺牲资源为代价带来短期的农业高产出。但随着时间的推移，路径依赖下的技术进步会使肮脏技术的危害得到显现。因此，从短期来看，高人均二氧化碳排放量代表着高农业产出，在一定程度上会提高一国的价值链分工地位。但从长期来看，高二氧化碳排放量意味着农业发展是不利于环境的、低效率的、不可持续的，进而也不利于全球价值链分工地位的提升。

（2）变量 *xdb* 为国内金融部门信贷占 GDP 的比值。农业的快速发展离不开交通运输、金融融资等基础设施条件的改善。与农业发展相配套的金融服务的发展水平对出口价值链分工地位有着至关重要的影响。根据 Kletzer 和 Bardhan（1987）、Rajan 和 Zingales（1998）、Beck（2003）、Manova（2008）以及 Berthou（2010）的研究，金融发展水平会通过贸易结构效应、贸易广化效应以及贸易复杂度提升等途径来促进国际贸易发展。结合农业生产和贸易的现实状况，采用银行对私人部门贷款水平作为金融水平的指标，预期符号为正。

（3）变量 *open* 代表贸易开放度，侧面反映制度发展水平。贸易开放度会通过规模经济效应、资源效率配置以及技术进步等途径来推动产业经济增长（Krugman 和 Helpman，1985；Kruger，1985；Romer，1986；Lucas，1988）。Nunn（2007）的研究表明，贸易开放度越高，制度运行环境就越轻松，越有利于通过分工合作来降低交易成本，激励企业开展创新活动，从而提升一国的价值链分工地位。采用外贸依存度，即用货物和服务的进出口贸易额与国内生产总值 GDP 的比重来表示开放水平。

考虑到数据的可得性，研究样本区间为 1996—2010 年。主要农产品贸易的进出口数据来自联合国商品贸易统计数据库，其他宏观层面的国家数据来自世界银行和联合国粮食及农业组织（Food and Agriculture Organization of the United Nations，FAO）数据库。变量描述性统计分析如表 8-3 所示。

表 8-3 变量描述性统计分析

	均值	标准差	最小值	最大值
lntsi	9.3695	0.5132	7.8999	10.9744
lndegree	2.9181	1.9452	−2.3026	6.3104
lnstrength	2.7152	1.5884	−2.1362	6.7750
lndisparity	2.3371	0.5487	1.0762	4.2277
lnagpopu	2.2390	1.1036	−1.6094	4.3870
lnrjgd	2.8500	1.28778	−4.4204	5.5474
$lnco_2$	1.2413	1.2322	−2.9571	3.0160
lnopen	41.4335	27.7764	6.5777	230.2690
lnxdb	4.0640	0.8327	0.5982	5.8018

（二）实证分析

表 8-4 给出了全球农业价值链分工地位与国家农产品贸易网络特征之间关系的静态分析。模型（1）—（6）表明，贸易网络特征对全球价值链分工地位存在显著影响。网络中心度、网络联系强度和网络异质性对全球农产品价值链分工地位存在显著的正效应。从经济意义上看，一国在全球农产品贸易网络中的网络中心度每上升 1 个百分点，该国的全球价值链分工地位会上升 0.1211 个百分点；一国在全球农产品贸易网络中的贸易联系强度每上升 1 个百分点，该国的全球价值链分工地位会上升 0.0458 个百分点；对网络异质性而言，其地理分布集中度每上升 1 个百分点，该国的网络异质性就下降 1 个百分点，全球价值链地位会下降 0.2238 个百分点。该估计结果与预期相符。因为对特定国家而言，较高的贸易网络中心度和贸易联系强度意味着该国与贸易网络中较多的国家或地区基于

“比较优势”建立了贸易关联，且相互之间的贸易金额较大，全球价值链分工地位就会有所上升。较高的网络异质性意味着该国更多地将贸易分布在多个国家，在一定程度上可以避免对外贸易依赖风险，有助于其长期价值链分工地位的提升。

从事农业人口占比（*lnagpopu*）的系数显著为负。农业从业人口比例较大意味着农业生产效率较低，产业结构不合理。在经济演化过程中，农业从业人员比例过高可能造成在有限的土地上承载过多的剩余劳动力，不利于一国农产品国际竞争力的提升。作为农业发展的支撑性要素，土地资源和水资源对一国农业价值链分工地位至关重要。人均耕地面积（*lnrjgd*）的系数显著为负，这表明较多的耕地资源降低了企业或者农户进行技术创新、培养技术密集型农产品的内在激励。衡量发展可持续水平的农业二氧化碳排放量（$lnco_2$）的系数显著为正，表明高人均二氧化碳排放的短期效应占主导。农业技术水平较低，以牺牲资源为代价获得了农业暂时的增长。

贸易自由度（*lnopen*）和银行信贷服务发展水平（*lnxdb*）的系数显著为正，与预期相符。高开放程度会降低贸易成本，并通过国际市场获得更多国外先进技术和管理经验，极大地提高自身的劳动生产率水平，从而提升农产品竞争力。同时，较高的银行信贷服务将会为农业健康发展提供融资服务，有利于一国农业国际竞争力的提升。

表 8-4　基准模型回归结果

变量	*lntsi*					
	(1)	(2)	(3)	(4)	(5)	(6)
lndegree	0.1930*** (0.0391)	0.2105*** (0.0416)	0.1935*** (0.0382)	0.1635*** (0.0380)	0.1349*** (0.0349)	0.1211*** (0.0386)
lnstrength	0.0743*** (0.0157)	0.0831*** (0.0167)	0.0762*** (0.0154)	0.0693*** (0.0161)	0.0581*** (0.0142)	0.0458*** (0.0149)
lndisparity	−0.3878*** (0.0411)	−0.4112*** (0.0434)	−0.3350*** (0.0403)	−0.2723*** (0.0678)	−0.2341*** (0.0374)	−0.2238*** (0.0540)
lnagpopu		−0.1189*** (0.0258)	−0.1291*** (0.0237)	−0.1289* (0.0884)	−0.1459*** (0.0215)	−0.0707*** (0.0213)

续 表

变量	*lntsi*					
	(1)	(2)	(3)	(4)	(5)	(6)
lnrjgd			−0.7895*** (0.0632)	−0.8342*** (0.2514)	−0.7394*** (0.0579)	−0.5819*** (0.0563)
$lnco_2$				0.4843*** (0.1725)	0.3554*** (0.0615)	0.3415*** (0.0583)
lnopen					0.5306*** (0.0474)	0.4836*** (0.0449)
lnxdb						0.3100*** (0.0294)
常数项	8.4158*** (0.3665)	8.5857*** (03628)	10.8497*** (0.4025)	10.3967*** (0.7919)	8.6504*** (0.3997)	7.0475*** (0.4068)
时间效应	是	是	是	是	是	是
R-squared	0.2077	0.2760	0.3102	0.3533	0.4380	0.4980
模型	FE	FE	FE	FE	FE	FE
样本	1065	1065	1065	1065	1065	1065

注：括号中的数值表示标准差。***、**、*分别表示系数通过1%、5%、10%的显著性检验。

本研究估计可能存在内生性。农业价值链分工地位的提升会影响该国与其他国家之间的贸易关联。与其他国家之间贸易的增加又可以通过知识溢出等渠道提升一国的农业价值链分工地位。为了消除估计结果的误差，使检验结论更具有稳健性，选取贸易联系强度变量的滞后项作为工具变量，采用两步 GMM 估计法对面板模型进行了重新检验。

表 8-5 两步 GMM 估计结果

变量	(1)	(2)	(3)
lndegree	0.1457*** (0.0402)	0.1145*** (0.0407)	0.0977*** (0.0367)
lnstrength	0.0850*** (0.0145)	0.0562*** (0.0161)	0.0470*** (0.0142)
lndisparity	−0.5997*** (0.0705)	−0.4587*** (0.0678)	−0.4753*** (0.0592)
lnagpopu		−0.0869* (0.0230)	−0.0297 (0.0212)
lnrjgd		−0.0702*** (0.0235)	0.0172 (0.0237)

续　表

变量	(1)	(2)	(3)
$lnco_2$		0.1600*** (0.0317)	0.0229*** (0.0315)
$lnopen$			0.3990*** (0.0419)
$lnxdb$			0.3275*** (0.0302)
常数项	9.3035*** (0.4282)	9.5189*** (0.4131)	6.7417*** (0.4304)
Wald	178.47 (0.0000)	279.46 (0.0000)	71.59 (0.0000)
Sargan	0.7259	0.4914	0.6358
样本	994	994	994

注：括号中的数值表示标准差。***、**、*分别表示系数通过1%、5%、10%的显著性检验。

表8-5给出了两步GMM估计的结果。两步GMM估计结果与基准模型回归结果一致，即一国在全球农产品贸易网络中的网络特征对其全球农业价值链分工地位起到了稳健的促进作用，即贸易网络中心度、网络联系强度和网络异质性对全球农业价值链分工地位的提升具有显著的促进作用，验证了研究假说。

（三）稳健性检验

考虑到其他因素可能影响检验和估计结果，本研究对实证模型进行稳健性检验。

首先，采用PSM方法考察贸易网络特征对全球价值链分工地位的影响。通过PSM方法，将贸易网络特征从其他影响全球价值链分工地位的因素中独立出来，考察其对全球价值链分工地位的影响，结果具有更高的可信性。表8-6给出了PSM方法的结果。匹配后不同网络中心度水平的全球价值链分工地位相差0.0336，且T值显著。这说明，如果一国具有较高的网络中心度，则全球价值链分工地位往往也比较高。同理，在考察贸易联系强度对一国农业价值链分工地位的影响时，匹配后的国家的价值链分工地位相差0.1454，且T值在10%的显著性水平下显著，说明贸易联系强度越高，该国全球价值链分工地位也越高。不同网络异质性国家的全球价值链分工地位相差−0.1223，T值显著，说明网络异质性较低的国家其农业价值链分工地位也比较低。需要说明的是，表8-7对控制变量进行了平衡性检验，以保证PSM检验的可靠性。

表8-6　国家农产品贸易网络特征的PSM结果

变量	样本	处理组	控制组	差距	观察值	T值
lntsi（*lndegree*）	匹配前	9.5556	9.2460	0.3096	0.0308	10.04
	匹配后	9.5109	9.2588	0.2522	0.0336	7.51
lntsi（*lnstrength*）	匹配前	9.5394	9.2733	0.2661	0.3121	8.53
	匹配后	9.5319	9.3866	0.1454	0.0912	1.59
lntsi（*lndisparity*）	匹配前	9.2886	9.5456	−0.2570	0.0311	−8.25
	匹配后	9.2975	9.4199	−0.1223	0.0556	−2.20

注：括号内的标量代表进行PSM估计时所独立考察的影响农业价值链分工地位的关键变量。

表8-7　PSM样本匹配的平衡性检验

变量	匹配变量	匹配前	均值		标准偏差(%)		T检验
		匹配后	处理组	控制组	偏差	减少	P>t
lndegree	*lnstrength*	U	3.8005	1.8203	179.9	97.4	0.000
		M	3.4946	3.4441	4.6		0.450
	lndisparity	U	2.2487	2.4465	−36.5	80.0	0.000
		M	2.2697	2.3092	−7.3		0.325
	lnagpopu	U	1.9439	2.6261	−64.9	94.7	0.000
		M	2.108	2.0718	3.4		0.621
	lnrjgd	U	2.9807	2.6996	21.9	−5.8	0.001
		M	3.0059	2.7087	23.2		0.000
	$lnco_2$	U	1.8078	1.0368	86.5	97.2	0.000
		M	1.7261	1.7046	2.4		0.687

续　表

变量	匹配变量	匹配前/匹配后	均值 处理组	均值 控制组	标准偏差(%) 偏差	标准偏差(%) 减少	T检验 P>t
	lnopen	U	3.4638	3.7171	−46.3	57.6	0.000
		M	3.5435	3.4362	19.6		0.001
	lnxdb	U	4.4099	3.9332	68.0	89.6	0.000
		M	4.2914	4.2419	7.1		0.274
lnstrength	*lndegree*	U	8.9092	8.3590	150.8	99.4	0.000
		M	8.8993	8.8960	0.9		0.861
	lndisparity	U	2.3112	2.3659	−9.9	13.7	0.141
		M	2.3076	2.2604	8.6		0.152
	lnagpopu	U	1.9786	2.5673	−55.3	79.2	0.000
		M	2.0159	1.8937	11.5		0.091
	lnrjgd	U	2.8275	2.8922	−5.1	−261.7	0.451
		M	2.8444	2.6103	18.6		0.012
	$lnco_2$	U	1.7607	1.1129	71.1	81.3	0.000
		M	1.7253	1.6039	13.3		0.019
	lnopen	U	3.4968	3.6708	−31.5	34.3	0.000
		M	3.5449	3.4306	20.7		0.001
	lnxdb	U	4.439	3.9097	76.5	93.4	0.000
		M	4.3891	4.3543	5.0		0.378
lndisparity	*lndegree*	U	8.5141	8.8024	−67.3	88.7	0.000
		M	8.5356	8.5031	7.6		0.292
	lnstrength	U	2.6487	3.1973	−37.6	65.2	0.000
		M	2.6679	2.4769	13.1		0.061
	lnagpopu	U	2.4639	2.0323	39.8	86.9	0.000
		M	2.4455	2.3889	5.2		0.459
	lnrjgd	U	2.6564	3.051	−31.2	90.2	0.000
		M	2.6542	2.6155	3.1		0.720
	$lnco_2$	U	1.2589	1.6703	−44.1	75.9	0.000
		M	1.2849	1.1858	10.6		0.232

续 表

变量	匹配变量	匹配前	均值		标准偏差(%)		T 检验
		匹配后	处理组	控制组	偏差	减少	P>t
	lnopen	U	3.5907	3.5607	5.3	13.1	0.425
		M	3.6004	3.5743	4.6		0.535
	lnxdb	U	4.1934	4.2058	−1.7	−497.8	0.801
		M	4.1929	4.1185	10.0		0.147

借助 Koenker 和 Bassett（1978）的方法，表 8-8 进一步采用面板分位数回归和剔除极端值的方法来验证本研究结果的稳健性。其中，模型（1）—（5）为面板分位数回归。模型（6）为剔除前后 5%的极端值的回归结果。面板分位数回归进一步考察了条件分布不同的全球价值链分工地位影响因素，各个变量系数符号与面板估计基本一致。随着全球农业价值链分工地位由条件分布的低端向高端变化，贸易网络特征的影响呈现如下特征：网络中心度对价值链分工地位的影响先减后增，贸易联系强度对价值链分工地位的影响先增后减，网络异质性对价值链分工地位的影响先增后减。

表 8-8 稳健性检验

变量	(1) 10%	(2) 25%	(3) 50%	(4) 75%	(5) 90%	(6) 剔除极端值
lndegree	0.2001** (0.1057)	0.1561* (0.0869)	0.1198* (0.0686)	0.1631** (0.0755)	0.1554* (0.0821)	0.1592*** (0.0372)
lnstrength	0.0357** (0.0176)	0.0233* (0.0207)	0.0794*** (0.0244)	0.1488*** (0.0267)	0.1641*** (0.0265)	0.0418** (0.0159)
lndisparity	−0.2665*** (0.0883)	−0.4108*** (0.1216)	−0.4181*** (0.1144)	−0.3158*** (0.0951)	−0.2226*** (0.0831)	−0.1979*** (0.0567)
lnagpopu	−0.0188 (0.0390)	−0.0684* (0.0389)	−0.0885** (0.0431)	−0.0807** (0.0350)	−0.1265*** (0.0489)	−0.1028 (0.0730)
lnrjgd	0.0273 (0.0264)	−0.0371 (0.0272)	0.0422* (0.0220)	0.0525** (0.0228)	0.0425* (0.0265)	−0.5638*** (0.1807)
$lnco_2$	0.2665*** (0.0537)	0.2117*** (0.0542)	0.1272*** (0.0468)	0.1088** (0.0482)	0.0587 (0.0475)	0.3999** (0.2058)
lnopen	0.0413 (0.0767)	0.0515 (0.0816)	0.1870** (0.0746)	0.1944*** (0.0741)	0.1087 (0.0946)	0.4763*** (0.0827)

续　表

变量	(1) 10%	(2) 25%	(3) 50%	(4) 75%	(5) 90%	(6) 剔除极端值
lnxdb	0.1162** (0.0503)	0.1764*** (0.0553)	0.2005*** (0.0498)	0.2078*** (0.0627)	0.1799*** (0.0694)	0.2393*** (0.0619)
常数项	6.3050*** (0.9260)	6.8589*** (0.7215)	6.9528*** (0.6429)	6.7881*** (0.6428)	7.5682*** (0.8446)	6.9063*** (0.8181)
样本量	898	898	898	898	898	820

注：括号中数值表示标准差。***、**、*分别表示系数通过1%、5%、10%的显著性检验。

四、研究结论

经济全球化的深入发展推动了全球范围内贸易关系的不断深化。通过农产品进出口贸易，各国形成了一个相互依赖的关联网络。本研究采用社会网络分析方法，利用联合国商品贸易统计公布的1996—2013年全球71个国家的农产品双边贸易数据，考察了全球农产品贸易网络的整体布局以及各国在贸易网络中的特征，得出如下结论：

全球农产品贸易网络中各国的贸易关联日渐紧密，且其结构演化是一个渐进过程。本研究的经验测算表明，1996—2013年间，全球农产品贸易网络的密度值整体上呈现上升趋势，各国之间的农产品贸易关联程度日益加深。全球农产品贸易网络呈偏态分布：网络中心度呈左偏分布，网络联系强度呈右偏分布，网络异质性呈右偏分布。这意味着，在全球农产品贸易网络中，大多数国家的贸易额在全球农产品贸易中的比重较小，与较多的国家发生贸易关联，且贸易量在各贸易对象之间的分布较均匀。

基于现状分析，本研究实证检验了贸易网络特征对全球价值链分工地位提升的影响。贸易网络特征会对全球价值链分工地位产生稳健、显著的影响。具体来说：第一，网络中心度的提高有助于提升一国在全球农产品贸易网络中对核心资源的控制能力，促进该国价值链分工地位的提升；第二，网络联系强度的提高可以扩展与网络中其他国家建立的贸易关联，增加其对贸易伙伴吸引力，有助于推进一国价值链分工地位的提升；第三，网络异质性的提高有助于缓解过度依赖特定国家产生的贸易依赖风险，提升一国对外贸易的稳定性，促进该国价值链分工地位的提升。因此，对全球农产品贸易网络中的国家而言，掌握本国的农产品贸易网络特征，在实施相关的农业产业促进政策时就能提高政策的针对性和有效性。例如，对我国而言，网络联系强度不断上升，已进入全球前十名的行列，但网络中心度和网络异质性较低，这说明在全球农产品贸易网络中，我国大部分农产品贸易集中在少数几个国家。为了提升中国在全球农业价值链中的分工地位，应该实施相关政策促进龙头企业培育，促进农业产业升级以及农业贸易多元化发展。

第三节　企业层面：从能力提升到政府补贴外生驱动

全球价值链分工是国际贸易及发展经济学等诸多学科的前沿研究课题（Gereffi，1994，1999；Humphrey 和 Schmitz，2000；Antràs 和 Helpman，2013；Koopman et al.，2014）。全球价值链分工不仅会给发展中国家带来价值增值（Bernard et al.，2012），还可能会放大其面临的外在冲击与风险（Escaith et al.，2011），使其被锁定在加工、组装等低附加值环节。如何积极高效地参与全球价值链分工并逐步提高国际分工地位成为中国亟待解决的关键问题。

与此同时，中国政府采用补贴这一“援助之手”，不断鼓励企业参与国际市场，提高市场竞争力。事实上，不仅是发展中国家，很多发达国家政府也会采用政府补贴这一政策工具来干预企业国际市场行为，以实现本国经济增长和飞跃。政府补贴已成为内需不足前提下地方政府促进企业出口、吸引外商投资的重要手段。中国政府对制造业企业的补贴力度较高。中国工业企业于 1999 年获得的补贴收入额约为 257 亿元，2007 年达到 839.9 亿元，增长了 226.8%（张杰和郑文平，2015）。2013 年发布年报的上市企业中，高达 70%的企业获得了政府补贴（毛其淋和许家云，2015）。那么，如此大范围、高强度的政府补贴对企业在价值链中的嵌入程度和位置有什么影响？是否有助于提升企业全球价值链分工地位？政府补贴规模是否适当及背后的内在机制是什么？本节将对这些问题展开深入研究，以检验政府补贴对企业全球价值链分工地位的现实影响。

国内外诸多学者研究了政府补贴对企业国际化行为的影响。部分研究考察了政府补贴对企业出口行为的影响，认为政府补贴会显著提高企业的出口额和出口范围（Eckaus，2006；苏振东等，2012）。Girma et al.（2009）则认为，政府补贴对企业国际市场行为并没有显著的促进作用。Martincus 和 Carballo（2008）利用秘鲁企业数据，研究了秘鲁政府补贴对其出口二元边际的影响，认为补贴会显著促进企业扩展边际，但对其集约边际没有显著的影响。就政府补贴对中国企业出口效应来看，施炳展等（2013）认为，政府补贴会显著促进企业出口额，但是会降低出口价格，接受政府补贴的企业可能会陷入低价低利润的竞争模式；张杰和郑文平（2015）则认为，政府补贴对企业出口集约边际作用并不显著，但与扩展边际呈倒 U 形关系，即政府补贴不会对企业低端出口产生显著影响，不过当政府补贴小于一定规模时，会对高端出口能力形成显著的促进作用。另一部分学者研究了政府补贴对企业创新的影响，以此来判断政府补贴对企业核心竞争力的作用。Görg 和 Strobl（2007）基于爱尔兰数据的实证检验表明，政府补贴对内资企业研发创新有显著推动作用；毛其淋和许家云（2014，2015）强调了补贴规模的重要性，认为适当强度的政府补贴会促进企业产品创新，但寻租成本的存在会导致高额补贴对产品创新的抑制作用。从生产率的角度来看，政府补贴对企业生产率没有显著的促进作用，反而有可能降低企业生产率（Bernini 和 Pellegrini，2011；邵敏和包群，2012）。在工序分工的背景下，出口整体表现和企业生产率并不能准确地衡量企业全球价值链嵌入状况。在对企业参与全球价值链分工程度和位置进行测量的基础上，本研究将对政府补贴的价值链效应进行深入分析。

区别于现有研究，本研究的可能贡献表现为：从研究视角来看，基于政府补贴日益增加的现实背景，实证考察政府补贴这一“看得见的手”对企业参与全球价值链分工的经济效应，为促进中国企业全方位、深层次地参与国际分工提供新思路；从研究方法来看，以 2000—2006 年中国工业企业和海关匹配数据为样本，采用 PSM-DID 方法研究政府补贴对企业价值链分工特征的影响，最大限度地减少了样本的选择性偏差和内生性问题；从研究主体来看，将企业参与全球价值链分工的情况分解为全球价值链嵌入程度和嵌入位置两个层面，有助于更系统、更全面地解析政府补贴的价值链效应；从研究内容来看，不仅分析了政府补贴对价值链分工影响的平均效应，还引入了政府补贴规模异质性的讨论，并进一步检验了政府补贴影响企业价值链的内在机制。

本节安排如下：第一部分为政府补贴影响企业价值链分工的机制分析；第二部分介绍数据来源和研究方法；第三部分实证检验了政府补贴对企业全球价值链分工特征影响；第四部分进一步考察了政府补贴规模的影响；第五部分为政府补贴影响企业全球价值链分工特征的内在机制检验；第六部分是相关结论和政策启示。

一、机理分析

第一，政府补贴可以在一定程度上降低国际市场交易成本，提高企业国际分工地位。国际市场存在诸多的信息不对称、交易风险（Rose，2007）。相比于内销企业，参与全球价值链的企业必须支付额外的固定成本或者沉没成本。例如，参与价值链分工企业需要为收集国际市场信息、寻找和评估潜在贸易伙伴支付额外成本，面临汇率等国际市场价格波动的交易风险。政府补贴可以在一定程度上弥补企业在国际市场中生存所面临的各种固定及沉没成本，降低企业在价值链各环节的生产成本和交易成本，促进整体竞争力的提升。诸多学者的研究也验证了这一观点，认为政府补贴可以对企业出口额、种类和范围产生显著的促进作用（Helmers和Trofimenko，2010；Bernard和Jensen，2004；苏振东等，2012；施炳展，2012）。

第二，政府补贴可能通过促进研发创新来提高企业整体竞争力，促进企业全方位、深层次地参与国际分工。自主研发创新以及人力资本等要素协调发展是提高中国全球价值链分工地位的关键和内在动力（杨高举和黄先海，2013），但创新活动成本高、风险大、周期长以及外部性强等特点减弱了企业自主研发创新的积极性。在此背景下，政府补贴逐渐成为政府促进企业研发的重要工具。首先，补贴收入作为企业利润的一部分，可以增加企业收益，为创新活动提供资金支持。特别地，针对研发创新的专项补贴可以直接降低企业研发创新的成本和风险，增强企业研发创新动机。其次，政府补贴可以促进资源合理配置，帮助企业克服产品创新活动的外部性。面对创新市场的外部性，政府补贴可以提高企业私人回报，降低研发创新的不确定性，分散研发风险（Almus 和 Czarnitzki，2003；Hussinger，2008；Carboni，2011），提高企业创新的积极主动性。最后，从信号传递的角度来看，政府补贴有助于提高企业社会认同度，拓展创新资源获取渠道。政府补贴往往扮演着媒介的角色（Kleer，2010），其存在表明企业自身是有发展潜力的，是响应政府政策导向的。该信号会帮助企业获取研发创新所需要的资金、技术和人力等关键资源。

第三，政府补贴可以缓解企业面临的融资困境，改善其在全球价值链中的表现。融资成本过高，无法获得生产经营或投资所需的资金支持是阻碍企业价值链地位提升的重要因素（Manova，2010；Manova 和 Yu，2013；Costinot，2009；马述忠等，2016）。全球价值链不同环节具有不同的利润和附加值，对企业固定资本和营运资本的要求也截然不同。因此，融资问题在一定程度上决定了企业在全球价值链中的嵌入环节及获利能力。获得政府补贴能够降低企业融资约束：一方面，政府补贴能直接增加企业收入和利润，弥补资金缺口；另一方面，政府补贴可以间接拓宽企业融资渠道，降低企业融资成本。政府补贴在一定程度上起着“认证”作用，是企业发展前景和经营绩效的正面信号，有助于增强银行等投资者对企业的信任，帮助企业以较低的成本从社会各种渠道获取经营发展所需资金（Feldman 和 Kelly，2006；Colombo et al.，2013）。申香华（2014）的研究表明，政府补贴这一隐性担保会降低银行等机构对企业的风险评估级别，从而降低企业融资成本。

第四，政府补贴可能会增加企业寻租成本，导致企业陷入低价低利润的竞争模式，被锁定在价值链的低端环节。政府补贴作为财政政策的重要组成部分，已逐渐成为推动产业结构发展的重要手段。企业管理者为争取该稀缺资源会积极主动地迎合政府行为，通过俘获掌握财政支配权的官员来与地方政府建立政治关联（余明桂等，2010），导致企业寻租成本的产生。分权化改革给予地方政府更高的财政支配权，给地方政府官员设租和企业寻租提供了较大空间。一方面，寻租成本会削弱政府补贴对企业进入国际市场固定或者沉没成本的降低作用，减弱了企业参与全球价值链的动机；另一方面，寻租关系的建立，尤其是那些处于生存边缘企业的寻租行为可能导致企业陷入一种以量取胜的低利润竞争模式（施炳展，2012）。这种模式难以积累足够的资金支撑企业研发创新，改进产品质量，攀升价值链高端环节。

综上所述，政府补贴对企业价值链分工特征的影响存在双面效应：一方面，政府补贴可以降低企业参与价值链分工的成本，缓解企业融资困境，为企业研发提供资金支持，提高企业产品质量和技术水平，促进企业深层次攀升全球价值链高端环节；另一方面，寻租行为导致的寻租成本可能会削弱政府补贴产生的正效应，挤占企业研发创新资源，使企业陷入低价低利润的增长模式，被锁定在价值链的低端环节。

二、模型设定与变量说明

（一）模型设定

企业是否获得政府补贴并非随机的，而是会受到企业绩效、所有权性质、规模、国际分工情况等因素的影响。为了克服样本选择偏差导致的内生性问题，本小节采用 PSM-DID 方法来评估政府补贴的全球价值链分工效应。其具体步骤如下：

第一，根据企业是否获得政府补贴将样本划分为处理组（获得政府补贴的企业）和对照组（从未获得政府补贴的企业）。在此基础上通过倾向得分匹配，从对照组中筛选出与处理组企业在企业规模、业绩等方面相同或相似，在是否受到政府补贴方面存在差异的企业作为控制组，以降低样本的选择性偏差。具体步骤为：首先，引入虚拟变量 $subsidy = \{0, 1\}$，当企业政府补贴不为 0 时，$subsidy = 1$；当企业从未受到政府补贴时，$subsidy = 0$。其次，采用最近邻匹配法为处理组企业寻找最为合适的对照组企业。通过梳理相关文献，PSM 协变量包括企业规模（*scale*）、年龄（*age*）、资本密集度（*capital*）、盈利水平（*profit*）、全要素生产率（*tfp*）、行业集中度（*herfind*）、是否为国有企业（*state*）。这些变量会影响一个企业是否得到政府补贴。采用 Logit 法对以下模型进行估计：

$$\text{logit}(subsidy = 1) = \phi(scale, age, capital, profit, tfp, herfind, state) \tag{8-4}$$

在对该模型进行估计的基础上，我们得到处理组和对照组的概率值 $\hat{p}_i$ 和 $\hat{p}_j$，据此寻找与处理组企业相匹配的对照组企业集合 $\Gamma(i)$：

$$\Gamma(i) = \min_j(\hat{p}_i - \hat{p}_j)^2, j \in (subsidy = 0) \tag{8-5}$$

在 PSM 的基础上，根据企业接受政府补贴的年份将样本分为两个阶段，并设立二值变量 $after = \{0, 1\}$，其中 $after = 0$ 和 $after = 1$ 分别表示企业在接受政府补贴之前和之后。同时，我们用 Δgvc 表示企业接受政府补贴前后的价值链分工变化，其中 Δgvc_i^1 和 Δgvc_i^0 分别表示处理组企业和控制组企业在接受补贴前后的价值链分工变化。根据倍差法，企业接受政府补贴前后价值链分工的实际变化 δ 为：

$$\delta = E(\delta_i \mid subsidy = 1) = E(\Delta gvc_i^1 \mid subsidy = 1) - E(\Delta gvc_i^0 \mid subsidy = 1) \tag{8-6}$$

式中，$E(\Delta gvc_i^0 \mid subsidy = 1)$ 是处理组企业在没有获得政府补贴情况下的“反事实”，是不可观测的。将匹配的控制组企业在这两段时间前后价值链分工的变化作为合理的替代值，即 $E(\Delta gvc_i^0 \mid subsidy = 1) = E(\Delta gvc_i^0 \mid subsidy = 0)$，则企业接受政府补贴前后价值链分工的实际变化 δ 可进一步表示为：

$$\delta = E(\delta_i \mid subsidy = 1) = E(\Delta gvc_i^1 \mid subsidy = 1) - E(\Delta gvc_i^0 \mid subsidy = 0) \tag{8-7}$$

基于倍差法的基本假定，得到如下计量模型：

$$gvc = \alpha_0 + \alpha_1 subsidy + \alpha_2 after + \delta subsidy \times after + \beta \mathbf{X} + \varepsilon \tag{8-8}$$

式中，$gvc = \{gvc\_part, gvc\_pos\}$。

(二)变量说明

为了考察政府补贴对企业全球价值链嵌入的影响，引入如下控制变量：企业规模（$scale$），用企业工业销售产值的对数来表示；企业年龄（age），定义为样本观察期与企业成立时间的差值；资本密集度（$capital$），用人均固定资产的对数来表示；盈利水平（$profit$），用企业营业利润与工业销售产值的比值来衡量；全要素生产率（tfp），用 LP 法计算的全要素生产率表示；行业集中度（$herfind$），定义为销售额最大的 4 个工业企业销售总值占整个行业销售总值的比例，即：$herfind_{it} = \sum_{i=1}^{4} SV_{kt}/SV_t$；此外加入国有企业（$state$）、集体企业（$collect$）、法人企业（$legal$）、私营企业（$private$）和外资企业（$foreign$）5 个虚拟变量来表示企业所有制结构的差异。

(三)数据来源

本节数据来自两个数据库：2000—2006 年国家统计局的中国工业企业数据库和 2000—2006 年中国海关总署产品层面的数据库。为了获得企业层面的相关信息，需要对中国工业企业数据库和海关数据库进行匹配。主要处理有：首先，按照企业特征对数据进行初步匹配。借鉴 Upward et al.（2013）、田巍和余淼杰（2013）以及吕越等（2015）的处理方法，沿用两步法对数据进行匹配，即先用企业名称与年份对两个数据库进行匹配，之后采用各地区邮编以及企业电话后 7 位数对两个数据库进行匹配，最终得到两个数据库的匹配数据。其次，对行业代码进行统一调整。参照张杰等（2013）和葛顺奇（2015）的处理方法，根据 2002 年颁布的《国民经济行业分类》对 2000—2002 年的企业行业代码进行重新调整，统一口径，保证 2000—2006 年之间行业代码的统一性。最后，完善数据质量，对数据进行进一步筛选整理。对匹配后的数据，删除工业总产值、固定资产合计、总资产合计、职工从业人数等关键财务指标为零或者为负的样本，还剔除了一些关键指标缺失、不符合会计准则以及不符合逻辑的数据。此外，为了剔除极端值的影响，对所有数据进行缩尾处理。

三、政府补贴对全球价值链嵌入程度的影响

(一)倾向得分匹配

以企业全球价值链嵌入程度为结果变量，采用最邻近匹配法逐年为处理组企业寻找合适的对照组企业，得到最终的处理组和控制组样本。平衡性检验见表 8-9。匹配前各变量 *t* 检验的 *p* 值均为 0，即匹配前处理组企业和控制组企业的匹配变量均存在显著差异。除全要素生产率外，匹配后各变量 *t* 检验的 *p* 值均大于 10%，各匹配变量之间差异不再显著。Rosenbaum 和 Rubin（1985）认为，变量匹配后标准偏差小于 20%即为匹配效果理想。虽然企业全要素生产率匹配后 *t* 统计量的 *p* 值小于 10%，但其标准偏差为 1.5%，小于 20%，故匹配效果良好。

表 8-9　匹配变量的平衡性检验(以价值链嵌入程度为结果变量)

变量	样本	均值		标准偏差(%)		t 检验
		处理组	控制组	偏差	减少	P>t
scale	U	10.519	10.131	31.0	99.8	0.000
	M	10.519	10.520	−0.1		0.901
age	U	11.407	9.5515	17.8	99.5	0.000
	M	11.407	11.398	0.1		0.884
capital	U	3.6024	3.5297	6.2	99.3	0.000
	M	3.6024	3.6019	0.0		0.940
profit	U	0.0328	0.0297	4.9	75.9	0.000
	M	0.0328	0.0320	1.2		0.420
tfp	U	6.7823	6.6008	16.1	90.8	0.000
	M	6.7823	6.7656	1.5		0.012
herfind	U	31.771	30.266	7.6	91.7	0.000
	M	31.771	31.646	0.6		0.269
state	U	0.0649	0.0420	10.2	95.8	0.000
	M	0.0649	0.0640	0.4		0.493

注:年份固定效应、地区固定效应和时间固定效应均通过平衡性检验,鉴于篇幅有限,没有报告其检验结果。

图 8-6 给出了最邻近匹配法得出的倾向得分值的概率分布。从图 8-6 中可以看到，非政府补贴企业和政府补贴企业的倾向得分分布基本相似，进一步表明本研究的匹配效果良好。表 8-10 汇报了模型估计核心变量的统计性描述。

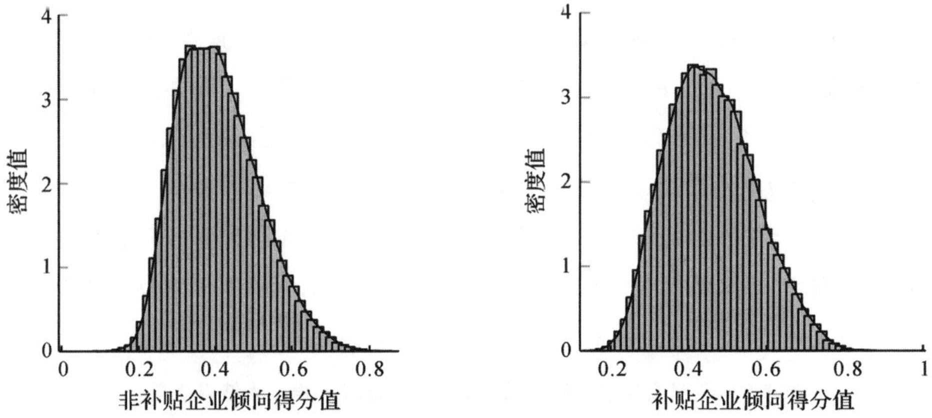

图 8-6　倾向得分的概率分布(价值链嵌入程度)

表 8-10　政府补贴对价值链嵌入程度影响的描述性统计

变量	样本数	均值	标准差	最小值	最大值
gvc_part	147491	1.2403	2.4718	0.0394	10.2091
scale	147491	10.2009	1.2592	8.3547	12.8761
age	147491	10.3537	10.3088	1.0000	167.0000
capital	147491	3.5662	1.1782	1.3391	5.6670
profit	147491	0.0299	0.0638	−0.1148	0.1687
tfp	147491	6.6788	1.1300	−2.5505	15.5111
herfind	147491	31.0692	19.7431	5.7593	76.3689

(二)基准估计

基于匹配样本，采用如下计量模型检验政府补贴对企业全球价值链嵌入程度的影响：

$$gvc\_part_{it} = \alpha_0 + \alpha_1 subsidy_i + \alpha_2 after_t + \delta subsidy_i \times after_t + \beta \mathbf{X} + \mu_i + \mu_t + \varepsilon_{it} \tag{8-9}$$

表 8-11 为基准回归的结果。$subsidy \times after$ 为本研究关注的核心变量。模型（1）—（8）中，$subsidy \times after$ 的系数为正，且通过 1%的显著性水平检验。这说明，政府补贴对企业价值链嵌入程度具有积极的促进作用。一方面，政府补贴可以促进企业增加研发投入，学习国外先进的科学技术和管理经验；另一方面，政府补贴作为企业利润的一部分，可以改善资金状况，缓解企业融资约束。相比于非政府补贴企业，政府补贴企业可以以更小的风险和成本进口国外的原材料或者中间品，并更深层次地嵌入全球价值链。

企业规模（$scale$）系数为正且通过 1%的显著性水平检验。相比于小型企业，规模较大的企业往往具有雄厚的资本支撑、丰富的管理经验和较强的研发及市场营销能力，能够更深层次地参与全球价值链分工；企业年龄的系数（age）显著为正。随着年龄增长，企业生产经验、市场经验逐渐丰富，能够成熟地应对国际市场冲击，参与国际市场的程度也越高；企业资本密集度（$capital$）和盈利水平（$profit$）的系数也显著为正。较高的资本密集度和盈利水平反映了企业对研发、技术设备投入的支持和良好的运作效率，提高了企业借助国际分工在全球范围内合理配置资源的可能性；企业生产率（tfp）的系数为正，且通过 1%的显著性水平检验。较高的生产率意味着企业在国内和国际市场具有较高的竞争力，有助于提升企业全球价值链的参与度；行业集中度（$herfind$）的系数显著为正。行业集中度越高意味着高进入门槛、低竞争程度以及高利润，能够促使企业更深层次地融入价值链分工体系。

（三）稳健性检验

首先，更换全球价值链嵌入程度的测量方法。采用 3 种方法对全球价值链嵌入程度指标进行重新测算：第一，采用 Upward et al.（2013）区分加工贸易和一般贸易的测算方法。该方法认为，企业加工贸易进口全部用于企业中间品投入，而一般贸易进口则同比例地用于国内销售和一般贸易出口。企业价值链嵌入程度可以表示为：$gvc\_part1 = \{M^p + X^o[M^o/(D+X^o)]\}/X$。其中，$M$、$X$ 和 D 分别表示企业进口、出口和国

表 8-11 政府补贴对企业全球价值链嵌入程度的基准回归

变量	被解释变量：*gvc_part*							
	(1)	(2)	(3)	(4)	(5)	(6)	(7)	(8)
subsidy	−0.5584*** (0.0222)	−0.5090*** (0.0223)	−0.5099*** (0.0222)	−0.5342*** (0.0218)	−0.7028*** (0.0218)	−0.6612*** (0.0219)	−0.6577*** (0.0218)	−0.6482*** (0.0217)
after	−0.6882*** (0.0180)	−1.0098*** (0.0255)	−1.0145*** (0.0254)	−1.0069*** (0.0249)	−0.6042*** (0.0182)	−0.8952*** (0.0257)	−0.9046*** (0.0257)	−0.9259*** (0.0255)
subsidy×*after*	0.2125*** (0.0273)	0.1494*** (0.0274)	0.1541*** (0.0273)	0.1528*** (0.0267)	0.1600*** (0.0267)	0.1133*** (0.0268)	0.1165*** (0.0268)	0.1199*** (0.0265)
scale					0.1795*** (0.0078)	0.1741*** (0.0078)	0.1653*** (0.0079)	0.1464*** (0.0079)
age					0.0122*** (0.0007)	0.0122*** (0.0007)	0.0120*** (0.0007)	0.0110*** (0.0007)
capital					0.1379*** (0.0066)	0.1379*** (0.0066)	0.1400*** (0.0066)	0.0968*** (0.0069)
profit					0.2620** (0.1069)	0.2568** (0.1067)	0.3176*** (0.1068)	0.1224 (0.1064)
tfp					0.2291*** (0.0075)	0.2329*** (0.0075)	0.2329*** (0.0075)	0.2391*** (0.0074)
herfind					0.0098*** (0.0003)	0.0099*** (0.0003)	0.0097*** (0.0003)	0.0068*** (0.0004)

续　表

变量	被解释变量：*gvc_part*							
	(1)	(2)	(3)	(4)	(5)	(6)	(7)	(8)
state					0.4413*** (0.0336)	0.4284*** (0.0336)	0.3892*** (0.0338)	0.4019*** (0.0336)
collect					0.2322*** (0.0307)	0.2236*** (0.0307)	0.2174*** (0.0307)	0.2573*** (0.0305)
legal					0.0803*** (0.0202)	0.0943*** (0.0202)	0.0813*** (0.0202)	0.1036*** (0.0201)
private					0.1355*** (0.0187)	0.1624*** (0.0187)	0.1600*** (0.0187)	0.1765*** (0.0187)
foreign					−0.2272*** (0.0202)	−0.2313*** (0.0201)	−0.2225*** (0.0201)	−0.2007*** (0.0200)
常数项	1.8788*** (0.0147)	2.1220*** (0.0212)	2.0443*** (0.0213)	8.4067*** (0.4154)	−2.4544*** (0.0575)	−2.2223*** (0.0597)	−2.1579*** (0.0598)	2.7622*** (0.4249)
时间效应	NO	YES	YES	YES	NO	YES	YES	YES
地区效应	NO	NO	YES	YES	NO	NO	YES	YES
行业效应	NO	NO	NO	YES	NO	NO	NO	YES
样本量	147491	147491	147491	147491	143021	143021	143021	143021
$adj\ R^2$	0.020	0.024	0.030	0.071	0.093	0.096	0.097	0.115

注：括号中数值代表标准差。***、** 和 * 分别表示系数通过 1%、5% 和 10% 的显著性检验。

内销售额，p 和 o 分别为加工贸易和一般贸易。第二，在方法一的基础上考虑采用 BEC 产品编码区分中间品的计算法。通过将 HS 代码转换成 BEC 代码，识别进口产品中的消费品、资本品和中间投入品。全球价值链嵌入程度的衡量指标为 $gvc\_part2 = \{M^p + X^o[M^o_m/(D + X^o)]\}/X$。其中，$M^o_m$ 为用于中间投入的一般贸易进口。第三，参照张杰等（2013）的做法，考虑企业通过中间品贸易商进口中间品的典型现实。全球价值链嵌入程度为：$gvc\_part3 = \{M^p_A + X^o[M^o_{Am}/(D + X^o)]\}/X$。其中，$M^p_A$ 和 M^o_{Am} 分别表示企业实际加工贸易进口额和企业实际一般贸易中间品进口额。表 8-12 为更换全球价值链嵌入程度测算指标的稳健性检验结果。模型（1）、（2）以 gvc_part1 为被解释变量，模型（3）、（4）以 gvc_part2 为被解释变量，模型（5）、（6）以 gvc_part3 为被解释变量。模型（1）—（6）中政府补贴的系数均显著为正，验证了基准回归的稳健性。

表 8-12　更换价值链嵌入程度衡量指标的回归

	gvc_part1		gvc_part2		gvc_part3	
	(1)	(2)	(3)	(4)	(5)	(6)
subsidy	−0.1217*** (0.0023)	−0.1030*** (0.0023)	−0.0125*** (0.0006)	−0.0065*** (0.0005)	−0.0320*** (0.0009)	−0.0204*** (0.0008)
after	−0.1699*** (0.0019)	−0.2288*** (0.0026)	−0.0349*** (0.0005)	−0.1415*** (0.0008)	−0.0714*** (0.0007)	−0.1558*** (0.0009)
subsidy × *after*	0.0736*** (0.0029)	0.0538*** (0.0028)	0.0109*** (0.0007)	0.0054*** (0.0006)	0.0301*** (0.0010)	0.0185*** (0.0010)
scale	0.0362*** (0.0008)	0.0303*** (0.0008)	0.0055*** (0.0002)	0.0036*** (0.0002)	0.0084*** (0.0003)	0.0066*** (0.0003)
age	−0.0006*** (0.0001)	−0.0003*** (0.0001)	−0.0001*** (0.0000)	−0.0001*** (0.0000)	−0.0002*** (0.0000)	−0.0002*** (0.0000)
capital	−0.0002 (0.0007)	0.0063*** (0.0007)	0.0017*** (0.0002)	0.0019*** (0.0002)	0.0018*** (0.0003)	0.0038*** (0.0002)
profit	−0.1724*** (0.0115)	−0.1430*** (0.0111)	0.0222*** (0.0027)	0.0198*** (0.0024)	0.0205*** (0.0042)	0.0239*** (0.0038)
tfp	−0.0003 (0.0008)	0.0018** (0.0008)	0.0003 (0.0002)	0.0001 (0.0002)	0.0002 (0.0003)	0.0007*** (0.0003)
herfind	−0.0003*** (0.0000)	0.0002*** (0.0000)	−0.0001*** (0.0000)	−0.0000 (0.0000)	−0.0002*** (0.0000)	−0.0000** (0.0000)

续　表

	*gvc_part*1		*gvc_part*2		*gvc_part*3	
	(1)	(2)	(3)	(4)	(5)	(6)
ownership	0.0489*** (0.0005)	0.0443*** (0.0005)	0.0069*** (0.0001)	0.0050*** (0.0001)	0.0108*** (0.0002)	0.0097*** (0.0002)
常数项	−0.2633*** (0.0066)	−0.2782*** (0.0445)	−0.0437*** (0.0016)	0.0771*** (0.0101)	−0.0422*** (0.0024)	0.0188 (0.0154)
时间效应	NO	YES	NO	YES	NO	YES
地区效应	NO	YES	NO	YES	NO	YES
行业效应	NO	YES	NO	YES	NO	YES
样本量	143021	143021	133733	133733	143021	143021
adj R^2	0.152	0.221	0.097	0.287	0.119	0.268

注：括号中数值代表标准差。***、** 和 * 分别表示系数通过 1%、5% 和 10% 的显著性检验。

其次，采用分位数估计方法。当数据出现尖峰、厚尾分布或明显的异方差状况时，普通 OLS 和面板估计结果稳健性较差，分位数回归可以弥补上述不足并提供更丰富和稳健的信息。表 8-13 依次汇报了 10%、25%、50%、75%和 90%分位数估计的结果。模型（1）—（5）中 *subsidy* × *after* 的系数均显著为正，再次验证了本研究基准回归结果的稳健性。随着企业全球价值链嵌入程度的提升，政府补贴对企业价值链嵌入程度的影响不断上升。10%分位数回归中 *subsidy* × *after* 的系数为 0.0097，50%分位数中 *subsidy* × *after* 的系数为 0.1381，而 90%分位数回归中 *subsidy* × *after* 的系数进一步上升到 0.9270。这一结果表明，随着企业更深层次地参与到全球价值链分工体系当中，政府补贴对其的促进作用越来越大。

表 8-13　政府补贴对企业全球价值链嵌入程度的分位数回归

	被解释变量：*gvc_part*				
	(1) 10%分位数	(2) 25%分位数	(3) 50%分位数	(4) 75%分位数	(5) 90%分位数
subsidy	−0.0210*** (0.0012)	−0.0891*** (0.0026)	−0.2551*** (0.0062)	−0.5546*** (0.0292)	−1.8318*** (0.1065)
after	−0.0385*** (0.0013)	−0.1531*** (0.0031)	−0.4093*** (0.0072)	−0.8047*** (0.0338)	−2.6988*** (0.1235)

续 表

	被解释变量：*gvc_part*				
	(1) 10%分位数	(2) 25%分位数	(3) 50%分位数	(4) 75%分位数	(5) 90%分位数
subsidy×after	0.0097*** (0.0014)	0.0505*** (0.0033)	0.1381*** (0.0076)	0.2224*** (0.0358)	0.9270*** (0.1307)
scale	0.0095*** (0.0004)	0.0218*** (0.0010)	0.0433*** (0.0023)	0.0989*** (0.0106)	0.4607*** (0.0387)
age	0.0007*** (0.0000)	0.0016*** (0.0001)	0.0049*** (0.0002)	0.0180*** (0.0009)	0.0358*** (0.0033)
capital	0.0021*** (0.0004)	0.0073*** (0.0008)	0.0230*** (0.0020)	0.0590*** (0.0092)	0.1489*** (0.0337)
profit	−0.0264*** (0.0057)	−0.0574*** (0.0130)	−0.1214*** (0.0306)	−0.1100 (0.1433)	0.4320 (0.5235)
tfp	0.0041*** (0.0004)	0.0155*** (0.0009)	0.0425*** (0.0021)	0.1230*** (0.0100)	0.4136*** (0.0366)
herfind	0.0001*** (0.0000)	0.0005*** (0.0000)	0.0015*** (0.0001)	0.0054*** (0.0005)	0.0201*** (0.0020)
ownership	−0.0003 (0.0003)	0.0016*** (0.0006)	−0.0025* (0.0014)	−0.0577*** (0.0066)	−0.2399*** (0.0239)
常数项	0.4547*** (0.0227)	4.5974*** (0.0521)	9.0371*** (0.1226)	7.3338*** (0.5737)	0.2926 (2.0961)
时间效应	YES	YES	YES	YES	YES
地区效应	YES	YES	YES	YES	YES
固定效应	YES	YES	YES	YES	YES
样本量	143021	143021	143021	143021	143021

注：括号中数值代表标准差。***、** 和 * 分别表示系数通过 1%、5%和 10%的显著性检验。

(四)分企业所有制检验

鉴于政府补贴对国有企业、集体企业、独立法人、私营企业、港澳台企业以及外资企业的扶持意向和力度不同，考察不同所有制下政府补贴对价值链嵌入程度的影响意义重大。表 8-14 报告了不同所有制企业的回归结果。政府补贴对价值链嵌入程度的显著正向作用依然成立。

表 8-14　政府补贴对企业全球价值链嵌入程度的影响(分企业所有制)

变量	被解释变量：*gvc_part*					
	(1) 国有企业	(2) 集体企业	(3) 独立法人	(4) 私营企业	(5) 港澳台企业	(6) 外资企业
subsidy	−0.0681*** (0.0120)	−0.7562*** (0.1396)	−0.0691*** (0.0073)	−0.0384*** (0.0032)	−0.8580*** (0.0441)	−0.6859*** (0.0399)
after	−0.1085*** (0.0145)	−0.7864*** (0.1444)	−0.1279*** (0.0059)	−0.0839*** (0.0042)	−0.9799*** (0.0495)	−1.0272*** (0.0451)
subsidy × *after*	0.0571*** (0.0170)	0.3392* (0.1956)	0.0480*** (0.0080)	0.0256*** (0.0036)	0.3457*** (0.0562)	0.2687*** (0.0515)
scale	0.0006 (0.0061)	0.0172 (0.0761)	0.0198*** (0.0025)	0.0138*** (0.0010)	0.0147 (0.0169)	0.0635*** (0.0156)
age	−0.0000 (0.0004)	0.0071 (0.0085)	−0.0005* (0.0003)	−0.0003*** (0.0001)	0.0028 (0.0031)	0.0126*** (0.0028)
capital	0.0025 (0.0053)	0.1822*** (0.0536)	0.0029* (0.0017)	−0.0019** (0.0008)	0.1283*** (0.0141)	0.0945*** (0.0132)
profit	0.1018 (0.0691)	−1.2488 (0.9121)	−0.1194*** (0.0270)	−0.0203 (0.0153)	0.3199 (0.2179)	0.3178* (0.1740)
tfp	0.0048 (0.0045)	0.5482*** (0.0580)	0.0070*** (0.0018)	0.0046*** (0.0009)	0.1791*** (0.0161)	0.1722*** (0.0142)
herfind	0.0001 (0.0003)	0.0120*** (0.0032)	0.0002** (0.0001)	0.0001*** (0.0000)	0.0049*** (0.0009)	0.0053*** (0.0008)
常数项	0.2135 (0.1351)	−4.2296** (2.0261)	−0.1748 (0.1275)	−2.6982* (1.6239)	−0.5214 (1.0729)	−1.0430 (0.6975)
样本量	3046	3255	17656	43196	26367	28963
时间效应	YES	YES	YES	YES	YES	YES
地区效应	YES	YES	YES	YES	YES	YES
行业效应	YES	YES	YES	YES	YES	YES
adj R^2	0.126	0.096	0.100	0.075	0.128	0.121

注：括号中数值代表标准差。***、** 和 * 分别表示系数通过 1%、5%和 10%的显著性检验。

(五)分地区检验

表 8-15 汇报了东部地区、中部地区和西部地区 3 个子样本的估计结果。对东中西部地区而言，政府补贴均会对企业全球价值链嵌入程度产生显著的推动作用。以控制了年份固定效应和行业固定效应的估计结果为例，在东部地区，*subsidy* × *after* 的系数为 0.0554，在西部地区该系数

值为 0.0621，在中部地区该系数值为 0.0273，且均通过 1%的显著性水平检验。中部地区的系数最小，即政府补贴对价值链分工程度的提升作用在中部地区最小。可能的原因是，中部地区企业自身竞争力较低，且面临较严苛的资源和融资环境。

表 8-15　政府补贴对企业全球价值链嵌入程度的回归(分地区)

	被解释变量：*gvc_part*					
	(1) 东部地区	(2) 东部地区	(3) 中部地区	(4) 中部地区	(5) 西部地区	(6) 西部地区
subsidy	−0.1265*** (0.0026)	−0.1059*** (0.0025)	−0.0569*** (0.0065)	−0.0453*** (0.0063)	−0.1500*** (0.0089)	−0.1176*** (0.0084)
after	−0.1785*** (0.0021)	−0.2404*** (0.0029)	−0.1028*** (0.0051)	−0.1387*** (0.0074)	−0.1461*** (0.0073)	−0.1838*** (0.0098)
subsidy × *after*	0.0767*** (0.0032)	0.0554*** (0.0031)	0.0427*** (0.0079)	0.0273*** (0.0077)	0.0756*** (0.0107)	0.0621*** (0.0101)
scale	0.0381*** (0.0009)	0.0314*** (0.0009)	0.0236*** (0.0022)	0.0237*** (0.0022)	0.0355*** (0.0030)	0.0267*** (0.0029)
age	−0.0006*** (0.0001)	−0.0003*** (0.0001)	−0.0006*** (0.0002)	−0.0005*** (0.0002)	−0.0003 (0.0002)	−0.0002 (0.0002)
capital	−0.0001 (0.0008)	0.0063*** (0.0008)	−0.0033* (0.0020)	0.0015 (0.0020)	0.0013 (0.0026)	0.0102*** (0.0026)
profit	−0.1793*** (0.0128)	−0.1449*** (0.0124)	−0.1259*** (0.0314)	−0.0992*** (0.0308)	−0.2387*** (0.0410)	−0.1486*** (0.0391)
tfp	0.0005 (0.0009)	0.0024*** (0.0009)	0.0042** (0.0020)	0.0038* (0.0020)	−0.0094*** (0.0027)	−0.0055** (0.0026)
herfind	−0.0003*** (0.0000)	0.0002*** (0.0000)	−0.0004*** (0.0001)	0.0000 (0.0001)	−0.0005*** (0.0001)	0.0003** (0.0001)
ownership	0.0474*** (0.0006)	0.0440*** (0.0006)	0.0300*** (0.0014)	0.0290*** (0.0014)	0.0605*** (0.0019)	0.0534*** (0.0018)
常数项	−0.2718*** (0.0074)	−0.3829*** (0.0690)	−0.1890*** (0.0174)	−0.1868*** (0.0567)	−0.2408*** (0.0250)	−0.2502* (0.1417)
时间效应	NO	YES	NO	YES	NO	YES
行业效应	NO	YES	NO	YES	NO	YES
样本量	119710	119710	12672	12672	10639	10639
adj R^2	0.155	0.223	0.079	0.130	0.178	0.274

注：括号中数值代表标准差。***、** 和 * 分别表示系数通过 1%、5%和 10%的显著性检验。

四、政府补贴对全球价值链嵌入位置的影响

(一)倾向得分匹配

以企业价值链嵌入位置为结果变量，采用最邻近匹配法为处理组企业寻找合适的对照组企业，进而得到最终的处理组和控制组样本。表 8-16 给出了相应的匹配变量平衡性检验。匹配前各变量 t 检验的 p 值均为 0.000，即匹配前处理组和控制组企业的匹配变量均存在显著差异。匹配后，除资本密集度（*capital*）外，各变量 t 检验的 p 值均大于 10%，说明匹配后各匹配变量之间不存在显著差异。资本密集度（*capital*）匹配后的标准差为 2.0%，满足 Rosenbaum 和 Rubin（1985）提出的小于 20%的要求，故匹配效果良好。

表 8-16　匹配变量的平衡性检验(以价值链嵌入位置为结果变量)

变量	样本	均值		标准偏差(%)		t 检验
		处理组	控制组	偏差	减少	P>t
scale	U	10.759	10.391	29.0	96.9	0.000
	M	10.759	10.747	0.9		0.248
age	U	11.558	9.3763	21.4	96.4	0.000
	M	11.558	11.479	0.8		0.388
capital	U	3.7193	3.6543	6.2	68.6	0.000
	M	3.7193	3.6961	2.0		0.011
profit	U	0.0376	0.0298	11.6	90.5	0.000
	M	0.0376	0.0383	−1.1		0.151
tfp	U	6.9428	6.7117	19.9	96.6	0.000
	M	6.9428	6.9349	0.7		0.384
herfind	U	32.118	31.004	5.6	91.3	0.000
	M	32.118	32.213	−0.5		0.527
state	U	0.0679	0.0399	12.4	89.0	0.000
	M	0.0679	0.0649	1.4		0.108

注：年份固定效应、地区固定效应和时间固定效应均通过了平衡性检验，鉴于篇幅有限，没有报告其检验结果。

图 8-7 给出了最邻近匹配法得出的倾向得分值的概率分布。非政府补贴企业和政府补贴企业的倾向得分分布基本相似，侧面说明本研究匹配效果良好。表 8-17 进一步给出了模型估计核心变量的统计性描述。

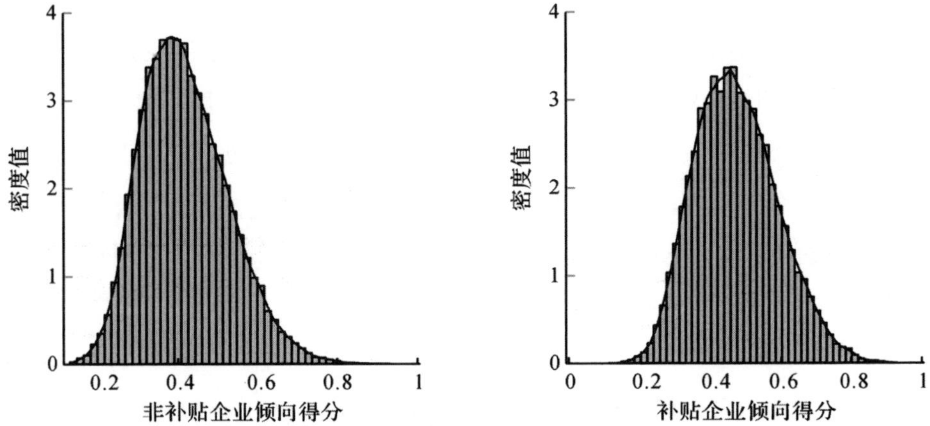

图 8-7 倾向得分概率分布(价值链嵌入位置)

表 8-17 政府补贴对企业全球价值链嵌入位置影响的描述性统计

变量	样本数	均值	标准差	最小值	最大值
gvc_pos	78811	−0.3408	1.3629	−2.7026	2.6688
scale	78811	10.5549	1.2799	8.3547	12.8761
age	78811	10.3250	10.1035	1.0000	156.0000
capital	78811	3.6838	1.1983	1.3391	5.6670
profit	78811	0.0320	0.0683	−0.1148	0.1687
tfp	76388	6.8141	1.1705	−2.5505	15.5111
herfind	78811	31.6327	19.9811	5.7593	76.1689

(二)基准估计

以匹配后的样本为基础，采用以下计量模型检验政府补贴对企业价值链嵌入位置的影响：

$$gvc\_pos_{it} = \alpha_0 + \alpha_1 subsidy_i + \alpha_2 after_t + \delta subsidy_i \times after_t + \beta X + \mu_i + \mu_t + \varepsilon_{it} \tag{8-10}$$

表 8-18 为基准回归结果。模型（1）—（4）不加入控制变量，模型

（2）—（4）在模型（1）的基础上逐步控制年份、地区和行业固定效应。模型（5）—（8）为加入规模、年龄等控制变量的估计结果，模型（6）—（8）在模型（5）的基础上依次加入年份、地区和行业固定效应。模型（1）—（8）中 $subsidy \times after$ 的系数为负。除模型（1）外，所有系数均通过10%的显著性水平检验。这表明，政府补贴对企业价值链嵌入位置具有显著的抑制作用。由于政府在施行补贴政策时会对企业有一定的限制和要求，因此政府补贴促进企业研发和缓解融资约束的作用会促使企业为了获得补贴而专注于当前价值链环节，缩短了企业价值链长度。

以模型（8）为例分析控制变量的估计结果。企业规模（$scale$）显著为负。相比于小型企业，规模较大的企业往往通过嵌入全球价值链消费端的方式参与国际分工，且会专注于较少数的产品生产。企业年龄的系数（age）为负并通过1%的显著性水平检验。年龄越大的企业，其生产经验和市场经验已经基本形成，会更专注于现有的价值链环节。企业资本密集度（$capital$）和盈利水平（$profit$）的系数为正，且均通过1%的显著性水平检验。较高的资本密集度和盈利水平反映了企业对研发、技术设备投入的支持和良好的企业运作效率，有利于企业拓展业务，延长其自身从事的价值链环节。企业生产率（tfp）的系数负，但在统计意义上并不显著。从企业所有制类型来看，私营企业的价值链较长，位于价值链中接近中间投入段的环节；国有企业次之，法人和集体企业再次之，外资企业最低。原因在于，相比于内资企业，外资企业存在的根本目的是寻求中国廉价的劳动力和资源，其所处的价值链位置更接近中间品加工环节。

（三）稳健性检验

本小节采取更换价值链嵌入位置衡量指标、分位数回归和剔除极端值的方法对政府补贴影响价值链嵌入位置的稳健性进行检验。

第一，更换全球价值链嵌入位置的衡量指标。企业出口产品是其生产产品中的重要组成部分。诸多学者会选择直接采用出口上游度来衡量一个企业在全球价值链中所处的位置。本小节选取企业出口上游度 $gvc\_pos1_{ft} = \sum_{i=1}^{N}(X_{fit}/X_{ft})U_i = \sum_{i=1}^{135}(X_{fit}/X_{ft})U_i$ 作为全球价值链嵌

表 8-18　政府补贴对企业全球价值链嵌入位置的基准回归

	被解释变量：*gvc_pos*							
	(1)	(2)	(3)	(4)	(5)	(6)	(7)	(8)
subsidy	0.1359*** (0.0150)	0.1475*** (0.0150)	0.1471*** (0.0150)	0.1262*** (0.0143)	0.1046*** (0.0153)	0.1162*** (0.0152)	0.1186*** (0.0152)	0.1169*** (0.0146)
after	−0.2949*** (0.0130)	−0.1200*** (0.0183)	−0.1210*** (0.0183)	−0.1322*** (0.0175)	−0.2963*** (0.0135)	−0.1217*** (0.0189)	−0.1232*** (0.0188)	−0.1479*** (0.0181)
subsidy × *after*	−0.0279 (0.0197)	−0.0440** (0.0197)	−0.0439** (0.0197)	−0.0583*** (0.0187)	−0.0374* (0.0199)	−0.0539*** (0.0199)	−0.0539*** (0.0199)	−0.0579*** (0.0191)
scale					0.0058 (0.0062)	0.0085 (0.0062)	0.0068 (0.0062)	−0.0235*** (0.0060)
age					−0.0002 (0.0005)	−0.0003 (0.0005)	−0.0004 (0.0005)	−0.0010* (0.0005)
capital					0.1098*** (0.0051)	0.1080*** (0.0051)	0.1080*** (0.0051)	0.0695*** (0.0052)
profit					0.1667** (0.0782)	0.1890** (0.0776)	0.2094*** (0.0776)	0.2100*** (0.0749)
tfp					−0.0053 (0.0059)	−0.0049 (0.0058)	−0.0061 (0.0058)	−0.0003 (0.0056)
herfind					0.0017*** (0.0003)	0.0017*** (0.0003)	0.0016*** (0.0003)	−0.0020*** (0.0003)

续　表

	被解释变量：*gvc_pos*							
	(1)	(2)	(3)	(4)	(5)	(6)	(7)	(8)
state					0.2139*** (0.0256)	0.2073*** (0.0254)	0.1805*** (0.0255)	0.1243*** (0.0246)
collect					0.0893*** (0.0244)	0.0756*** (0.0242)	0.0700*** (0.0242)	0.0705*** (0.0233)
legal					0.1222*** (0.0154)	0.1205*** (0.0153)	0.1114*** (0.0154)	0.1070*** (0.0148)
private					0.1878*** (0.0152)	0.1871*** (0.0151)	0.1818*** (0.0151)	0.1343*** (0.0145)
foreign					−0.0051 (0.0136)	−0.0055 (0.0135)	−0.0043 (0.0135)	0.0183 (0.0129)
常数项	−0.2228*** (0.0098)	−0.4090*** (0.0140)	−0.4289*** (0.0141)	0.7457** (0.3420)	−0.7637*** (0.0440)	−0.9755*** (0.0451)	−0.9584*** (0.0453)	0.5568 (0.3592)
时间效应	NO	YES	YES	YES	NO	YES	YES	YES
地区效应	NO	NO	YES	YES	NO	NO	YES	YES
固定效应	NO	NO	NO	YES	NO	NO	NO	YES
样本量	78810	78810	78810	78810	76387	76387	76387	76387
adj R^2	0.014	0.028	0.030	0.120	0.029	0.043	0.044	0.124

注：括号中数值代表标准差。***、** 和 * 分别表示系数通过 1%、5%和 10%的显著性检验。

表 8-19 政府补贴对价值链嵌入位置的影响(更换价值链位置指标)

	被解释变量：*gvc_pos*1							
	(1)	(2)	(3)	(4)	(5)	(6)	(7)	(8)
subsidy	0.0402*** (0.0097)	0.0293*** (0.0097)	0.0313*** (0.0097)	0.0151 (0.0097)	0.0212** (0.0097)	0.0080 (0.0098)	0.0118 (0.0098)	0.0122 (0.0098)
after	0.0955*** (0.0078)	0.1099*** (0.0108)	0.1103*** (0.0108)	0.1279*** (0.0107)	0.0845*** (0.0079)	0.0896*** (0.0109)	0.0882*** (0.0109)	0.0876*** (0.0109)
subsidy × *after*	−0.0294** (0.0119)	−0.0210* (0.0120)	−0.0205* (0.0120)	−0.0337*** (0.0120)	−0.0319*** (0.0120)	−0.0259** (0.0121)	−0.0257** (0.0120)	−0.0270** (0.0120)
scale					0.0090** (0.0035)	0.0096*** (0.0035)	0.0077** (0.0035)	0.0224*** (0.0047)
age					0.0012*** (0.0003)	0.0012*** (0.0003)	0.0011*** (0.0003)	−0.0013** (0.0006)
capital					0.1064*** (0.0029)	0.1082*** (0.0029)	0.1082*** (0.0029)	0.1084*** (0.0029)
profit					−0.1962*** (0.0480)	−0.2043*** (0.0480)	−0.1743*** (0.0480)	−0.1821*** (0.0481)
tfp					0.0124*** (0.0033)	0.0137*** (0.0034)	0.0130*** (0.0033)	0.0150*** (0.0034)
herfind					−0.0042*** (0.0001)	−0.0045*** (0.0001)	−0.0046*** (0.0001)	−0.0045*** (0.0002)

续 表

	被解释变量：*gvc_pos*1							
	(1)	(2)	(3)	(4)	(5)	(6)	(7)	(8)
ownership					−0.0531*** (0.0022)	−0.0518*** (0.0022)	−0.0473*** (0.0022)	−0.0472*** (0.0022)
常数项	3.2698*** (0.0063)	3.2489*** (0.0088)	3.2248*** (0.0089)	2.5679*** (0.0249)	3.0758*** (0.0278)	3.0297*** (0.0286)	3.0217*** (0.0286)	2.4650*** (0.1224)
时间效应	NO	YES	YES	YES	NO	YES	YES	YES
地区效应	NO	NO	YES	YES	NO	NO	YES	YES
行业效应	NO	NO	NO	YES	NO	NO	NO	YES
样本量	145893	145893	145893	145893	141508	141508	141508	141503
$adj\ R^2$	0.001	0.002	0.005	0.011	0.024	0.026	0.027	0.027

注：括号中数值代表标准差。***、** 和 * 分别表示系数通过 1%、5%和 10%的显著性检验。

入位置的替代指标进行稳健性检验，结果如表 8-19 所示。表 8-19 中模型（1）—（8）*subsidy* × *after* 的系数为负，且通过 10%的显著性水平检验。政府补贴会导致企业价值链分工位置的下降，缩短其从事的价值链长度，使企业生产或出口的产品更接近最终消费者端，验证了基准回归结果的稳健性。

第二，改变估计方法。表 8-20 中模型（1）—（3）为分位数估计结果。*subsidy* × *after* 的系数显著为负，充分验证了政府补贴对企业价值链嵌入位置的逆向抑制作用。在当前背景下，政府补贴多为生产性补贴性质的扶弱政策。长期实施类似政策使企业高密度地从事加工组装任务，陷入低价格、低利润的经营模式，无法为攀升价值链高端环节和延长价值链长度积累足够的资金支撑。

第三，剔除极端异常值的影响。表 8-20 中模型（4）—（6）依次报告了剔除前 5%极端值、剔除后 5%极端值和剔除前后 5%极端值的估计结果。由表 8-20 可以看到，在控制了企业异质性和行业、地区及时间固定效应之后，*subsidy* × *after* 的系数均为负值，且通过 1%的显著性水平检验。这说明，政府补贴会降低企业价值链分工位置，缩短企业所从事的价值链长度。

表 8-20　政府补贴影响企业全球价值链嵌入位置的稳健性检验

	被解释变量：*gvc_pos*					
	分位数回归			剔除极端值		
	(1) 25%分位数	(2) 50%分位数	(3) 75%分位数	(4) 剔除前 5%	(5) 剔除后 5%	(6) 剔除前后 5%
subsidy	0.1207*** (0.0297)	0.0824*** (0.0152)	0.1553*** (0.0177)	0.1338*** (0.0139)	0.1308*** (0.0146)	0.1338*** (0.0139)
after	0.0560** (0.0261)	−0.0516*** (0.0187)	−0.1431*** (0.0218)	−0.1493*** (0.0169)	−0.1300*** (0.0179)	−0.1493*** (0.0169)
subsidy × *after*	−0.1169*** (0.0365)	−0.0355* (0.0199)	−0.0899*** (0.0232)	−0.0529*** (0.0181)	−0.0603*** (0.0191)	−0.0529*** (0.0181)
scale	−0.0869*** (0.0152)	−0.0180*** (0.0062)	−0.0037 (0.0073)	−0.0144** (0.0057)	−0.0200*** (0.0060)	−0.0144** (0.0057)
age	0.0074*** (0.0019)	−0.0001 (0.0005)	−0.0001 (0.0006)	−0.0006 (0.0005)	−0.0001 (0.0005)	−0.0006 (0.0005)

续　表

	被解释变量：*gvc_pos*					
	分位数回归			剔除极端值		
	(1) 25%分位数	(2) 50%分位数	(3) 75%分位数	(4) 剔除前 5%	(5) 剔除后 5%	(6) 剔除前后 5%
capital	0.0721*** (0.0095)	0.0455*** (0.0054)	0.0537*** (0.0063)	0.0606*** (0.0049)	0.0641*** (0.0052)	0.0606*** (0.0049)
profit	0.1841 (0.1409)	0.1930** (0.0783)	0.2794*** (0.0911)	0.1691** (0.0710)	0.2124*** (0.0748)	0.1691** (0.0710)
tfp	0.0190* (0.0108)	0.0094 (0.0059)	−0.0104 (0.0068)	0.0024 (0.0053)	0.0012 (0.0056)	0.0024 (0.0053)
herfind	−0.0006 (0.0006)	−0.0003 (0.0003)	−0.0004 (0.0004)	−0.0011*** (0.0003)	−0.0002 (0.0003)	−0.0011*** (0.0003)
常数项	1.3837** (0.6963)	0.4612 (0.3761)	1.0800** (0.4378)	0.5391 (0.3325)	0.5675 (0.3594)	0.5391* (0.3325)
样本量	44269	76387	76387	72467	76387	72467
adj R^2				0.152	0.123	0.152

注：括号中数值代表标准差。***、** 和 * 分别表示系数通过 1%、5% 和 10% 的显著性检验。模型均控制了行业、时间和地区固定效应。

（四）分企业所有制的估计

表 8-21 将样本按照企业所有制性质划分为 6 个子样本进行回归，以考察政府补贴对价值链嵌入位置的作用在不同所有制企业之间是否存在差异。模型（1）—（6）依次为国有企业、集体企业、独立法人、私营企业、港澳台企业和外资企业的估计结果。结果表明，政府补贴对国有企业、私营企业和港澳台企业的价值链嵌入位置产生了显著的抑制作用。对集体企业、独立法人和外资企业而言，*subsidy* × *after* 的系数虽然为负值，但并未通过显著性水平检验。

表 8-21 政府补贴对企业全球价值链嵌入位置的影响(分企业类型)

	被解释变量：*gvc_pos*					
	(1) 国有企业	(2) 集体企业	(3) 独立法人	(4) 私营企业	(5) 港澳台企业	(6) 外资企业
subsidy	0.2487*** (0.0939)	0.1434 (0.0980)	0.0787 (0.0571)	0.2038*** (0.0614)	0.2501*** (0.0457)	0.1114*** (0.0404)
after	−0.3604*** (0.1364)	−0.9279*** (0.1341)	−0.7929*** (0.0515)	−1.0570*** (0.0545)	−0.3519*** (0.0377)	−0.2845*** (0.0336)
subsidy × *after*	−0.3734** (0.1527)	0.1507 (0.1651)	−0.0114 (0.0672)	−0.1543** (0.0683)	−0.1491*** (0.0574)	−0.0303 (0.0509)
scale	−0.0063 (0.0539)	−0.1155* (0.0649)	−0.0571** (0.0254)	−0.0956*** (0.0250)	−0.1344*** (0.0313)	−0.1837*** (0.0251)
age	0.0079** (0.0038)	0.0018 (0.0073)	0.0052** (0.0026)	0.0042 (0.0032)	−0.0035 (0.0068)	0.0066 (0.0048)
capital	0.0332 (0.0474)	0.0434 (0.0427)	0.0300* (0.0170)	0.1063*** (0.0160)	0.0929*** (0.0142)	0.0891*** (0.0129)
profit	0.7069 (0.5874)	−0.3511 (0.7443)	0.3596 (0.2625)	−0.2342 (0.2816)	0.1698 (0.2199)	0.2215 (0.1658)
tfp	−0.0926** (0.0399)	0.0095 (0.0492)	−0.0308 (0.0191)	−0.0146 (0.0193)	0.0280 (0.0170)	0.0184 (0.0146)
herfind	−0.0001 (0.0023)	−0.0030 (0.0027)	−0.0010 (0.0010)	−0.0008 (0.0009)	−0.0008 (0.0009)	−0.0007 (0.0007)
常数项	2.2970* (1.2259)	−0.6323 (2.0324)	2.3740** (1.1105)	3.1804*** (0.7831)	2.1806 (1.5930)	3.4362*** (1.1547)
样本量	1860	1790	8167	9416	10419	12617
adj R^2	0.132	0.171	0.167	0.209	0.116	0.080

注：括号中数值代表标准差。***、** 和 * 分别表示系数通过 1%、5% 和 10% 的显著性检验。模型均控制了行业、时间和地区固定效应。

(五)分地区样本估计

本小节将样本划分为东部地区、中部地区和西部地区 3 个子样本进行计量估计，进一步考察政府补贴对企业价值链嵌入位置影响的地区差异，结果见表 8-22。对东中部地区而言，政府补贴均会对企业价值链嵌入程度产生显著的抑制作用。在西部地区，*subsidy* × *after* 的系数值为−0.1009，但在统计意义上不显著。可能的原因是：一方面，西部地区企业自身竞争力较低，且面临较严苛的资源和融资环境，政府补贴并不足以对其产生显著影响；另一方面，相比于东中部地区，西部地区的寻租活动会更加频繁。政府寻租成本过高与补贴收入带来的正效应基本相抵，造成政府补贴效益不明显。

表 8-22 政府补贴对企业价值链嵌入位置的影响(分地区)

	被解释变量：*gvc_pos*					
	(1) 东部地区	(2) 东部地区	(3) 中部地区	(4) 中部地区	(5) 西部地区	(6) 西部地区
subsidy	0.1154*** (0.0162)	0.1222*** (0.0156)	0.2897*** (0.0935)	0.2706*** (0.0895)	0.3006*** (0.0926)	0.2605*** (0.0904)
after	−0.2703*** (0.0142)	−0.1351*** (0.0191)	−0.6544*** (0.0788)	−0.7012*** (0.0827)	−0.4962*** (0.0720)	−0.5470*** (0.0755)
subsidy×*after*	−0.0362* (0.0213)	−0.0607*** (0.0204)	−0.2669** (0.1169)	−0.2110* (0.1119)	−0.1543 (0.1108)	−0.1009 (0.1076)
scale	−0.0052 (0.0067)	−0.0294*** (0.0064)	0.0219 (0.0428)	−0.0613 (0.0431)	−0.0875* (0.0449)	−0.1086** (0.0442)
age	−0.0006 (0.0006)	−0.0013** (0.0006)	0.0043 (0.0047)	0.0063 (0.0047)	0.0090* (0.0053)	0.0070 (0.0052)
capital	0.1176*** (0.0055)	0.0754*** (0.0055)	0.0530* (0.0304)	0.0092 (0.0304)	0.0558** (0.0265)	0.0280 (0.0274)
profit	0.2219*** (0.0833)	0.1900** (0.0799)	0.5315 (0.4626)	0.7797* (0.4471)	0.1762 (0.4210)	0.3273 (0.4123)
tfp	−0.0013 (0.0063)	0.0028 (0.0061)	−0.0522 (0.0340)	−0.0334 (0.0333)	0.0361 (0.0302)	0.0373 (0.0297)
herfind	0.0017*** (0.0003)	−0.0003 (0.0003)	0.0023 (0.0015)	−0.0013 (0.0017)	0.0003 (0.0013)	−0.0024 (0.0015)
ownership	−0.0331*** (0.0039)	−0.0221*** (0.0038)	−0.1080*** (0.0200)	−0.0914*** (0.0192)	−0.1144*** (0.0196)	−0.0886*** (0.0192)
常数项	−0.5238*** (0.0520)	0.5032 (0.5738)	0.8350 (1.0719)	3.4050*** (1.1628)	2.3394** (1.1116)	4.5643*** (1.7429)
样本量	66544	66544	2866	2866	2984	2984
时间效应	NO	YES	NO	YES	NO	YES
行业效应	NO	YES	NO	YES	NO	YES
adj R^2	0.026	0.119	0.090	0.180	0.068	0.137

注：括号中数值代表标准差。***、**和*分别表示系数通过1%、5%和10%的显著性检验。

五、引入政府补贴规模异质性的讨论

前文研究指出，相比于非补贴企业，接受政府补贴的企业具有更高的全球价值链嵌入程度和更低的全球价值链嵌入位置。政府补贴对企业价值链嵌入特征的影响还有可能随着补贴强度的变化而改变。本小节在上述分析的基础上进一步引入政府补贴规模的异质性。

参照张杰等（2015）的做法，政府补贴强度可用政府补贴与企业工业销售产值的比重（*stens*1）、政府补贴规模与企业固定资产净值的比重（*stens*2）、政府补贴与企业资产总值的比重（*stens*3）来衡量。考察政府补贴规模异质性对企业价值链嵌入特征的影响有两种做法。

第一种是引入政府补贴规模异质性的虚拟变量交互项。参照许家云和毛其淋（2016）的做法，建立虚拟变量 $dum1$ 和 $dum2$。$dum1=1$ 表示企业政府补贴规模小于中位数，$dum2=1$ 表示政府补贴规模大于或等于中位数。通过比较如下计量模型中 δ_1 和 δ_2 的大小、正负以及显著性，检验政府补贴规模异质性对企业价值链嵌入特征的影响：

$$gvc_{it}=\alpha_0+\alpha_1 subsidy_i+\alpha_2 after_t+\delta_1 subsidy_i\times after_t\times dum1+\delta_2 subsidy_i\times after_t\times dum2+\beta\boldsymbol{X}+\mu_t+\mu_i+\varepsilon_{it} \qquad (8\text{-}11)$$

第二种是引入 $subsidy\times after$ 与政府补贴规模强度的交互项。重点考察如下计量模型中 δ 的大小、正负以及显著性来判断不同政府补贴规模对企业价值链嵌入程度和位置的影响。

$$gvc_{it}=\alpha_0+\alpha_1 subsidy_i+\alpha_2 after_t+\delta subsidy_i\times after_t\times stens+\beta\boldsymbol{X}+\mu_t+\mu_i+\varepsilon_{it} \qquad (8\text{-}12)$$

(一)政府补贴规模对企业全球价值链嵌入程度的影响

表 8-23 依次汇报了采用不同指标衡量政府补贴收入强度的结果。其中模型（1）、（3）和（5）为引入政府补贴规模异质性虚拟变量交叉项的估计结果，模型（2）、（4）和（6）为引入政府补贴强度交叉项的估计结果。

从模型（1）、（3）和（5）的估计结果来看，无论采用哪种方法衡量政府补贴强度，$subsidy \times after \times dum1$ 的系数都为正，但在统计意义上并不显著，且均小于 $subsidy \times after \times dum2$ 的系数值，即较低的政府补贴额度并不会对企业价值链嵌入程度产生显著的影响。对企业而言，较低额度政府补贴对其收益增量十分有限，难以对企业的研发创新活动产生显著的推动作用。$subsidy \times after \times dum2$ 的系数为正，且通过 1%的显著性水平检验。这表明，高额补贴显著提高了企业的价值链嵌入程度，深化了企业在全球范围内寻求资源、参与中间品贸易的深度。背后的原因在于，减少企业高额的政府补贴有助于增加企业创新活动，因为高额的政府补贴会减少企业研发活动的外部性，提高企业营业利润，使得企业有足够的资本积累进行研发创新，从而提高企业在全球范围内的竞争力；另一方面，高额的政府补贴会缓解企业资金困境，降低企业融资约束，使其能够更充分地参与国际市场。

从模型（2）、（4）和（6）的估计结果来看，在 3 种政府补贴强度的测量方法下，$subsidy \times after \times stens$ 的系数均显著为正。具体来看，用政府补贴与企业工业销售产值的比重衡量的政府补贴强度（$stens1$）与 $subsidy \times after$ 的交互项系数为 0.3301，$stens2$ 与 $subsidy \times after$ 的交互项系数为 0.0524，$stens3$ 与 $subsidy \times after$ 交互项的系数为 0.2710，且这些系数均通过 1%的显著性水平检验。随着政府补贴规模强度的增大，其对企业创新和融资的改善效应就越大，有助于企业深化其价值链分工。

表 8-23　政府补贴异质性对企业全球价值链嵌入程度的影响

	被解释变量：gvc_part					
	$stens1$		$stens2$		$stens3$	
	(1)	(2)	(3)	(4)	(5)	(6)
$subsidy$	−0.5904*** (0.0211)	−0.6033*** (0.0138)	−0.5957*** (0.0211)	−0.6029*** (0.0138)	−0.5960*** (0.0211)	−0.6052*** (0.0138)
$after$	−0.7362*** (0.0229)	−0.8796*** (0.0232)	−0.7332*** (0.0229)	−0.8776*** (0.0231)	−0.7326*** (0.0229)	−0.8783*** (0.0231)
$subsidy \times after \times dum1$	0.0454 (0.0324)		0.0129 (0.0329)		0.0198 (0.0326)	
$subsidy \times after \times dum2$	0.1731*** (0.0334)		0.1780*** (0.0329)		0.1743*** (0.0330)	

续　表

	被解释变量：gvc_part					
	stens1		stens2		stens3	
	(1)	(2)	(3)	(4)	(5)	(6)
subsidy × after × stens		0.3301*** (0.0428)		0.0524*** (0.0068)		0.2710*** (0.0348)
scale	0.0627*** (0.0139)	0.1422*** (0.0079)	0.0572*** (0.0138)	0.1434*** (0.0078)	0.0590*** (0.0139)	0.1455*** (0.0078)
age	0.0206*** (0.0018)	0.0113*** (0.0007)	0.0173*** (0.0018)	0.0114*** (0.0007)	0.0172*** (0.0018)	0.0113*** (0.0007)
capital	0.0956*** (0.0087)	0.0933*** (0.0068)	0.1100*** (0.0088)	0.0987*** (0.0069)	0.1065*** (0.0087)	0.0943*** (0.0068)
profit	−0.0624 (0.1407)	0.1197 (0.1062)	0.0144 (0.1405)	0.1231 (0.1062)	0.0159 (0.1405)	0.1270 (0.1062)
tfp	0.2421*** (0.0101)	0.2392*** (0.0074)	0.2416*** (0.0100)	0.2363*** (0.0074)	0.2414*** (0.0100)	0.2360*** (0.0074)
herfind	0.0060*** (0.0005)	0.0067*** (0.0004)	0.0059*** (0.0005)	0.0067*** (0.0004)	0.0059*** (0.0005)	0.0067*** (0.0004)
ownership	−0.1121*** (0.0065)	−0.1060*** (0.0049)	−0.1121*** (0.0065)	−0.1064*** (0.0049)	−0.1119*** (0.0065)	−0.1061*** (0.0049)
常数项	5.5874*** (0.6301)	3.2741*** (0.4253)	6.0321*** (0.6294)	3.2757*** (0.4253)	6.0260*** (0.6294)	3.2636*** (0.4253)
样本量	83153	143021	83153	143021	83153	143021
adj R^2	0.103	0.115	0.107	0.115	0.107	0.115

注：括号中数值代表标准差。***、** 和 * 分别表示系数通过 1%、5% 和 10% 的显著性检验。模型均控制了年份、行业和地区固定效应。

(二)政府补贴规模对企业全球价值链嵌入位置的影响

表 8-24 依次汇报了不同政府补贴强度测量方法下政府补贴对企业价值链嵌入位置的作用程度。模型（1）、（3）和（5）为引入政府补贴规模异质性虚拟变量交互项的估计结果。$subsidy \times after \times dum1$ 与 $subsidy \times after \times dum2$ 的系数均为负，且至少通过 5% 的显著性水平检验。无论政府补贴强度高低，政府补贴总是会显著降低企业价值链嵌入位置，缩短企业从事的价值链长度。以模型（5）的估计结果为例，$subsidy \times after \times dum1$ 的系数为−0.0552，$subsidy \times after \times dum2$ 的系数为−0.0617，且

在5%的显著性水平下显著。政府补贴对企业价值链嵌入位置的显著负向作用主要来源于政府补贴所带来的企业寻租成本的上升。政府补贴会促使企业与地方政府建立寻租关系，增加企业管理费用，提高企业生产成本，降低企业营业利润，削弱企业竞争力。鉴于此，企业将无法积累足够的资金去拓展其从事的价值链长度，被锁定在简单的加工组装环节。值得注意的是，在模型（1）、（3）和（5）中，$subsidy \times after \times dum1$ 系数的绝对值均小于 $subsidy \times after \times dum2$ 系数的绝对值，这表明高额补贴对价值链嵌入位置的抑制效应要大于低额补贴对价值链嵌入位置的负效应。随着政府补贴强度的增大，企业的寻租成本会持续上升。高额非生产性成本的增加更进一步地弱化企业价值链嵌入位置。

模型（2）、（4）和（6）为引入政府补贴强度交叉项的估计结果。在3种政府补贴强度的测量方法下，$subsidy \times after \times stens$ 的系数均显著为负。这表明，政府补贴强度的增大会降低企业价值链嵌入位置，使其向着更接近消费者端的价值链环节延伸，缩短其所从事的价值链长度。

表8-24　政府补贴异质性对企业全球价值链嵌入位置的影响

	被解释变量：*gvc_pos*					
	*stens*1		*stens*2		*stens*3	
	(1)	(2)	(3)	(4)	(5)	(6)
subsidy	0.1460*** (0.0159)	0.1334*** (0.0144)	0.1492*** (0.0158)	0.1410*** (0.0144)	0.1484*** (0.0158)	0.1370*** (0.0145)
after	−0.5625*** (0.0171)	−0.5707*** (0.0166)	−0.5602*** (0.0171)	−0.5660*** (0.0165)	−0.5609*** (0.0171)	−0.5687*** (0.0166)
$subsidy \times after \times dum1$	−0.0515** (0.0241)		−0.0433* (0.0233)		−0.0552** (0.0237)	
$subsidy \times after \times dum2$	−0.0563** (0.0255)		−0.0780*** (0.0246)		−0.0617** (0.0247)	
$subsidy \times after \times stens$		−0.0961** (0.0479)		−0.0275*** (0.0078)		−0.1052*** (0.0398)
scale	−0.1205*** (0.0116)	−0.1210*** (0.0116)	−0.1204*** (0.0116)	−0.1208*** (0.0116)	−0.1206*** (0.0116)	−0.1215*** (0.0116)
age	0.0088*** (0.0014)	0.0088*** (0.0014)	0.0087*** (0.0014)	0.0086*** (0.0014)	0.0088*** (0.0014)	0.0087*** (0.0014)

续 表

	被解释变量：*gvc_pos*					
	*stens*1		*stens*2		*stens*3	
	(1)	(2)	(3)	(4)	(5)	(6)
capital	0.0629*** (0.0072)	0.0632*** (0.0072)	0.0622*** (0.0072)	0.0608*** (0.0072)	0.0628*** (0.0072)	0.0630*** (0.0072)
profit	0.2515** (0.1072)	0.2529** (0.1072)	0.2507** (0.1072)	0.2509** (0.1072)	0.2517** (0.1072)	0.2505** (0.1072)
tfp	−0.0061 (0.0083)	−0.0062 (0.0083)	−0.0058 (0.0083)	−0.0053 (0.0083)	−0.0059 (0.0083)	−0.0053 (0.0083)
herfind	−0.0009** (0.0004)	−0.0009** (0.0004)	−0.0009** (0.0004)	−0.0009** (0.0004)	−0.0009** (0.0004)	−0.0009** (0.0004)
ownership	−0.0584*** (0.0050)	−0.0584*** (0.0050)	−0.0586*** (0.0050)	−0.0586*** (0.0050)	−0.0585*** (0.0050)	−0.0586*** (0.0050)
常数项	3.7316*** (0.5302)	3.7320*** (0.5303)	3.7291*** (0.5302)	3.7199*** (0.5302)	3.7314*** (0.5302)	3.7282*** (0.5302)
样本量	44269	44269	44269	44269	44269	44269
adj R^2	0.130	0.130	0.130	0.130	0.130	0.130

注：括号中数值代表标准差。***、** 和 * 分别表示系数通过 1%、5% 和 10% 的显著性检验。所有模型均控制了年份、行业和地区固定效应。

六、机制分析

本小节将采用中介效应模型研究政府补贴影响价值链嵌入特征的传导机制，以深化对政府补贴与企业价值链嵌入程度和位置之间关系的认识，并为政策的实施提供一定的微观基础。

（一）政府补贴影响企业全球价值链嵌入程度的机制检验

结合机理分析，政府补贴影响企业价值链嵌入程度的内在机理为：一方面，政府补贴会促进企业研发创新，提升企业竞争力；另一方面，政府补贴会增加企业盈余资金，缓解融资困境。本小节将对上述传导机制进行实证检验。参考现有文献，考虑数据可得性，采用企业新产品产值占总产值的比重来衡量企业创新程度（*rd*）；考虑到内生性问题，沿用 Hadlock 和 Pierce（2009）的做法，构建 SA 指数衡量企业的融资约束状况，其公式为：$sa=-0.737\times size+0.043\times size^2-0.04\times age$。处理过程对 SA 指数取对数。中介效应模型为：

$$lnsa=\varphi_0+\varphi_1 subsidy+\varphi_2 after+\varphi_3 subsidy\times after+\beta \boldsymbol{Z} \tag{8-13}$$

$$gvc\_part=\alpha_0+\alpha_1 subsidy_i+\alpha_2 after_t+\delta subsidy_i\times after_t\times lnsa+\alpha_3 lnsa+\beta \boldsymbol{X} \tag{8-14}$$

$$rd=\lambda_0+\lambda_1 subsidy+\lambda_2 after+\lambda_3 subsidy\times after+\beta \boldsymbol{Z} \tag{8-15}$$

$$gvc\_part=\alpha_0+\alpha_1 subsidy_i+\alpha_2 after_t+\delta subsidy_i\times after_t\times rd+\alpha_3 rd+\beta \boldsymbol{X} \tag{8-16}$$

$$gvc\_part=\alpha_0+\alpha_1 subsidy_i+\alpha_2 after_t+\delta_1 subsidy_i\times after_t\times lnsa+\delta_2 subsidy_i\times after_t\times rd+\alpha_3 lnsa+\alpha_4 rd+\beta \boldsymbol{X} \tag{8-17}$$

表 8-25 为政府补贴影响价值链嵌入程度的机制检验结果。模型（1）中 $subsidy\times after$ 的系数为－0.0069，且通过 1%的显著性水平检验。作为企业利润的组成部分，政府补贴增加了企业总收益，为企业经营发展提供资金支持，减缓企业面临的融资困境。这表明，模型（2）中融资约束（$lnsa$）的系数为－1.2112，并通过 1%的显著性检验。融资约束的上升会增加企业获得其生产经营所需资金的难度，不利于企业全球价值链嵌入程度的上升。$subsidy\times after\times lnsa$ 的系数显著为正。相比于非补贴企业，政府补贴企业融资约束对价值链嵌入程度的抑制作用更低。模型（1）和（2）表明，政府补贴通过降低企业融资约束促进全球价值链嵌入程度提升的这一机制具有内在合理性。

模型（3）中 $subsidy\times after$ 的系数显著为正，验证了政府补贴对企业创新强度的显著推动作用。政府补贴，尤其是针对企业创新活动的专项补贴可以直接降低企业的创新成本，为企业创新活动提供资金支持，促使企业资助研发创新。模型（4）中企业创新（rd）的系数为 0.0031，并通过 1%的显著性检验。这说明，企业创新活动的增加会显著提高企业整体竞争力和经营绩效，促进企业价值链嵌入程度的上升。$subsidy\times after\times rd$ 的系数为 0.0022，通过 1%的显著性水平检验。这表明，政府补贴会放大企业研发活动对价值链嵌入程度的促进作用。综合模型（3）、（4）的估计结果，政府补贴通过促进企业研发创新来提升企业全球价值链嵌入程度这一机制具有内在合理性。

模型（5）同时引入政府补贴和融资约束交互项、政府补贴和企业创新交互项。可以看到，$subsidy \times after \times lnsa$ 与 $subsidy \times after \times rd$ 的系数均显著为正。这说明，政府补贴可以为企业提供一定的资金支持，缓解企业融资约束，促进企业研发创新，提升企业在全球价值链中的参与程度。

表 8-25　政府补贴影响企业全球价值链嵌入程度的机制检验

	融资约束		企业创新		gvc_part
	lnsa	gvc_part	rd	gvc_part	
	(1)	(2)	(3)	(4)	(5)
subsidy	0.0012 (0.0008)	−0.5283*** (0.0216)	0.5121*** (0.1466)	−0.4504*** (0.0131)	−0.5311*** (0.0216)
after	0.0005 (0.0009)	−1.0037*** (0.0248)	0.6224*** (0.1675)	−0.9618*** (0.0229)	−1.0072*** (0.0248)
subsidy × after	−0.0069*** (0.0009)		2.4981*** (0.1798)		
subsidy × after × lnsa		0.1147*** (0.0220)			0.1010*** (0.0223)
lnsa		−1.2112*** (0.0738)			−1.1751*** (0.0738)
subsidy × after × rd				0.0022*** (0.0008)	0.0015* (0.0008)
rd				0.0031*** (0.0005)	0.0032*** (0.0005)
常数项	1.1331*** (0.0147)	9.7763*** (0.4236)	2.3132 (2.7922)	8.3549*** (0.4152)	9.7318*** (0.4234)
样本量	147491	147491	147491	147491	147491
adj R^2	0.029	0.073	0.848	0.072	0.074

注：括号中数值代表标准差。***、** 和 * 分别表示系数通过 1%、5% 和 10% 的显著性检验。模型均控制了年份、行业和地区固定效应。

政府补贴会促进企业价值链参与程度的提升，但这种促进作用又会受到政府补贴强度的影响。为此，本小节将政府补贴规模的异质性引入机制检验当中。主要采取的方法有：一是引入虚拟交叉变量来考察政府补贴规模异质性；二是引入补贴规模强度交叉项来考察政府补贴规模异质性。表 8-26 报告了引入政府补贴规模异质性的机制检验结果。

模型（1）—（4）为对融资约束传导机制的检验。模型（1）表明政府补贴总是会显著地降低企业面临的融资约束。模型（2）中 $subsidy \times after \times dum1 \times lnsa$ 系数为正，但不显著。$subsidy \times after \times dum2 \times lnsa$ 的系数显著为正，结果表明，政府补贴并不一定显著作用于价值链嵌入程度的提升。当补贴收入较低时，政府补贴只会对企业资金改善起到微弱作用，这种改善并不会提高企业的价值链嵌入程度。随着政府补贴额度的增加，企业从政府部门获得的资金越来越多，企业融资状况显著改善，更深入地参与全球价值链分工。模型（3）和（4）为引入政府补贴强度交叉项的估计结果。模型（3）中 $subsidy \times after \times stens$ 的系数显著为负，说明政府补贴规模越大，企业面临的融资约束就越小。模型（4）中 $subsidy \times after \times stens \times lnsa$ 的系数显著为正，说明随着政府补贴强度的上升，融资约束对价值链嵌入程度的负效应会越来越小。

模型（5）—（8）为对企业研发创新传导机制的检验。模型（5）表明，政府补贴强度的大小并不影响政府补贴对企业研发创新活动的促进作用。模型（6）表明，只有补贴规模超过一定范围之后才会显著放大研发创新对企业价值链嵌入程度的促进作用。具体来看，$subsidy \times after \times dum1 \times rd$ 的系数为 0.0001，但在统计意义上并不显著。可见，低额补贴对企业创新影响价值链嵌入程度的作用并不显著。$subsidy \times after \times dum2 \times rd$ 的系数为 0.0021，通过 1%的显著性水平检验。这说明，高额补贴会显著促进企业创新对价值链嵌入程度的正效应，随着政府补贴额度的增加，企业资金越来越充裕，研发创新超过一定程度后，会显著促使企业深化其价值链嵌入程度。模型（7）和（8）为引入政府补贴强度交叉项的估计结果。模型（7）中 $subsidy \times after \times stens$ 的系数为 6.8022，且通过 1%的显著性水平检验，表明政府补贴规模越大，企业创新强度越大；模型（8）中 $subsidy \times after \times stens \times rd$ 的系数显著为正，表明随着政府补贴强度的上升，研发创新对价值链嵌入程度的正效应会越来越大。

表 8-26　政府补贴影响企业全球价值链嵌入程度的机制检验(引入补贴规模异质性)

	融资约束				企业创新			
	虚拟变量		补贴强度		虚拟变量		补贴强度	
	lnsa	*gvc_part*	*lnsa*	*gvc_part*	*rd*	*gvc_part*	*rd*	*gvc_part*
	(1)	(2)	(3)	(4)	(5)	(6)	(7)	(8)
subsidy	0.0037*** (0.0005)	−0.5897*** (0.0153)	−0.0013*** (0.0005)	−0.4837*** (0.0137)	0.9540*** (0.1029)	−0.5085*** (0.0129)	1.3276*** (0.0923)	−0.4474*** (0.0128)
after	0.0021** (0.0008)	−0.8683*** (0.0235)	−0.0009 (0.0008)	−0.9794*** (0.0230)	0.8515*** (0.1568)	−0.9058*** (0.0231)	1.0669*** (0.1545)	−0.9600*** (0.0228)
*inter*1 × *dum*1	−0.0188*** (0.0009)				1.9409*** (0.1723)			
*inter*1 × *dum*2	−0.0158*** (0.0009)				4.0027*** (0.1725)			
*inter*1 × *dum*1 × *lnsa*		0.0039 (0.0213)						
*inter*1 × *dum*2 × *lnsa*		0.1104*** (0.0214)						
*inter*1 × *stens*			−0.0173*** (0.0015)				6.8022*** (0.2867)	
*inter*1 × *stens* × *lnsa*				0.3165*** (0.0356)				

续　表

	融资约束				企业创新			
	虚拟变量		补贴强度		虚拟变量		补贴强度	
	lnsa	*gvc_part*	*lnsa*	*gvc_part*	*rd*	*gvc_part*	*rd*	*gvc_part*
	(1)	(2)	(3)	(4)	(5)	(6)	(7)	(8)
lnsa		−0.7890*** (0.1627)		−1.1832*** (0.0736)				
$inter1 \times dum1 \times rd$						0.0001 (0.0011)		
$inter1 \times dum2 \times rd$						0.0021** (0.0010)		
$inter1 \times stens \times rd$								0.0058*** (0.0016)
rd						0.0015*** (0.0005)		0.0035*** (0.0004)
Con	1.1330*** (0.0147)	4.4148*** (0.4875)	1.1353*** (0.0147)	9.6999*** (0.4232)	1.6870 (2.7881)	4.0397*** (0.4262)	1.5456 (2.7879)	8.3510*** (0.4152)
样本量	147491	143021	147491	147491	147491	143021	147491	147491
$adj\ R^2$	0.032	0.115	0.030	0.073	0.848	0.103	0.848	0.072

注：括号中数值代表标准差。***、** 和 * 分别表示系数通过 1%、5%和 10%的显著性检验。模型均控制了年份、行业和地区固定效应。其中，$inter1 = subsidy \times after$。表中仅汇报了用补贴收入占企业销售额比值（*stens*1）衡量政府补贴强度的估计结果。采用另外两种方法衡量政府补贴强度与该表结果类似，限于篇幅，表中不做汇报。

(二)政府补贴影响企业全球价值链嵌入位置的机制检验

基准回归结果表明，政府补贴会抑制企业价值链嵌入位置的上升。在中国现实背景下，政府补贴影响企业价值链嵌入位置的内在机理为：政府补贴企业存在寻租成本。寻租成本的存在会加大企业生产成本，不利于企业价值链嵌入位置的上升。并且在政府补贴大多以生产性补贴的形式存在的背景下，政府补贴会导致低端锁定，致使企业以低利润模式参与国际分工。本小节采用计量模型对上述传导机制进行实证检验。采用企业管理费用与总资产的比值来衡量企业寻租成本（*scost*）。

表 8-27 给出了对上述模型进行检验的结果。模型（1）、(2）是将政府补贴对企业寻租成本进行回归的结果，模型（3）、(4）分别为同时引入政府补贴和寻租成本的估计，模型（5）、(6）分别为同时引入寻租成本、政府补贴和寻租成本交互项对企业价值链嵌入位置进行回归的结果；模型（2）、(4）和（6）分别为在模型（1）、(3）和（5）基础上进一步控制行业、地区和时间异质性的结果。以控制了行业、地区和时间异质性的估计结果为例进行分析。模型（2）中，$subsidy \times after$ 的系数为 0.1483，且通过 1%的显著性水平检验，表明政府补贴会显著提高企业的寻租成本。模型（4）中 $scost$ 的系数为−0.0105，$subsidy \times after$ 的系数为−0.0569，并通过 1%的显著性检验。这说明，寻租成本和政府补贴的上升对企业价值链嵌入位置产生抑制作用。模型（6）中 $subsidy \times after \times scost$ 的系数为−0.0176，$scost$ 的系数为−0.0769，且通过 1%的显著性水平检验。结果表明，政府补贴的存在会显著提高企业寻租成本，降低企业价值链嵌入位置，缩短价值链长度。政府补贴通过提高企业寻租成本影响其价值链嵌入位置的这一机制具有内在合理性。

表 8-27　政府补贴影响企业全球价值链嵌入位置的机制检验

	scost		*gvc_pos*			
	(1)	(2)	(3)	(4)	(5)	(6)
subsidy	0.2814*** (0.0131)	0.2668*** (0.0125)	0.1168*** (0.0144)	0.1286*** (0.0144)	0.2507*** (0.0229)	0.2302*** (0.0220)

续　表

	scost		gvc_pos			
	(1)	(2)	(3)	(4)	(5)	(6)
after	0.0028 (0.0114)	−0.0110 (0.0152)	−0.2992*** (0.0125)	−0.1314*** (0.0175)	−0.4965*** (0.0188)	−0.5233*** (0.0197)
subsidy × *after*	0.1614*** (0.0172)	0.1483*** (0.0163)	−0.0399** (0.0188)	−0.0569*** (0.0188)		
subsidy × *after* × *scost*					−0.0182*** (0.0035)	−0.0176*** (0.0033)
scost			−0.0114*** (0.0041)	−0.0105** (0.0041)	−0.1045*** (0.0103)	−0.0769*** (0.0100)
Con	7.6191*** (0.0086)	9.4966*** (0.2972)	1.1261*** (0.3467)	0.8461** (0.3442)	1.6861*** (0.3046)	3.4366*** (0.5306)
时间效应	NO	YES	NO	YES	NO	YES
地区效应	NO	YES	NO	YES	NO	YES
行业效应	NO	YES	NO	YES	NO	YES
样本量	78577	78577	78577	78577	44141	44141
adj R^2	0.027	0.139	0.106	0.121	0.052	0.130

注：括号中数值代表标准差。***、** 和 * 分别表示系数通过 1%、5% 和 10% 的显著性检验。

政府补贴会降低企业价值链嵌入位置，但这种促进作用的大小可能还会受到政府补贴强度的影响。接下来将政府补贴规模的异质性引入机制检验当中，并采用引入虚拟变量交互项和引入补贴强度交互项两种方法来考察政府补贴的异质性。表 8-28 报告了引入政府补贴规模异质性的机制检验结果。模型（1）—（3）为引入虚拟变量考察政府补贴异质性的结果。模型（1）表明，无论政府补贴强度如何，政府补贴总是会显著提高企业寻租成本。模型（2）表明，寻租成本、政府补贴均会对价值链嵌入位置产生显著负作用。模型（3）表明，政府补贴，无论强度高低，均会放大寻租成本对企业价值链嵌入位置的抑制作用。模型（4）—（6）为引入政府补贴强度交互项的估计结果。模型（4）表明，政府补贴规模越大，企业寻租成本就越高。模型（5）表明，政府补贴和寻租成本均会降低企业价值链嵌入位置。模型（6）表明，随着政府补贴强度的增大，寻租成本对价值链嵌入位置的负效应会越来越大。

表 8-28　政府补贴影响企业全球价值链嵌入位置的机制检验(引入补贴规模异质性)

	政府补贴虚拟变量			政府补贴强度		
	scost	*gvc_pos*		*scost*	*gvc_pos*	
	(1)	(2)	(3)	(4)	(5)	(6)
subsidy	0.2701*** (0.0093)	0.1400*** (0.0159)	0.1453*** (0.0158)	0.3252*** (0.0086)	0.1375*** (0.0145)	0.1359*** (0.0144)
after	−0.0052 (0.0142)	−0.5599*** (0.0172)	−0.5628*** (0.0172)	0.0269* (0.0140)	−0.5681*** (0.0166)	−0.5691*** (0.0166)
*inter*1 × *dum*1	0.2141*** (0.0152)	−0.0505** (0.0241)				
*inter*1 × *dum*2	0.1660*** (0.0153)	−0.0547** (0.0255)				
*inter*1 × *dum*1 × *scost*			−0.0049* (0.0029)			
*inter*1 × *dum*2 × *scost*			−0.0055* (0.0030)			
*inter*1 × *stens*				0.2738*** (0.0292)	−0.0928* (0.0479)	
*inter*1 × *stens* × *scost*						−0.0096* (0.0057)
scost		−0.0681*** (0.0101)	−0.0675*** (0.0101)		−0.0681*** (0.0101)	−0.0678*** (0.0101)
常数项	9.4732*** (0.2968)	3.7681*** (0.5302)	3.7693*** (0.5302)	9.4518*** (0.2971)	3.7683*** (0.5302)	3.7683*** (0.5302)
样本量	78577	44141	44141	78577	44141	44141
adj R^2	0.141	0.132	0.132	0.139	0.131	0.131

注:括号中数值代表标准差。***、** 和 * 分别表示系数通过 1%、5%和 10%的显著性检验。模型均控制了年份、行业和地区固定效应。其中 *inter*1 = *subsidy* × *after*。表中仅汇报了用补贴收入占企业销售额比值(*stens*1)衡量政府补贴强度的估计结果。采用另外两种方法衡量政府补贴强度与该表结果类似,限于篇幅,表中不做汇报。

七、研究结论

通过战略性嵌入全球价值链以实现经济结构转型升级是中国经济发展的重要命题。为提高企业全球竞争力,政府补贴这一“看得见的手”的作用日益凸显。政府补贴对企业全球价值链分工的影响成为极具现实意义的研究课题。本节采用2000—2006年中国工业企业数据库和海关贸易数据库的合并数据，运用PSM-DID法实证检验了政府补贴对我国企业价值链嵌入的作用程度及内在机制。结果发现：第一，政府补贴会显著促进企业全球价值链嵌入程度的上升。同时，补贴规模至关重要，只有达到一定规模后才会对全球价值链嵌入程度产生显著促进作用。研发和融资约束为政府补贴影响全球价值链嵌入程度的内在机制。具体而言，政府补贴会促进企业研发，降低企业融资约束，提升企业全球竞争力。第二，政府补贴，无论强度大小，均会显著降低企业在全球价值链中的位置，缩短企业从事的价值链长度；该抑制作用主要来自寻租成本的产生。政府补贴会促进企业与政府建立寻租关系，导致企业陷入低价低利润经营模式，被锁定在价值链低端环节。

客观地评价政府补贴对企业价值链嵌入程度和位置的经济效应为评估政府政策效果和完善补贴政策提供了一定的政策启示。首先，设定合理的政府补贴强度。本研究表明，只有适度的政府补贴强度才能促进企业价值链嵌入程度的提升。政府需要根据企业规模、经营绩效以及研发等现实情况进行合理评估，以此确定是否给予企业补贴和对应的补贴额度。其次，制定严格的补贴审查制度，最大限度地杜绝企业寻租行为。本研究表明，寻租成本的存在会导致政府补贴对企业价值链嵌入位置产生负向效应，缩短企业从事的价值链长度。政府在实施补贴政策时，需要制定明确的补贴限制和严格的审查政策，加大对寻租行为的惩罚力度，促使补贴这一稀缺资源得到最大限度的优化配置。

第四节　本章小结

以中间品贸易为主要特征的全球价值链分工的迅速发展为我国产业结构转型升级提供了巨大的发展机遇。与以往拘囿于劳动、资本等生产要素比较优势的研究不同，本章聚焦于行业层面的贸易关系网络和企业层面的政府补贴这两个要素，深入考察了其对我国价值链分工地位的内在影响。

行业层面的研究认为，全球农产品贸易网络关系日渐紧密。贸易网络特征会对全球价值链分工地位产生稳健、显著的影响，即网络中心度、网络联系强度和异质性的提高有助于提升一国在全球农产品贸易网络中对核心资源的控制能力，促进该国价值链分工地位的提升。因此，对全球农产品贸易网络中的国家而言，立足本国贸易网络特征实施相关产业促进政策能够提高政策的针对性和有效性。

企业层面的研究证实了政府补贴这一“看得见的手”的作用。基于2000—2006年中国工业企业数据库和海关贸易数据库的合并数据，本章实证检验了政府补贴对我国企业全球价值链嵌入的现实影响及内在机制。研究发现：政府补贴会通过促进企业研发，缓解企业融资约束，显著提高企业全球价值链嵌入程度。但寻租成本的存在会导致政府补贴对价值链嵌入位置的抑制效应，使企业陷入低价低利润运营模式，被锁定在价值链低端环节。为此，政府在制定补贴政策的过程中需要设定合理的补贴强度和严格的补贴审查制度，促使政府补贴这一稀缺资源得到最大限度的优化配置。

第九章
结论与政策含义

第一节　主要结论

借助高水平、全方位、多领域的开放实现产业高质量发展是构建新发展格局的重要一环。随着传统要素比较优势的逐渐减弱，能源短缺、环境约束以及自主创新不足等问题的日益凸显，中国进入必须依靠产业结构转型升级推动经济发展的新阶段。产业结构优化升级成为经济高质量发展的主线任务。立足产品内分工的现实状况，本研究构建了一个完整的理论分析框架来考察全球价值链嵌入对中国经济高质量发展的现实影响和作用机制，并据此提出了通过战略性嵌入全球价值链推动经济高质量发展的可能路径。本研究的主要结论有：

（1）基于贸易增加值的测算框架刻画了全球价值链分工的整体格局与中国现状。本研究采用 2000—2014 年 WIOD 数据库测算了 42 个国家 56 个部门的全球价值链嵌入程度和位置。结果显示：在全球价值链的分工格局中，美国、德国等发达国家从事研发创新环节，中国、印度等发展中国家提供中间产品，俄罗斯、澳大利亚等提供基础资源。对中国而言，改革开放后，中国参与全球价值链程度不断加深，但加工贸易主导的贸易模式决定了中国在全球价值链中位于下游环节。随着贸易结构的不断优化，2010 年之后中国参与全球价值链的下游化趋势得到扭转，中国成为高级中间品的全球供应商。从行业异质性出发，中国服务业开放程度较低，处于全球价值链的中上游环节。在深层次融入全球价值链的背后，初级产品和资源行业扮演着原材料和初级产品供应商的角色，制造业通过加工进口中间品嵌入全球价值链的下游环节。即使是在制造业内部，全球价值链参与状况也存在一定差异：资本密集型制造业的全球价值链嵌入程度最高，技术密集型制造业次之，劳动密集型制造业最低。就嵌入位置而言，相较于技术密集型制造业，资本密集型制造业位于较上游位置；劳动密集型制造业的嵌入位置由负转正，位于全球价值链的上游环节。

（2）将异质性企业纳入比较优势的分析框架，构建了包含企业、产业和国家的产业结构的内生决定模型，剖析全球价值链分工对产业结构的影响机制。结果表明：一方面，参与全球价值链会直接影响企业或者行业整体的技术水平及生产效率。参与全球价值链带来的技术溢出效应会导致一国产业结构从劳动密集型逐步转向资本密集型。另一方面，企业在全球价值链中所处的环节会直接影响企业所面临的生产成本和贸易成本，进而对其产业结构产生影响。全球价值链通过成本渠道影响产业结构的效应并不确定，取决于生产成本和贸易成本的现实情况。综上所述，参与全球价值链确实会对一国产业结构产生影响，但能否借助全球价值链实现本国产业结构升级取决于全球价值链嵌入所带来的成本效应和技术效应的相对大小。

（3）基于 2000—2014 年 17 个制造业细分行业数据，实证检验了全球价值链嵌入对制造业产业结构的现实影响。结果表明：全球价值链分工参与程度的加深不仅会促进制造业细分行业产业结构的合理化，而且会促进产值结构、资本结构、技术结构和就业结构的高端化。以提供初级中间品的方式参与国际分工会对产业结构的合理化和高度化产生显著的抑制效应，但随着制造业细分行业对初级资源和要素依赖程度的上升，全球价值链嵌入程度对产业结构的正向促进作用会越来越小。对全球价值链嵌入程度比较高的行业而言，全球价值链嵌入位置上升对产业结构的逆向效应更大。核心原因在于，价值链位置的上升意味着对本国初级资源和要素的依赖，会放大劳动力成本上升的负向效应，减弱其正向倒逼效应。

（4）基于2000—2006年中国工业企业和海关合并数据，从微观企业层面尝试检验了全球价值链嵌入对产业结构的可能影响及传导机制。研究发现，随着企业全球价值链嵌入程度和上游度的提升，资本密集型工序占比会上升，劳动密集型工序占比会下降，整个制造业向资本密集型转变，且企业生产率和固定成本是全球价值链影响企业工序结构的重要渠道。与此同时，全球价值链嵌入程度的加深和位置的上升能显著改善企业内部要素间的配置情况，降低企业要素间错配程度，促进制造业整体资源配置合理化，但该资源配置效应对资本、劳动要素的作用完全不同。全球价值链参与程度的深化和位置的提高会降低资本要素扭曲度，提高劳动扭曲度。可见，参与全球价值链对资源配置的优化作用主要来自对资本要素的优化配置。

（5）通过实证检验全球价值链对企业生存的影响，间接评估了其影响产业结构的动态调整机制。本研究采用PSM-DID方法实证检验了是否参与全球价值链以及全球价值链参与程度和位置对企业生存的影响。研究结果表明：相比于不参与全球价值链的企业，参与全球价值链的企业具有更高的生存概率。以企业上游度为指标的企业价值链分工位置的提升会抑制企业生存风险，以企业国外附加值占比为指标的全球价值链嵌入程度的上升则会增加企业生存风险。背后的逻辑是，中间投入端产品生产需要投入资金、技术设备等要素，提升技术水平和生产效率，改善企业生产经营状况，提升生存概率。而较高的国外附加值占比意味着企业对其上游的中间品供应商和下游的服务商具有更高的依赖度，其生存更容易受到国际市场需求波动等因素的影响，生存风险较大。

（6）聚焦行业层面的贸易网络和企业层面的政府补贴这两个要素，深入考察其对提升我国价值链分工地位，促进产业结构升级的内在影响。行业层面的研究认为，全球贸易网络中各国的贸易关联日渐紧密。贸易网络中心度、网络联系强度和异质性的提高有助于提升一国在全球贸易网络中对核心资源的控制能力，促进该国价值链分工地位的提升。企业层面研究发现：政府补贴会通过促进企业研发，降低企业融资约束等机制来显著提高企业的价值链参与程度，但寻租成本的存在及上升会导致企业陷入低价低利润的运营模式，被锁定在价值链低端环节。

第二节　政策含义

综合本书的研究成果，为充分发挥全球价值链分工的结构优化升级效应，推动制造业高质量发展，政策实施中应考虑如下内容：

（1）制定相关的产业优惠政策，鼓励深度参与全球价值链分工。深度融入全球价值链生产体系，参与垂直专业化分工不仅能够改善产业投入产出效率，促进产业结构合理化，还有助于推动产值结构、资本结构、技术结构和就业结构的持续优化，提升产业结构发展质量。政府应该制定相关的优惠政策，在融资、税收以及技术支持等方面给予特殊的引导和扶持，鼓励制造业及服务业积极进入全球价值链分工体系，捕获高附加值活动。此类政策支持不仅可以提升企业全球竞争力，还可以促进产业结构朝着更加合理化和高度化的方向发展，加快产业结构战略性调整，推动经济高质量发展。

（2）积极创造有利的发展条件，促使价值链向高端环节延伸。全球价值链分工利益的非均衡性决定了全球价值链嵌入位置至关重要。跨国公司主导的发达国家占领了研发设计、营销及服务等高附加值环节，而缺乏产品创新、核心技术、品牌渠道等问题直接造成了中国制造业位于全球价值链低端环节。在全球价值链分工体系中，中国更多的是扮演着原材料和初级中间品供应商的角色。本研究发现，虽然参与全球价值链程度的加深有助于推动产业结构优化调整，但以提供初级原材料和中间品的方式嵌入全球价值链不仅不利于产业结构合理化和高度化的发展，还会抑制参与价值链程度加深对产业结构的正向效应，放大劳动力成本上升对产业结构的负向效应。因此，政府应当通过政策扶持和引导为制造业转型升级创造有利的条件，促使企业积极向产品价值链高端环节延伸，获取更多的国际分工利益，最大限度地发挥其产业结构优化作用，推动经济高质量发展。

（3）完善生产要素的市场机制，最大限度地倒逼产业结构升级。 全球价值链分工会对一国要素市场产生直接影响。 我国制造业绝大多数为技术水平和附加值较低的非熟练劳动力密集型的环节。 非熟练劳动力的供给短缺，加上诸如通货膨胀等因素的影响，劳动力成本不断上升，人口红利下降。 行业层面研究表明，劳动力成本上升会促进产值结构、资本结构和就业结构的高度化，但同时会降低产业结构的合理化程度，造成技术结构的低端锁定。 值得注意的是，全球价值链参与程度的加深会放大劳动力成本上升的正效应，缓解其负效应，但以提供初级产品和原材料的方式参与全球价值链会降低劳动力成本的正效应，放大负效应。 微观企业研究进一步发现，全球价值链参与程度的加深和位置的提升会造成劳动力市场扭曲。 综上所述，政府应当完善不同价值链环节的要素市场机制，重点关注价值链低端环节的劳动力成本，最大限度地发挥劳动力成本上升在倒逼产业结构升级时的积极作用。

（4）优化企业自身的贸易结构，战略性地参与全球价值链。 本研究发现，参与全球价值链不仅能促进产业结构调整，还能改善企业生存状况。 延伸产业链条，嵌入全球价值链上游环节有助于企业生存状况的持续改善。 因此，企业应不断优化自身贸易结构，战略性地参与全球价值链。 在鼓励企业参与全球价值链的同时，还应当对企业的整体情况进行系统性的考察。 一味地鼓励企业参与全球价值链而忽视企业参与价值链分工的特征可能会掉入低端锁定陷阱。 例如，长期以来以加工贸易为主导的全球价值链嵌入方式导致了中国企业自主品牌和创新技术的缺失，位于全球价值链低端环节，更容易受到外部冲击。 加快中国贸易结构转型升级，促进加工贸易向一般贸易转变，不仅能够提升企业利润和国内附加值，还有助于我国企业持续健康发展。

（5）重视贸易网络的积极作用，促进政府补贴效应最大化。 本研究最后一部分关注贸易关系网络和政府补贴在全球价值链分工中的作用。

一方面，在参与国际分工的进程中，充分掌握本国贸易关系网络特征有助于提高产业政策的针对性和有效性。近年来，我国的网络联系强度不断提升，但网络中心度和网络异质性较低。为了提升中国在全球价值链中的分工地位，应该更多关注龙头企业培育，促进产业升级以及贸易多元化。另一方面，要充分发挥政府补贴帮助企业突破低端锁定的重要作用。为了促进企业全球价值链分工地位的提升，应该设定合理的政府补贴强度，制定严格的政府补贴审查制度。原因在于，只有适度的政府补贴强度才能够促进企业价值链分工参与程度的提升。同时，政府补贴引致的寻租成本上升会降低企业全球价值链嵌入位置。政府在实施补贴政策时，需要制定明确的补贴限制和严格的审查政策，加大对寻租行为的惩罚力度，促使补贴这一稀缺资源得到最优配置。

附　录

附录 A　WIOD 制造业与国民经济行业分类对照表

表 A1　WIOD 制造业与国民经济行业分类

IO 代码	ISIC Rec. 4	行业名称	国民经济代码
5	C10-C12	食品、饮料和烟草业	13-16
6	C13-C15	纺织品、服装、皮革及相关品制造	17-19
7	C16	木材、木材制品及软木制品制造、草编织品	20
8	C17	纸和纸制品制造	22
9	C18	记录媒介物的印刷以及复制	23
10	C19	焦炭和精炼石油产品制造	25
11	C20	化学及化学制品	26,28
12	C21	基本医药品和医药剂制造	27
13	C22	橡胶和塑料产品	29-30
14	C23	其他非金属矿物品制造	31
15	C24	基本金属制造	32-33
16	C25	金属制品制造，机械设备除外	34
17	C26	计算机、电子产品和光学产品制造	40-41
18	C27	电力设备制造	39

续 表

IO 代码	ISIC Rec. 4	行业名称	国民经济代码
19	C28	其他机械和设备制造	35-36
20	C29	汽车、挂车和半挂车制造	37
21	C30	其他运输设备制造	38
22	C31-C32	家具制造与其他制造业	21,44
23	C33	机械和设备的修理与安装	43

附录 B　依据要素密集度的制造业细分行业分类

表 B1　依据要素密集度的制造业细分行业分类

产业类型	细分产业	对应的部门类型
劳动密集型	纺织品制造、服装制造、皮革和相关品制造；木材、木材制品及软木制品制造、草编制品；印刷业和记录媒介的复制、文教体用品制造业；橡胶和塑料业；非金属矿物制品业；金属制品业	6、7、9、13、14、16、22
资本密集型	食品、饮料和烟草制造业；造纸和纸制品业；石油加工与炼焦及核燃料；化学及化学制品制造业；金属制造业；家具及其他制造业	5、8、10、11、15
技术密集型	医药制造业；计算机、电子产品和光学产品制造业；电力设备制造业；机械设备制造业；汽车、挂车和半挂车制造；其他运输设备制造业	12、17、18、19、20、21

参考文献

[1] ABEYSINGHE T, FORBES K. Trade linkages and output-multiplier effects: a structural VAR approach with a focus on Asia [J]. Review of international economics, 2005, 13 (2): 356-375.

[2] ACEMOGLU D. Why not a political Coase theorem? Social conflict, commitment, and politics [J]. Journal of comparative economics, 2003, 31 (4): 620-652.

[3] ACEMOGLU D, ANTRÀS P, HELPMAN E. Contracts and technology adoption [J]. American economic review, 2007, 97 (3): 916-943.

[4] ACEMOGLU D, GUERRIERI V. Capital deepening and nonbalanced economic growth [J]. Journal of political economy, 2008, 116 (3): 467-498.

[5] ADAMS F G, BEHRMAN J R. Commodity exports and economic development: the commodity problem and policy in developing countries [J]. Journal of economic literature, 1982, 20 (4): 1655-1656.

[6] AGARWAL R, GORT M. Firm and product life cycles and firm survival [J]. American economic review, 2002, 92 (2): 184-190.

[7] AIDIS R, ADACHI Y. Russia: firm entry and survival barriers [J].

Economic systems, 2007, 31 (4): 391-411.

[8] AKAMATSU K. A historical pattern of economic growth in developing countries [J]. The developing economies, 1962, 1 (s1): 3-25.

[9] ALBERT R, BARABÁSI A L. Statistical mechanics of complex networks [J]. Reviews of modern physics, 2002, 74 (1): 47.

[10] ALEGRE J, CHIVA R. Assessing the impact of organizational learning capability on product innovation performance: an empirical test [J]. Technovation, 2008, 28 (6): 315-326.

[11] ALLEN F, QIAN J, QIAN M. Law, finance, and economic growth in China [J]. Journal of financial economics, 2005, 77 (1): 57-116.

[12] ALMUS M, CZARNITZKI D. The effects of public R&D subsidies on firms' innovation activities: the case of Eastern Germany [J]. Journal of business & economic statistics, 2003, 21 (2): 226-236.

[13] AMIGHINI A. China in the international fragmentation of production: evidence from the ICT industry [J]. European journal of comparative economics, 2005, 2 (2): 203.

[14] ANTRÀS P. Incomplete contracts and the product cycle [J]. American economic review, 2005, 95 (4): 1054-1073.

[15] ANTRÀS P. Grossman-Hart (1986) goes global: incomplete contracts, property rights, and the international organization of production [J]. The journal of law, economics & organization, 2013, 30 (1): 118-175.

[16] ANTRÀS P, CHOR D. Organizing the global value chain [J]. Econometrica, 2013, 81 (6): 2127-2204.

[17] ANTRÀS P, CHOR D, FALLY T. Measuring the upstreamness of production and trade flows [J]. American economic review, 2012, 102 (3): 412-416.

[18] ANTONELLI C. The business governance of localized knowledge: an information economics approach for the economics of knowledge

[J]. Industry and innovation, 2006, 13 (3): 227-261.

[19] ANTRÀS P. Firms, contracts, and trade structure [J]. The quarterly journal of economics, 2003, 118 (4): 1375-1418.

[20] ANTRÀS P, HELPMAN E. Global sourcing [J]. Journal of political economy, 2004, 112 (3): 552-580.

[21] ANTRÀS P, ROSSI-HANSBERG E. Organizations and trade [J]. CEPR discussion papers, 2008, 1 (1): 43-64.

[22] ARKOLAKIS C, COSTINOT A, RODRÍGUEZ-CLARE A. New trade models, same old gains? [J]. American economic review, 2012, 102 (1): 94-130.

[23] ARNDT S W. Globalization and the open economy [J]. North American journal of economics and finance, 1997, 8 (1): 71-79.

[24] ARORA V, VAMVAKIDIS A. How much do trading partners matter for economic growth? [J]. IMF economic review, 2005, 52 (1): 24-40.

[25] ARTHUR W B. Competing technologies, increasing returns, and lock-in by historical events [J]. The economic journal, 1989, 99 (394): 116-131.

[26] ARTHUR W B, DURLAUF S N, LANE D A. The economy as an evolving complex system Ⅱ [M]. Boulder, Colorado: Westview Press, 1997.

[27] ATHUKORALA P. Foreign direct investment in crisis and recovery: lessons from the 1997—1998 Asian crisis [J]. Australian economic history review, 2003, 43 (2): 197-213.

[28] AUDRETSCH D B. New firm survival and the technological regime [J]. Review of economics and statistics, 1991, 73 (3): 441-450.

[29] AUDRETSCH D B, MAHMOOD T. New firm survival: new results using a hazard function [J]. Review of economics and statistics, 1995, 77 (1): 97-103.

[30] BAIR J, PETERS E D. Global commodity chains and endogenous growth: export dynamism and development in Mexico and Honduras [J]. World development, 2006, 34 (2): 203-221.

[31] BALASSA B. Exports and economic growth: further evidence [J]. Journal of development economics, 1978, 5 (2): 181-189.

[32] BALDWIN R E. Measurable dynamic gains from trade [J]. Journal of political economy, 1992, 100 (1): 162-174.

[33] BALDWIN J R, GU W. Export-market participation and productivity performance in Canadian manufacturing [J]. Canadian journal of economics, 2003, 36 (3): 634-657.

[34] BALDWIN J R, RAFIQUZZAMAN M. Selection versus evolutionary adaptation: learning and post-entry performance [J]. International journal of industrial organization, 1995, 13 (4): 501-522.

[35] BALDWIN R, VENABLES A J. Spiders and snakes: offshoring and agglomeration in the global economy [J]. Journal of international economics, 2013, 90 (2): 245-254.

[36] BALDWIN J R, YAN B. The death of Canadian manufacturing plants: heterogeneous responses to changes in tariffs and real exchange rates [J]. Review of world economics, 2011, 147 (1): 131-167.

[37] BARRON J L, FLEET D J, BEAUCHEMIN S S, et al. Performance of optical flow techniques [J]. International journal of computer vision, 1994, 12 (1): 43-77.

[38] BARTELSMAN E, SCARPETTA S, SCHIVARDI F. Comparative analysis of firm demographics and survival: evidence from micro-level sources in OECD countries [J]. Industrial and corporate change, 2005, 14 (3): 365-391.

[39] BAUMOL W J. Macroeconomics of unbalanced growth: the anatomy of urban crisis [J]. American economic review, 1967, 57 (3): 415-426.

[40] BAZAN L, NAVAS-ALEMÃ L. The underground revolution in the Sinos Valley: a comparison of upgrading in global and national value chains [J]. Local enterprises in the global economy: issues of governance and upgrading, 2004: 110-139.

[41] BECK T. Financial dependence and international trade [J]. Review of international economics, 2003, 11 (2): 296-316.

[42] BERNARD A B, JENSEN J B. Entry, expansion, and intensity in the US export boom, 1987—1992 [J]. Review of international economics, 2004, 12 (4): 662-675.

[43] BERNARD A B, JENSEN J B, SCHOTT P K. Trade costs, firms and productivity [J]. Journal of monetary economics, 2006a, 53 (5): 917-937.

[44] BERNARD A B, JENSEN J B, SCHOTT P K. Survival of the best fit: exposure to low-wage countries and the (uneven) growth of US manufacturing plants [J]. Journal of international economics, 2006b, 68 (1): 219-237.

[45] BERNARD A B, JENSEN J B, REDDING S J. Firms in international trade [J]. The journal of economic perspectives, 2007, 21 (3): 105-130.

[46] BERNARD A B, JENSEN J B, REDDING S J. The empirics of firm heterogeneity and international trade [J]. Annual review of economics, 2012, 4 (1): 283-313.

[47] BERNARD A B, WAGNER J. Export entry and exit by German firms [J]. Review of world economics, 2001, 137 (1): 105-123.

[48] BENASSI M, GREVE A, HARKOLA J. Looking for a network organization: the case of GESTO [J]. Journal of market-focused management, 1999, 4 (3): 205-229.

[49] BERGSTRAND J H, EGGER P. Shouldn't physical capital also matter for multinational enterprise activity? [J]. Review of international

economics, 2013, 21 (5): 945-965.

[50] BERNINI C, PELLEGRINI G. How are growth and productivity in private firms affected by public subsidy? Evidence from a regional policy [J]. Regional science and urban economics, 2011, 41 (3): 253-265.

[51] BERTHOU A. The distorted effect of financial development on international trade flows [R]. CEPII research center working papers, 2010.

[52] BHAGWATI J, PANAGARIYA A, SRINIVASAN T N. The muddles over outsourcing [J]. The journal of economic perspectives, 2004, 18 (4): 93-114.

[53] BLOMSTROM M, KOKKO A, ZEJAN M. Foreign direct investment: firm and host country strategies [M]. Mamcillan, New York: St. Martin's Press, 2000.

[54] BORGATTI S P, FOSTER P C. The network paradigm in organizational research: a review and typology [J]. Journal of management, 2003, 29 (6): 991-1013.

[55] BOUGHEAS S, MIZEN P, YALCIN C. Access to external finance: theory and evidence on the impact of monetary policy and firm-specific characteristics [J]. Journal of banking & finance, 2006, 30 (1): 199-227.

[56] BOX M. The death of firms: exploring the effects of environment and birth cohort on firm survival in Sweden [J]. Small business economics, 2008, 31 (4): 379-393.

[57] BOYER T, BLAZY R. Born to be alive? The survival of innovative and non-innovative French micro-start-ups [J]. Small business economics, 2014, 42 (4): 669-683.

[58] BRANSTETTER L G. Are knowledge spillovers international or intranational in scope? Micro-econometric evidence from the US

and Japan [J]. Journal of international economics, 2001, 53 (1): 53-79.

[59] BRATTI M, FELICE G. Are exporters more likely to introduce product innovations? [J]. The world economy, 2012, 35 (11): 1559-1598.

[60] BRIDGMAN B. Competition and productivity [M]. Washington: US Bureau of economic analysis, 2010.

[61] BRIDGES S, GUARIGLIA A. Financial constraints, global engagement, and firm survival in the United Kingdom: evidence from micro data [J]. Scottish journal of political economy, 2008, 55 (4): 444-464.

[62] BROWN D W, KONRAD A M. Granovetter was right: the importance of weak ties to a contemporary job search [J]. Group and organization management, 2001, 26 (4): 434-462.

[63] BUDDELMEYER H, JENSEN P H, WEBSTER E. Innovation and the determinants of company survival [J]. Oxford economic papers, 2010, 62 (2): 261-285.

[64] BURSTEIN A T, MONGE-NARANJO A. Foreign know-how, firm control, and the income of developing countries [J]. The quarterly journal of economics, 2009, 124 (1): 149-195.

[65] BURSTEIN A, VOGEL J. Globalization, technology, and the skill premium: a quantitative analysis [J]. National bureau of economic research, 2010.

[66] BURT R S. Structural hole: the social structure of competition [M]. Boston: Harvard Business Press, 1992.

[67] BURT R S. The social structure of competition [J]. Explorations in economic sociology, 1993, 65: 103.

[68] BURT R S. Structural holes: the social structure of competition [M]. Massachusetts: Harvard university press, 2009.

[69] CARBONI O A. R&D subsidies and private R&D expenditures:

evidence from Italian manufacturing data [J]. International review of applied economics, 2011, 25 (4): 419-439.

[70] CAVES R E. American industry: Structure, conduct, performance [M]. New Jersey: Prentice-Hall, 1972.

[71] CEFIS E, MARSILI O. A matter of life and death: innovation and firm survival [J]. Industrial and corporate change, 2005, 14 (6): 1167-1192.

[72] CEFIS E, MARSILI O. Survivor: the role of innovation in firms' survival [J]. Research policy, 2006, 35 (5): 626-641.

[73] CHAKRABORTY B S. Trade in intermediate goods in a model with monopolistic competition [J]. Economica, 2003, 70 (279): 551-566.

[74] CHEN M, GUARIGLIA A. Internal financial constraints and firm productivity in China: do liquidity and export behavior make a difference? [J]. Journal of comparative economics, 2013, 41 (4): 1123-1140.

[75] CHENERY H B, SHISHIDO S, WATANABE T. The pattern of Japanese growth, 1914—1954 [J]. Econometrica: journal of the econometric society, 1962, 30 (1): 98-139.

[76] CHENERY H B, SYRQUIN M. Typical patterns of transformation [J]. Industrialization and growth, 1986: 37-83.

[77] CHOR D. Where are countries positioned along global production lines? [J]. Macroeconomic review, 2014: 94-99.

[78] CHOR D, MANOVA K, YU Z. The global production line position of Chinese firms [R]. CA: Standard University, 2014.

[79] CLARK J M. Toward a concept of workable competition [J]. American economic review, 1940: 241-256.

[80] CLEMENTI G L, HOPENHAYN H A. A theory of financing constraints and firm dynamics [J]. The quarterly journal of economics,

2006：229-265.

[81] COAD A, SEGARRA A, TERUEL M. Like milk or wine: does firm performance improve with age? [J]. Structural change and economic dynamics, 2013, 24: 173-189.

[82] COLANTONE I, SLEUWAEGEN L. International trade, exit and entry: a cross-country and industry analysis [J]. Journal of international business studies, 2010, 41 (7): 1240-1257.

[83] COLOMBO M G, DELMASTRO M. A note on the relation between size, ownership status and plant's closure: sunk costs vs. strategic size liability [J]. Economics letters, 2000, 69 (3): 421-427.

[84] COLOMBO M G, GRILLI L. Founders' human capital and the growth of new technology-based firms: a competence-based view [J]. Research policy, 2005, 34 (6): 795-816.

[85] COLOMBO M G, CROCE A, GUERINI M. The effect of public subsidies on firms' investment-cash flow sensitivity: transient or persistent? [J]. Research policy, 2013, 42 (9): 1605-1623.

[86] COLOMBELLI A, KRAFFT J, QUATRARO F. Properties of knowledge base and firm survival: evidence from a sample of French manufacturing firms [J]. Technological forecasting and social change, 2013, 80 (8): 1469-1483.

[87] COSTINOT A. On the origins of comparative advantage [J]. Journal of international economics, 2009, 77 (2): 255-264.

[88] DAVIS L S. Institutional flexibility and economic growth [J]. Journal of comparative economics, 2010, 38 (3): 306-320.

[89] DEARDORFF A V. Fragmentation in simple trade models [J]. North American journal of economics and finance, 2001, 12 (2): 121-137.

[90] DE LOECKER J, WARZYNSKI F. Markups and firm-level export

status [J]. American economic review, 2012, 102 (6): 2437-2471.

[91] DEDRICK J, KRAEMER K L, LINDEN G. Who profits from innovation in global value chains? A study of the iPod and notebook PCs [J]. Industrial and corporate change, 2010, 19 (1): 81-116.

[92] DEFEVER F. Functional fragmentation and the location of multinational firms in the enlarged Europe [J]. Regional science and urban economics, 2006, 36 (5): 658-677.

[93] DIXIT A K, GROSSMAN G M. Trade and protection with multistage production [J]. Review of economic studies, 1982, 49 (4): 583-594.

[94] DOWRICK S, GEMMELL N. Industrialisation, catching up and economic growth: a comparative study across the world's capitalist economies [J]. Economic journal, 1991, 101 (405): 263-275.

[95] DUNNE T, ROBERTS M J, SAMUELSON L. Patterns of firm entry and exit in US manufacturing industries [J]. Rand journal of economics, 1988: 495-515.

[96] DZHUMASHEV R, MISHRA V, SMYTH R. Exporting, R&D investment and firm survival [R]. Melbourne: Monash University, Department of Economics, 2011.

[97] ECKAUS R S. China's exports, subsidies to state-owned enterprises and the WTO [J]. China economic review, 2006, 17 (1): 1-13.

[98] EJERMO O, XIAO J. Entrepreneurship and survival over the business cycle: how do new technology-based firms differ? [J]. Small business economics, 2014, 43 (2): 411-426.

[99] ESTEVE-PÉREZ S, MAÑEZ-CASTILLEJO J A. The resource-based theory of the firm and firm survival [J]. Small business economics, 2008, 30 (3): 231-249.

[100] FAGIOLO G, REYES J, SCHIAVO S. World-trade web: topological properties, dynamics, and evolution [J]. Physical review E,

2009, 79 (3): 1-19.

[101] FAGIOLO G, REYES J, SCHIAVO S. The evolution of the world trade web: a weighted-network analysis [J]. Journal of evolutionary economics, 2010, 20 (4): 479-514.

[102] FALLY T. Production staging: measurement and facts [J]. University of Colorado Boulder, 2012 (5): 155-168.

[103] FEDER E. The world bank and the expansion of industrial monopoly capital into under-developed agricultures [J]. Journal of contemporary Asia, 1982, 12 (1): 34-60.

[104] FEENSTRA R C, HANSON G H. Foreign investment, outsourcing and relative wages [R]. National bureau of economic research, 1995.

[105] FEENSTRA R C, LI Z, YU M. Exports and credit constraints under incomplete information: theory and evidence from China [J]. Review of economics and statistics, 2014, 96 (4): 729-744.

[106] FELDMAN M P, KELLEY M R. The ex-ante assessment of knowledge spillovers: government R&D policy, economic incentives and private firm behavior [J]. Research policy, 2006, 35 (10): 1509-1521.

[107] FOELLMI R, ZWEIMÜLLER J. Structural change, Engel's consumption cycles and Kaldor's facts of economic growth [J]. Journal of monetary economics, 2008, 55 (7): 1317-1328.

[108] FONSECA J. Complexity and innovation in organizations [M]. London: Psychology Press, 2002.

[109] FONTANA R, NESTA L. Product innovation and survival in a high-tech industry [J]. Review of industrial organization, 2009, 34 (4): 287-306.

[110] FOTI N J, PAULS S, ROCKMORE D N. Stability of the world trade web over time: an extinction analysis [J]. Journal of economic dynamics and control, 2013, 37 (9): 1889-1910.

[111] FOTOPOULOS G, LOURI H. Location and survival of new entry [J]. Small business economics, 2000, 14 (4): 311-321.

[112] FREEMAN L C. Centrality in social networks conceptual clarification [J]. Social networks, 1978, 1 (3): 215-239.

[113] FREEMAN J. Resource mobilization and strategy: a model for analyzing social movement organization actions [J]. The dynamics of social movements, 1979: 167-189.

[114] FUJITA M, THISSE J F. Globalization and the evolution of the supply chain: who gains and who loses? [J]. International economic review, 2006, 47 (3): 811-836.

[115] GARLASCHELLI D, LOFFREDO M I. Fitness-dependent topological properties of the world trade web [J]. Physical review letters, 2004, 93 (18): 188701.

[116] GARLASCHELLI D, LOFFREDO M I. Structure and evolution of the world trade network [J]. Physica a: statistical mechanics and its applications, 2005, 355 (1): 138-144.

[117] GARLASCHELLI D, DI MATTEO T, ASTE T. Interplay between topology and dynamics in the world trade web [J]. European physical journal b-condensed matter, 2007, 57 (2): 159-164.

[118] GEREFFI G. The organization of buyer-driven global commodity chains: how US retailers shape overseas production networks [M]. Commodity chains and global capitalism, 1994.

[119] GEREFFI G. International trade and industrial upgrading in the apparel commodity chain [J]. Journal of international economics, 1999, 48 (1): 37-70.

[120] GEREFFI G. Prospects for industrial upgrading by developing countries in the global apparel commodity chain [M]. Bangie: Institute Kajian Malaysia dan Antarabangsa, Universiti Kebangsaan

Malaysia, 2001.

[121] GEREFFI G. The global economy: organization, governance, and development [J]. The handbook of economic sociology, 2005, 2: 160-182.

[122] GEREFFI, G, HUMPHREY J, STURGEON T. The governance of global value chains [J]. Review of international political economy, 2005, 12 (1) :78-104.

[123] GEREFFI G, KORZENIEWICZ M. Commodity chains and global capitalism [M]. Santa Barbara: ABC-CLIO, 1994.

[124] GERLAGH R, KUIK O. Carbon leakage with international technology spillovers [R]. Fondazione Eni Enrico Mattei working paper, 2007.

[125] GEROSKI P A. What do we know about entry? [J]. International journal of industrial organization, 1995, 13 (4) : 421-440.

[126] GIOVANNETTI G, RICCHIUTI G, VELUCCHI M. Size, innovation and internationalization: a survival analysis of Italian firms [J]. Applied economics, 2011, 43 (12) : 1511-1520.

[127] GIRMA S, GÖRG H, HANLEY A. R&D and exporting: a comparison of British and Irish firms [J]. Review of world economics, 2008, 144 (4) : 750-773.

[128] GIRMA S, GONG Y, GÖRG H. What determines innovation activity in Chinese state-owned enterprises? The role of foreign direct investment [J]. World development, 2009, 37 (4) : 866-873.

[129] GIULIANI E, PIETROBELLI C, RABELLOTTI R. Upgrading in global value chains: lessons from Latin American clusters [J]. World development, 2005, 33 (4) : 549-573.

[130] GLOBERMAN S. Global value chains: economic and policy issues [J]. Social science electronic publishing, 2011.

[131] GLOBERMAN S, PENG M W, SHAPIRO D M. Corporate

governance and Asian companies [J]. Asia Pacific journal of management, 2011, 28 (1):1-14.

[132] GNYAWALI D R, MADHAVAN R. Cooperative networks and competitive dynamics: a structural embeddedness perspective [J]. Academy of management review, 2001, 26 (3): 431-445.

[133] GOLDBERG I, BRANSTETTER L, GODDARD J G. Globalization and technology absorption in Europe and central Asia: the role of trade, FDI, and cross-border knowledge flows [M]. Washington DC: World bank publications, 2008.

[134] GOLDBERG P K, KHANDELWAL A K, PAVCNIK N. Imported intermediate inputs and domestic product growth: evidence from India [J]. The quarterly journal of economics, 2010, 125 (4): 1727-1767.

[135] GÖRG H, SPALIARA M E. Financial health, exports and firm survival: evidence from UK and French firms [J]. Economica, 2014, 81 (323): 419-444.

[136] GÖRG H, STROBL E. Multinational companies, technology spillovers and plant survival [J]. Scandinavian journal of economics, 2003, 105 (4): 581-595.

[137] GÖRG H, STROBL E. The effect of R&D subsidies on private R&D [J]. Economica, 2007, 74 (294): 215-234.

[138] GRANOVETTER M S. The strength of weak ties [J]. American journal of sociology, 1973, 78 (6): 1360-1380.

[139] GRANOVETTER M S. Economic action and social structure: the problem of embeddedness [J]. American journal of sociology, 1985, 91 (3): 481-510.

[140] GREENAWAY D, KNELLER R. Industry differences in the effect of export market entry: learning by exporting? [J]. Review of world economics, 2007, 143 (3): 416-432.

[141] GREENAWAY D, SAPSFORD D. What does liberalisation do for exports and growth? [J]. Weltwirtschaftliches archiv, 1994, 130 (1): 152-174.

[142] GREIF A. Reputation and coalitions in medieval trade: evidence on the Maghribi traders [J]. The journal of economic history, 1989, 49 (4): 857-882.

[143] GRILICHES Z. Education, human capital, and growth: a personal perspective [J]. Journal of labor economics, 1997, 15 (1 Part 2): S330-S344.

[144] GRILICHES Z. Productivity, R&D, and the data constraint [J]. Economic impact of knowledge, 1994, 84 (1): 1-23.

[145] GROSSMAN G M, HELPMAN E. Trade, knowledge spillovers, and growth [J]. European economic review, 1991, 35 (2-3): 517-526.

[146] GROSSMAN G M, HELPMAN E. Integration versus outsourcing in industry equilibrium [J]. The quarterly journal of economics, 2002, 117 (1): 85-120.

[147] GROSSMAN G M, HELPMAN E. Outsourcing in a global economy [J]. Review of economic studies, 2005, 72 (1): 135-159.

[148] GROSSMAN G M, ROSSI-HANSBERG E. The rise of offshoring: it's not wine for cloth anymore [J]. Proceedings, 2006: 59-102.

[149] GROSSMAN G M, ROSSI-HANSBERG E. Trading tasks: a simple model of offshoring [J]. American economic review, 2008, 98 (5):1978-1997.

[150] GROSSMAN G M, ROSSI-HANSBERG E. External economies and international trade redux [J]. The quarterly journal of economics, 2010, 125 (2): 829-858.

[151] GROSSMAN G M, ROSSI-HANSBERG E. Task trade between similar countries [J]. Econometrica, 2012, 80 (2): 593-629.

[152] HADLOCK C J, PIERCE J R. Is the KZ index useful? New evidence on measuring financial constraints [R]. East Lansing, Michigan: Michigan State University, 2009.

[153] HAUSMANN R, RODRIK D. Economic development as self-discovery [J]. Journal of development economics, 2003, 72 (2): 603-633.

[154] HAYAKAWA K. Measuring barriers to international division of labor in East Asia [J]. Asian economic journal, 2007, 21 (2): 139-153.

[155] HELFAT C E, PETERAF M A. The dynamic resource-based view: capability lifecycles [J]. Strategic management journal, 2003, 24 (10): 997-1010.

[156] HELMERS C, ROGERS M. Innovation and the survival of new firms in the UK [J]. Review of industrial organization, 2010, 36 (3): 227-248.

[157] HELMERS C, TROFIMENKO N. Export subsidies in a heterogeneous firm framework: evidence from Colombia [R]. Centre for the study of African economies working paper series, 2010.

[158] HELPMAN E, KRUGMAN P R. Market structure and foreign trade: increasing returns, imperfect competition, and the international economy [M]. Cambridge: MIT press, 1985.

[159] HENDERSON S. No such thing as market orientation-a call for no more papers [J]. Management decision, 1998, 36 (9): 598-609.

[160] HESS W, PERSSON M. The duration of trade revisited [J]. Empirical economics, 2012, 43 (3): 1083-1107.

[161] HOLMES P, HUNT A, STONE I. An analysis of new firm survival using a hazard function [J]. Applied economics, 2010, 42 (2): 185-195.

[162] HSIEH C T, KLENOW P J. Misallocation and manufacturing

TFP in China and India [J]. The quarterly journal of economics, 2009, 124 (4): 1403-1448.

[163] HUANG H, JU J, YUE V Z. A unified model of structural adjustments and international trade: theory and evidence from China [C]. China summer institute working papers, 2012.

[164] HUMMELS D, ISHII J, YI K M. The nature and growth of vertical specialization in world trade [J]. Journal of international economics, 2001, 54 (1): 75-96.

[165] HUMPHREY J. Opportunities for SMEs in developing countries to upgrade in a global economy [M]. Geneva: international labour organization, 2003a.

[166] HUMPHREY J. Globalization and supply chain networks: the auto industry in Brazil and India [J]. Global networks, 2003b, 3 (2): 121-141.

[167] HUMPHREY J. Policy implications of trends in agribusiness value chains [J]. European journal of development research, 2006, 18 (4):572-592.

[168] HUMPHREY J, SCHMITZ H. Governance in global chains [J]. IDS Bulletin, 2001, 32 (3): 11.

[169] HUMPHREY J, SCHMITZ H. How does insertion in global value chains affect upgrading in industrial clusters? [J]. Regional studies, 2002a, 36 (9):1017-1027.

[170] HUMPHREY J, SCHMITZ H. Developing country firms in the world economy: governance and upgrading in global value chains [J]. 2002b.

[171] HUMPHREY J, SCHMITZ H. Chain governance and upgrading: taking stock [M]. Chapters, 2004.

[172] HUSSINGER K. R&D and subsidies at the firm level: an application of parametric and semiparametric two-step selection models [J].

Journal of applied econometrics, 2008, 23 (6): 729-747.

[173] JONES R W, KIERZKOWSKI H. The roles of services in international trade [C]. The political economy of international trade: Festschrift in Honor of Robert Baldwin, 1990.

[174] JONES R. Finding sources of brand value: developing a stakeholder model of brand equity [J]. Journal of brand management, 2005, 13 (1): 10-32.

[175] JU J, YU X. Productivity, profitability, production and export structures along the value chain in China [J]. Journal of comparative economics, 2015, 43 (1): 33-54.

[176] KALI R, MÉNDEZ F, REYES J. Trade structure and economic growth [J]. The journal of international trade & economic development, 2007, 16 (2): 245-269.

[177] KAPLINSKY R. Globalisation and unequalisation: what can be learned from value chain analysis? [J]. Journal of development studies, 2000, 37 (2): 117-146.

[178] KAPLINSKY R. Is globalization all it is cracked up to be? [J]. Review of international political economy, 2001, 8 (1): 45-65.

[179] KAPLINSKY R, MORRIS M. A handbook for value chain research [M]. Ottawa: IDRC, 2001.

[180] KAPLINSKY R, MORRIS M. Governance matters in value chains [J]. Developing Alternatives, 2003, 9 (1): 11-18.

[181] KAPLINSKY R. China and the terms of trade: the challenge to development strategy in SSA [M]. New York: Palgrave Macmillan US, 2009.

[182] KAPLINSKY R. Asian drivers, commodities and the terms of trade [M]. Basingstroke: Palgrave Macmillan UK, 2010.

[183] KAPLINSKY R, MORRIS M. A handbook for value chain research [M]. Ottawa: international development research center, 2001.

[184] KAPLINSKY R, MORRIS M, READMAN J. The globalization of product markets and immiserizing growth: lessons from the South African furniture industry [J]. World development, 2002, 30 (7): 1159-1177.

[185] KAPLINSKY R, READMAN J. Globalisation and upgrading: what can (and cannot) be learnt from international trade statistics in the wood furniture sector? [J]. Industrial & corporate change, 2005 (4): 679-703.

[186] KEE H L, TANG H. Domestic value added in exports: theory and firm evidence from China [J]. American economic review, 2016, 106 (6): 1402-1436.

[187] KEMFERT C. Induced technological change in a multi-regional, multi-sectoral, integrated assessment model (WIAGEM): impact assessment of climate policy strategies [J]. Ecological economics, 2005, 54 (2): 293-305.

[188] KLEER R. Government R&D subsidies as a signal for private investors [J]. Research policy, 2010, 39 (10): 1361-1374.

[189] KLEPPER S. Firm survival and the evolution of oligopoly [J]. RAND journal of economics, 2002: 37-61.

[190] KLETZER K, BARDHAN P. Credit markets and patterns of international trade [J]. Journal of development economics, 1987, 27 (1-2): 57-70.

[191] KOGUT B. Designing global strategies: comparative and competitive value-added chains [J]. Sloan management review, 1985, 26 (4): 15-28.

[192] KONGSAMUT P, REBELO S, XIE D. Beyond balanced growth [J]. The review of economic studies, 2001, 68 (4): 869-882.

[193] KONGSAMUT P, REBELO S, XIE D. Give credit where credit is due: tracing value added in global production chains [R].

National bureau of economic research, 2010.

[194] KOOPMAN R, WANG Z, WEI S J. Tracing value-added and double counting in gross exports [J]. American economic review, 2014, 104 (2): 459-494.

[195] KOOPMAN R, POWERS W, WANG Z, et al. Give credit where credit is due: tracing value added in global production chains [J]. Tidsskrift for den Norske læae geforening: tidsskrift for praktisk medicin, ny ræae kke, 2010, 123(7):1-58.

[196] KRUEGER A O. Import substitution versus export promotion [J]. Finance and development, 1985, 22 (2): 20.

[197] KRUGMAN P. Competitiveness: a dangerous obsession [J]. Foreign affairs, 1994, 73 (2): 28-44.

[198] KRUGMAN P. America in the world economy: understanding the misunderstandings [J]. Japan and the world economy, 1995, 7 (2): 233-247.

[199] KUZNETS S, MURPHY J T. Modern economic growth: rate, structure, and spread [M]. New Haven: Yale University Press, 1966.

[200] LALL S, WEISS J, OIKAWA H. China's competitive threat to Latin America: an analysis for 1990—2002 [J]. Oxford development studies, 2005, 33 (2): 163-194.

[201] LEVIN A, RAUT L K. Complementarities between exports and human capital in economic growth: evidence from the semi-industrialized countries [J]. Economic development and cultural change, 1997, 46 (1): 155-174.

[202] LI X., JIN Y Y, CHEN G. Complexity and synchronization of the world trade web [J]. Physica a: statistical mechanics and its applications, 2003, 328 (1): 287-296.

[203] LICHT G, NERLINGER E. New technology-based firms in Germany: a survey of the recent evidence [J]. Research policy, 1998, 26

（9）：1005-1022.

[204] LINDEN G，KRAEMER K L，Dedrick J. Who captures value in a global innovation network? The case of Apple's iPod [J]. Communications of the ACM，2009，52（3）：140-144.

[205] LILEEVA A，TREFLER D. Improved access to foreign markets raises plant & level productivity ... for some plants [J]. The quarterly journal of economics，2010，125（3）：1051-1099.

[206] MALERBA F，ORSENIGO L. Technological entry，exit and survival：an empirical analysis of patent data [J]. Research policy，1999，28（6）：643-660.

[207] MANOVA K. Credit constraints，equity market liberalizations and international trade [J]. Journal of international economics，2008，76（1）：33-47.

[208] MANOVA K，YU Z. Firms and credit constraints along the value chain：processing trade in China [J]. CESifo forum，2014，15（3）：8-11.

[209] MARTINCUS C V，CARBALLO J. Is export promotion effective in developing countries? Firm-level evidence on the intensive and the extensive margins of exports [J]. Journal of international economics，2008，76（1）：89-106.

[210] MATA J，PORTUGAL P. Life duration of new firms [J]. The journal of industrial economics，1994：227-245.

[211] MAZUMDAR J. Do static gains from trade lead to medium-run growth? [J]. Journal of political economy，1996，104（6）：1328-1337.

[212] MCEVILY B，ZAHEER A. Bridging ties：a source of firm heterogeneity in competitive capabilities [J]. Strategic management journal，1999（20）：1133-1156.

[213] MCGRATTAN E R，PRESCOTT E C. Openness，technology

capital, and development [J]. Journal of economic theory, 2009, 144 (6): 2454-2476.

[214] MELITZ M J. The impact of trade on intra-industry reallocations and aggregate industry productivity [J]. Econometrica, 2003, 71 (6): 1695-1725.

[215] MELITZ M J. Market size, trade, and productivity [J]. Review of economic studies, 2008, 75 (1):295-316.

[216] MESSNER D. Regions in the 'world economic triangle' [A]. Local Enterprises in the Global Economy-Issues of Governance and Upgrading. Cheltenham. Edward Elgar Publishing Limited, 2004: 20-52.

[217] MICHAELY M. Exports and growth: an empirical investigation [J]. Journal of development economics, 1977, 4 (1): 49-53.

[218] MION G, ZHU L. Import competition from and offshoring to China: a curse or blessing for firms? [J]. Journal of international economics, 2013, 89 (1): 202-215.

[219] MIROUDOT S, LANZ R, RAGOUSSIS A. Trade in intermediate goods and services [R]. OECD Trade Policy working paper, 2009.

[220] MONTOBBIO F. An evolutionary model of industrial growth and structural change [J]. Structural change and economic dynamics, 2002, 13 (4): 387-414.

[221] MUDAMBI R. Location, control and innovation in knowledge-intensive industries [J]. Journal of economic geography, 2008, 8 (5): 699-725.

[222] MUSSO P, SCHIAVO S. The impact of financial constraints on firm survival and growth [J]. Journal of evolutionary economics, 2008, 18 (2): 135-149.

[223] NAMINI J E, FACCHINI G, LÓPEZ R A. Export growth and firm survival [J]. Economics letters, 2013, 120 (3): 481-486.

[224] NGAI L R, PISSARIDES C A. Trends in hours and economic growth [J]. Review of economic dynamics, 2008, 11 (2): 239-256.

[225] NOLAN P, ZHANG J, LIU C. The global business revolution, the cascade effect, and the challenge for firms from developing countries [J]. Cambridge journal of economics, 2008, 32 (1): 29-48.

[226] NUNN N. Relationship-specificity, incomplete contracts, and the pattern of trade [J]. The quarterly journal of economics, 2007, 122 (2): 569-600.

[227] NORDHAUS W D. Modeling induced innovation in climate-change policy [J]. Technological change and the environment, 2002, 9: 259-290.

[228] PENEDER M. Industrial structure and aggregate growth [J]. Structural change and economic dynamics, 2003, 14 (4): 427-448.

[229] PERLMAN D, FEHR B. The development of intimate relationships [M]. London: Sage Publications, Inc, 1987.

[230] PIETROBELLI C, RABELLOTTI R. Global value chains meet innovation systems: are there learning opportunities for developing countries? [J]. World development, 2011, 39 (7): 1261-1269.

[231] POIRSON H. Factor reallocation and growth in developing countries [M]. Washington: International Monetary Fund, 2000.

[232] POWELL W. Neither hierarchies nor markets [J]. Research in organizational behavior, 1990, 12: 295-336.

[233] PORTER M E. Technology and competitive advantage [J]. Journal of business strategy, 1985, 5 (3): 60-78.

[234] PORTER M E. The competitive advantage of nations [J]. Harvard business review, 1990, 68 (2): 73-93.

[235] PORTO G G, HEOKMAN B M. Trade adjustment costs in developing countries: impacts, determinants, and policy responses

[J]. Exacta, 2011, 10 (2): 74-88.

[236] RAJAN R G, ZINGALES L. Which capitalism? Lessons from the east Asian crisis [J]. Journal of applied corporate finance, 1998, 11 (3): 40-48.

[237] RAMONDO N, RODRÍGUEZ-CLARE A. Trade, multinational production, and the gains from openness [J]. Journal of political economy, 2013, 121 (2): 273-322.

[238] RAUCH J E. Business and social networks in international trade [J]. Journal of economic literature, 2001: 1177-1203.

[239] REYES J, SCHIAVO S, FAGIOLO G. Assessing the evolution of international economic integration using random walk betweenness centrality: the cases of east Asia and Latin America [J]. Advances in complex systems, 2008, 11 (5): 685-702.

[240] ROMER P M. Increasing returns and long-run growth [J]. Journal of political economy, 1986, 94 (5): 1002-1037.

[241] ROSE A. Economic resilience to natural and man-made disasters: Multidisciplinary origins and contextual dimensions [J]. Environmental hazards, 2007, 7 (4): 383-398.

[242] ROSENBAUM P R, RUBIN D B. Constructing a control group using multivariate matched sampling methods that incorporate the propensity score [J]. The American statistician, 1985, 39 (1): 33-38.

[243] SAMUELSON P A. Where Ricardo and Mill rebut and confirm arguments of mainstream economists supporting globalization [J]. The journal of economic perspectives, 2004, 18 (3): 135-146H.

[244] SCHMITZ H. Local enterprises in the global economy [M]. London: Edward Elgar Publishing, 2004.

[245] SCHMITZ H. Local upgrading in global value chains: recent findings [C]. International Convention Centre, Durban, South

Africa, 2004b, 21:1-8.

[246] SCOTT J. Social network analysis [M]. London: Sage, 2007.

[247] SERRANO M A, BOGUNÁ M. Topology of the world trade web [J]. Physical review E, 2003, 68 (1): 015101.

[248] SHARMA S, MAHAJAN V. Early warning indicators of business failure [J]. Journal of marketing, 1980, 44 (4): 80-89.

[249] SQUARTINI T, FAGIOLO G, GARLASCHELLI D. Randomizing world trade. II. A weighted network analysis [J]. Physical review E, 2011, 84 (4): 046118.

[250] STINCHCOMBE A L, MARCH J G. Social structure and organizations [J]. Advances in strategic management, 1965, 17: 229-259.

[251] STURGEON T J. How do we define value chains and production networks? [J]. IDS bulletin, 2001, 32 (3): 9-18.

[252] SUCHMAN M C. Managing legitimacy: strategic and institutional approaches [J]. Academy of management review, 1995, 20 (3): 571-610.

[253] SUE WING I. Induced technical change and the cost of climate policy [J]. 2003.

[254] TIMMER M P, ERUMBAN A A, LOS B. Slicing up global value chains [J]. The journal of economic perspectives, 2014, 28 (2): 99-118.

[255] TSANG E W K, YIP P S L, TOH M H. The impact of R&D on value added for domestic and foreign firms in a newly industrialized economy [J]. International business review, 2008, 17 (4): 423-441.

[256] TURCO A L, MAGGIONI D. On the role of imports in enhancing manufacturing exports [J]. The world economy, 2013, 36 (1): 93-120.

[257] UNCTAD, Trade and development report [R]. United nations

conference on trade and development, 2013.

[258] UNCTAD, Trade and development report [R]. United nations conference on trade and development, 2016.

[259] UPWARD R, WANG Z, ZHENG J. Weighing China's export basket: the domestic content and technology intensity of Chinese exports [J]. Journal of comparative economics, 2013, 41 (2): 527-543.

[260] VAN LONG N, RIEZMAN R, SOUBEYRAN A. Trade, wage gaps, and specific human capital accumulation [J]. Review of international economics, 2007, 15 (1): 75-92.

[261] VENABLES A J. Fragmentation and multinational production [J]. European economic review, 1999, 43 (4): 935-945.

[262] VERNON R. International investment and international trade in the product cycle [J]. The quarterly journal of economics, 1966: 190-207.

[263] WAGNER J. International trade and firm performance: a survey of empirical studies since 2006 [J]. Review of world economics, 2012, 148 (2): 235-267.

[264] WAKELIN K. Innovation and export behaviour at the firm level [J]. Research policy, 1998, 26 (7): 829-841.

[265] WAKELIN K. Productivity growth and R&D expenditure in UK manufacturing firms [J]. Research policy, 2001, 30 (7): 1079-1090.

[266] WANG Y. Exposure to FDI and new plant survival: evidence in Canada [J]. Canadian journal of economics, 2013, 46 (1): 46-77.

[267] WANG Z, YU Z. Trading partners, traded products, and firm performance: evidence from China's exporter-importers [R]. China and world economy, 2011.

[268] WASSERMAN S, FAUST K. Social network analysis: methods

and applications [M]. Cambridge: Cambridge university press, 1994.

[269] WELLMAN B, WORTLEY S. Different strokes from different folks: community ties and social support [J]. American journal of sociology, 1990, 96 (3): 558-588.

[270] WHITTAKER D H, ZHU T, STURGEON T. Compressed development [J]. Studies in comparative international development, 2010, 45 (4): 439-467.

[271] WÖRZ J. Skill intensity in foreign trade and economic growth [J]. Empirica, 2005, 32 (1): 117-144.

[272] YAMASHITA N. Production sharing and trade flows: a comparative analysis of Japan and the US [J]. Journal of Asian economics, 2011, 22 (5): 383-397.

[273] YIANNAKA A, GIANNAKAS K, TRAN K C. Medium, message and advertising effectiveness in the Greek processed meats industry [J]. Applied economics, 2002, 34 (14): 1757-1763.

[274] YOUNG L M, HOBBS J E. Vertical linkages in agri-food supply chains: changing roles for producers, commodity groups, and government policy [J]. Review of agricultural economics, 2002, 24 (2): 428-441.

[275] BO B W. Effects of labor allocation distortion and distortion-free scenarios on industrial output in China: an empirical study based on data of production industry sectors [J]. China economist, 2014 (4): 99-113.

[276] 蔡艺，张春霞. 基于产业融合视角的福建产业结构调整研究 [J]. 福建论坛:人文社会科学版，2010 (9):129-132.

[277] 曹卫，郝亚林. 产业融合对我国产业结构调整的启示 [J]. 经济体制改革，2003 (3):14-17.

[278] 陈勇兵，李燕，周世民. 中国企业出口持续时间及其决定因素

[J]. 经济研究，2012（7）：48-61.

[279] 邓子梁，陈岩. 外商直接投资对国有企业生存的影响：基于企业异质性的研究［J］. 世界经济，2013，36（12）：53-69.

[280] 段文奇，刘宝全，季建华. 国际贸易网络拓扑结构的演化［J］. 系统工程理论与实践，2008（10）：71-75.

[281] 方向东. 产业结构升级的两种模式及其选择［J］. 财经理论与实践，1994（5）：25-28.

[282] 冯春晓. 我国对外直接投资与产业结构优化的实证研究：以制造业为例［J］. 国际贸易问题，2009，320（8）：97-104.

[283] 冯艳丽. 略论全球价值链外包体系与中国产业升级的动态关系［J］. 经济问题，2009（7）：27-29.

[284] 干春晖，郑若谷，余典范. 中国产业结构变迁对经济增长和波动的影响［J］. 经济研究，2011（5）：4-16.

[285] 高峰. 利用外资促进我国产业结构优化作用机理探讨［J］. 经济问题，2002（11）：18-20.

[286] 葛顺奇，罗伟. 跨国公司进入与中国制造业产业结构：基于全球价值链视角的研究［J］. 经济研究，2015，50（11）：34-48.

[287] 耿伟. 要素市场扭曲，贸易广度与贸易质量：基于中国各省细分出口贸易数据的实证分析［J］. 国际贸易问题，2014（10）：14-22.

[288] 顾磊，刘思琦. 国际服务外包：一个发展中国家的模型［J］. 世界经济研究，2007（9）：32-35.

[289] 郭克莎. 1979—1988 年经济增长的因素及效应分析［J］. 经济研究，1990（10）：11-19.

[290] 郭克莎. 外商直接投资对我国产业结构的影响研究［J］. 管理世界，2000（2）：34-45.

[291] 国务院发展研究中心课题组. “十二五”时期我国农村改革发展的政策框架与基本思路［J］. 改革，2010（5）：5-20.

[292] 郭志仪，郑钢. 境外直接投资与发展中国家产业结构升级研究［J］. 宏观经济研究，2007（8）：45-50.

[293] 韩燕，钱春海. FDI 对我国工业部门经济增长影响的差异性：基于要素密集度的行业分类研究 [J]. 南开经济研究，2008 (5)：143-152.

[294] 胡平，刘志华，王炳清. 贸易网络综合演化模型的研究 [J]. 复杂系统与复杂性科学，2012，9 (2)：52-61.

[295] 胡军，陶锋，陈建林. 珠三角 OEM 企业持续成长的路径选择：基于全球价值链外包体系的视角 [J]. 中国工业经济，2005 (8)：42-49.

[296] 胡昭玲. 产品内国际分工对中国工业生产率的影响分析 [J]. 工业经济，2007 (9)：38-45.

[297] 黄庆波，范厚明. 对外贸易，经济增长与产业结构升级：基于中国，印度和亚洲 "四小龙" 的实证检验 [J]. 国际贸易问题，2010 (2)：38-44.

[298] 黄晓玲. 外贸，外资与工业化 [M]. 北京：对外经济贸易大学出版社，2002.

[299] 胡秋阳. 关于中国进口的诱发结构和进口变动的要素分析 [D]. 神户：日本神户大学经济学研究科，2005.

[300] 蒋昭侠. 产业结构演进机理与实证分析 [J]. 经济管理，2004 (13)：41-45.

[301] 姜涛. 转型时期中国居民消费升级的产业结构效应研究 [D]. 济南：山东大学，2009.

[302] 江小涓. 产业结构优化升级：新阶段和新任务 [J]. 财贸经济，2005 (4)：3-9.

[303] 李斌，丁艺. 对外贸易与工业结构升级：基于中国数据的协整分析 [J]. 湖南社会科学，2008 (1)：113-116.

[304] 李国学，张宇燕. 资产专用性投资，全球生产网络与我国产业结构升级 [J]. 世界经济研究，2010 (5)：3-6.

[305] 刘秉镰，刘勇. 我国区域产业结构升级能力研究 [J]. 开放导报，2006 (6)：82-85.

[306] 刘景江. 网络时代的外包模式 [J]. 中国工业经济, 2003 (11): 21-26.

[307] 刘林青, 谭力文. 产业国际竞争力的二维评价: 全球价值链背景下的思考 [J]. 中国工业经济, 2006 (12): 37-44.

[308] 刘林青, 周潞. 比较优势、FDI 与中国农产品产业国际竞争力: 基于全球价值链背景下的思考 [J]. 国际贸易问题, 2011 (12): 39-54.

[309] 刘穷志. 出口退税与中国的出口激励政策 [J]. 世界经济, 2005, 28 (6): 37-43.

[310] 刘志彪. 产业升级的发展效应及其动因分析 [J]. 南京师大学报: 社会科学版, 2000 (2): 3-10.

[311] 刘志彪. 中国贸易量增长与本土产业的升级: 基于全球价值链的治理视角 [J]. 学术月刊, 2007, 39 (2): 80-86.

[312] 刘志彪. 我国东部沿海地区外向型经济转型升级与对策思考 [J]. 中国经济问题, 2010 (1): 15-22.

[313] 刘志彪, 安同良. 中国产业结构演变与经济增长 [J]. 南京社会科学, 2002 (1): 1-4.

[314] 刘志彪, 江静. 长三角制造业向产业链高端攀升路径与机制 [M]. 北京: 经济科学出版社, 2009.

[315] 刘志彪, 张杰. 我国本土制造业企业出口决定因素的实证分析 [J]. 经济研究, 2009 (8): 99-112.

[316] 卢峰. 产品内分工 [J]. 经济学 (季刊), 2004, 3 (4): 55-82.

[317] 罗党论, 刘晓龙. 政治关系、进入壁垒与企业绩效: 来自中国民营上市公司的经验证据 [J]. 管理世界, 2009 (5): 97-106.

[318] 吕敏康, 冉明东. 广告投入、媒体中介与企业价值 [J]. 厦门大学学报 (哲学社会科学版), 2016 (5): 137-146.

[319] 吕越, 罗伟, 刘斌. 异质性企业与全球价值链嵌入: 基于效率和融资的视角 [J]. 世界经济, 2015 (8): 29-55.

[320] 吕智, 王习农. 服务外包主要承接国比较与借鉴 [J]. 中国外资,

2007（8）:44-47.

[321] 马风涛，李俊. 国际中间产品贸易的发展及其政策含义［J］. 国际贸易，2011（9）:12-17.

[322] 马述忠，张洪胜，王笑笑. 融资约束与全球价值链地位提升：来自中国加工贸易企业的理论与证据［J］. 中国社会科学，2016（11）:48-74.

[323] 毛其淋，许家云. 中国企业对外直接投资是否促进了企业创新［J］. 世界经济，2014（8）:98-125.

[324] 毛其淋，许家云. 政府补贴对企业新产品创新的影响：基于补贴强度"适度区间"的视角［J］. 中国工业经济，2015（6）:94-107.

[325] 毛其淋，许家云. 政府补贴，异质性与企业风险承担［J］. 经济学（季刊），2016，15（3）:1533-1562.

[326] 聂辉华，江艇，杨汝岱. 中国工业企业数据库的使用现状和潜在问题［J］. 世界经济，2012（5）:142-158.

[327] 聂鸣，刘锦英. 地方产业集群嵌入全球价值链的方式及升级前景研究述评［J］. 研究与发展管理，2006，18（6）:108-115.

[328] 彭俞超，方意. 结构性货币政策，产业结构升级与经济稳定［J］. 国际货币评论，2016:99.

[329] 漆雁斌，陈卫洪. 低碳农业发展影响因素的回归分析［J］. 农村经济，2010（2）:19-23.

[330] 任家华，王成璋. 基于全球价值链的高新技术产业集群转型升级［J］. 科学学与科学技术管理，2005，26（1）:118-121.

[331] 邵敏，包群. 政府补贴与企业生产率：基于我国工业企业的经验分析［J］. 中国工业经济，2012（7）:70-82.

[332] 沈利生. 最终需求结构变动怎样影响产业结构变动：基于投入产出模型的分析［J］. 数量经济技术经济研究，2011，28（12）:82-95.

[333] 申香华. 银行风险识别、政府财政补贴与企业债务融资成本：基于沪深两市 2007—2012 年公司数据的实证检验［J］. 财贸经济，2014（9）:62-71.

[334] 盛斌，毛其淋. 贸易开放、国内市场一体化与中国省际经济增长：1985—2008 年 [J]. 世界经济，2011（11）:44-66.

[335] 施炳展. 补贴对中国企业出口行为的影响：基于配对倍差法的经验分析 [J]. 财经研究，2012，38（5）:70-80.

[336] 施炳展，逯建，王有鑫. 补贴对中国企业出口模式的影响：数量还是价格？[J]. 经济学（季刊），2013（4）:1413-1442.

[337] 宋大勇. 国际直接投资与区域产业结构升级：基于省级区域面板数据的实证研究 [J]. 经济体制改革，2008（3）:149-153.

[338] 苏振东，洪玉娟，刘璐瑶. 政府生产性补贴是否促进了中国企业出口：基于制造业企业面板数据的微观计量分析 [J]. 管理世界，2012（5）:24-42.

[339] 孙军. 需求因素、技术创新与产业结构演变 [J]. 南开经济研究，2008（5）:58-71.

[340] 孙晓华，周玲玲. 异质性、技术创新与产业演化 [J]. 产业经济评论（山东），2010（4）:80-92.

[341] 田巍，余淼杰. 企业出口强度与进口中间品贸易自由化：来自中国企业的实证研究 [J]. 管理世界，2013（1）:28-44.

[342] 王柏玲，江蓉. 基于价值链视角提升民营经济竞争优势研究 [J]. 企业活力，2010（3）:88-92.

[343] 王菲. 贸易结构与产业结构：基于互动视角的理论分析 [J]. 中国商贸，2011（05Z）:221-222.

[344] 王佳菲. 提高劳动者报酬的产业结构升级效应及其现实启示 [J]. 经济学家，2010，7（7）:35-41.

[345] 王业强，魏后凯. 产业特征、空间竞争与制造业地理集中：来自中国的经验证据 [J]. 管理世界，2007（4）:68-77.

[346] 王英，刘思峰. OFDI 对我国产业结构的影响：基于灰关联的分析 [J]. 世界经济研究，2008（4）:61-65.

[347] 王永齐. 贸易结构、技术密度与经济增长：一个分析框架及基于中国数据的检验 [J]. 经济学（季刊），2006（3）:1007-1022.

[348] 王元地，朱兆琛，于晴. 试论自主创新对产业结构升级的作用机理［J］. 科技管理研究，2007，27（12）:13-15.

[349] 王志华，董存田. 我国制造业结构与劳动力素质结构吻合度分析［J］. 人口与经济，2012（5）:1-7.

[350] 魏后凯. 长三角：构建世界制造业中心的龙头［J］. 中国经济快讯，2003（31）:16-17.

[351] 文嫮，张生丛. 价值链各环节市场结构对利润分布的影响：以晶体硅太阳能电池产业价值链为例［J］. 中国工业经济，2009（5）:150-160.

[352] 吴福象，王德鑫. 产业融合的产业结构高级化效应：基于上海市六大支柱产业的实证研究［J］. 南京邮电大学学报：社会科学版，2009，11（2）:8-12.

[353] 吴洁. 国际服务外包的发展趋势及对策［J］. 国际经济合作，2007（5）:24-27.

[354] 吴进红. 对外贸易与江苏产业结构升级［J］. 南京社会科学，2006（3）:134-139.

[355] 吴小康，于津平. 外商直接参与、间接溢出与工业企业生存［J］. 国际贸易问题，2014（4）:126-135.

[356] 吴颖. 吉林省贸易结构和产业结构关系的实证分析［D］. 长春：东北师范大学，2005.

[357] 武晓强. 产业融合与产业结构高度化分析［D］. 北京：首都师范大学，2009.

[358] 许家云，毛其淋. 政府补贴，治理环境与中国企业生存［J］. 世界经济，2016（2）:75-99.

[359] 徐毅，张二震. FDI、外包与技术创新：基于投入产出表数据的经验研究［J］. 世界经济，2008（9）:41-48.

[360] 杨丹辉. 中国成为“世界工厂”的国际影响［J］. 中国工业经济，2005（9）:42-49.

[361] 杨高举，黄先海. 内部动力与后发国分工地位升级［J］. 中国社会

科学，2013，2：74-89.

[362] 阳立高，谢锐，贺正楚，等. 劳动力成本上升对制造业结构升级的影响研究：基于中国制造业细分行业数据的实证分析 [J]. 中国软科学，2014（12）：136-147.

[363] 杨其静. 企业成长：政治关联还是能力建设？[J]. 经济研究，2011（10）：54-66.

[364] 姚德文. 产业结构优化升级的制度分析 [D]. 上海：复旦大学，2008.

[365] 易先桥. FDI 对武汉产业结构升级的影响 [J]. 湖北社会科学，2009（3）：82-84.

[366] 于娇，逯宇铎，刘海洋. 出口行为与企业生存概率：一个经验研究 [J]. 世界经济，2015（4）：25-49.

[367] 余淼杰. 加工贸易、企业生产率和关税减免：来自中国产品面的证据 [J]. 经济学（季刊），2011（4）：1251-1280.

[368] 余明桂，回雅甫，潘红波. 政治联系，寻租与地方政府财政补贴有效性 [J]. 经济研究，2010，45（3）：65-77.

[369] 俞荣建. 基于共同演化范式的代工企业 GVC 升级机理研究与代工策略启示：基于二元关系的视角 [J]. 中国工业经济，2010（2）：16-25.

[370] 喻学东，苗建军. 技术融合推动产业结构升级的机理研究 [J]. 科技与管理，2010，12（2）：108-110＋125.

[371] 原小能，石奇. 服务外包与产业结构升级研讨会综述 [J]. 经济研究，2008（2）：158-160.

[372] 张二震. 全球化、要素分工与中国的战略 [J]. 新华文摘，2005（22）：16-19.

[373] 张国胜. 全球价值链驱动下的本土产业升级 [J]. 财经科学，2009（6）：79-86.

[374] 张豪，张建华，窦雯璐. 产品内国际分工与中国产业结构优化升级的相互影响分析 [J]. 工业技术经济，2015，34（1）：12-19.

[375] 张会清. 新国际分工，全球生产网络与中国制造业发展 [D]. 上海：华东师范大学，2009.

[376] 张会清，唐海燕. 产品内国际分工与中国制造业技术升级 [J]. 世界经济研究，2011 (6)：44-50.

[377] 张洁，芮明杰. 现代服务业发展模式及其国际借鉴 [J]. 改革，2010 (5)：142-144.

[378] 张杰，陈志远，刘元春. 中国出口国内附加值的测算与变化机制 [J]. 经济研究，2013 (10)：124-137.

[379] 张杰，李勇，刘志彪. 出口促进中国企业生产率提高吗？来自中国本土制造业企业的经验证据：1999—2003 [J]. 管理世界，2009 (12)：11-26.

[380] 张杰，刘元春，郑文平. 为什么出口会抑制中国企业增加值率？基于政府行为的考察 [J]. 管理世界，2013 (6)：12-27.

[381] 张杰，刘志彪. 需求因素与全球价值链形成：兼论发展中国家的"结构封锁型"障碍与突破 [J]. 财贸研究，2007 (6)：1-10.

[382] 张杰，郑文平. 政府补贴如何影响中国企业出口的二元边际 [J]. 世界经济，2015 (6)：22-48.

[383] 张路路，曾铮，唐宇. 两国产品内贸易的利益分配：基本模型及其经验应用 [J]. 对外经济贸易大学学报：国际商务版，2008 (2)：28-34.

[384] 张其仔，郭朝先，白玫. 协调保增长与转变经济增长方式关系的产业政策研究 [J]. 中国工业经济，2009 (3)：29-39.

[385] 张少军，刘志彪. 全球价值链模式的产业转移：动力，影响与对中国产业升级和区域协调发展的启示 [J]. 中国工业经济，2009 (11)：5-15.

[386] 张向阳，朱有为. 基于全球价值链视角的产业升级研究 [J]. 理论参考，2005 (11)：77-80.

[387] 张兴瑞. 全球价值链分工双面效应下中国县域产业升级研究：基于长三角地区全国百强县的实证 [D]. 上海：复旦大学，2011.

[388] 张亚斌，黄吉林，曾铮. 城市群，“圈层”经济与产业结构升级：基于经济地理学理论视角的分析 [J]. 中国工业经济，2006 (12)：45-52.

[389] 张耀辉. 产业升级与产业素质升级：兼论地区间竞争形成之原因 [J]. 汕头大学学报:人文社会科学版，2005，21 (1):45-48.

[390] 张咏华. 中国制造业在国际垂直专业化分工体系中的地位：基于增加值角度的分析 [D]. 天津：南开大学，2013.

[391] 张为付. 中国“世界制造中心”问题研究综述 [J]. 产业经济研究，2006 (1):62-68.

[392] 钟昌标. 外贸对区域产业结构演进的效应 [J]. 数量经济技术经济研究，2000，17 (10):18-20.

[393] 周晓艳，黄永明. 全球价值链下产业升级的微观机理分析：以台湾地区 PC 产业为例 [J]. 中南财经政法大学学报，2008 (2):21-26.

[394] 祝树金，戢璇，傅晓岚. 出口品技术水平的决定性因素:来自跨国面板数据的证据 [J]. 世界经济，2010 (4):28-46.

[395] 朱卫平，陈林. 产业升级的内涵与模式研究：以广东产业升级为例 [J]. 经济学家，2011，2 (2):60-66.

[396] 朱燕. 开放条件下中国产业结构升级研究 [D]. 济南：山东师范大学，2010.

[397] 宗文. 全球价值网络与中国企业成长 [J]. 中国工业经济，2011 (12):46-56.